**코리아 프리미엄
시대가 온다**

KOREA PREMIUM 📈 CORPORATE GOVERNANCE

# 코리아 프리미엄 시대가 온다

천준범 지음

이스터에그

## 들어가는 글

2024년 1월, 정부에서 "코리아 디스카운트 해결을 위한 상법 개정"에 대한 논의가 시작되었다. 바로 상법 제382조의3 이사의 충실의무 조항에 '총주주' 세 단어를 넣으면 새로운 세상이 온다고 했던 그 얘기가 아닌가? 너무 놀라웠다. 지난 30여년 동안 있었던 우리나라의 기업 거버넌스에 관한 문제를 다루었던 「법은 어떻게 부자의 무기가 되는가」(이하 '법무기')를 낸 지 4년도 지나지 않았는데, 이 짧은 기간 동안 우리나라는 또다시 경제적, 사회적으로 엄청난 변화를 겪고 있다. Dynamic Korea. 이 꺼지지 않는 역동성이 결국 우리를 이끄는 가장 큰 힘인 것 같다.

"그래서 국장이 오른다는 건가요?" 라고 묻는다면 그건 답변할 수 없다. 이 책은 투자 권유서나 안내서가 아니다. 하지만 이렇게는 말할 수 있다. "지금까지 국장이 못 오른 가장 큰 이유는 회사의 누구도 주주를 보호하지 않았기 때문입니다. 만약 다른 나라처럼 주주 보호 의무가 생긴다면 그만큼은 오를 수 있겠죠? 그런데 그런 움직임이 확실히 보이고 있다는 게 이 책의 내용이에요." 그러면 또 예리한 어떤 분은 이렇게 물을지도 모른다. "그냥 다른 나라와 똑같아지는 것 아닌가요? 프리미엄이 붙는 이유는 뭔가요?" 좋은 질문이다. 그 근거에 대해서도 이 책에 보너스로 넣어 두었다. 대한민국은 기업 거버넌스를 바로잡는 것만으로 디스카운트에서 한 번에 프리미엄으로 점프할 잠재력을 갖고 있다.

큰 변화는 우연한 계기로 찾아오고 있다. 코로나19로 풀린 엄청난 유동성을 타고, 멀게만 느껴졌던 코스피 3000 시대가 갑자기 열렸다. 동학개미로 대표되는 개인 주식투자 열풍이 불고 주식시장에 1천만 명 가까운 사람들이 새로 들어왔다. 2018년 560만 명 남짓이던 개인 주식 투자자의 수는 2023년 말 기준 1400만 명을 넘어섰다. 안타깝게도 금세 버블이 꺼지고 고금리와 함께 주가가 폭락했는데, 신기한 일이 일어나고 있다. 사람들은 주식시장을 떠나지 않았다. 오히려 공부를 시작하고 있다. 기업과 자본시장에 관한 일이 이제 그저 뉴스 속의 사건이 아니라 '내 돈'의 문제가 되었다. 수백만 구독자를 가진 경제 유튜버가 생겼다. 여론과 정치권도 움직이고 있다. 국민연금도 더 이상 그냥 지켜 보고만 있지 않다. 대한항공(한진칼), SM엔터테인먼트, KT&G, 남양유업 등 인지도 높은 회사들에 대해 행동주의로 불리는 적극적인 주주 관여 활동이 증가하면서 분위기가 바뀌었다. 회사들도 더 이상 기존과 같은 형식적인 주주 대응만으로는 시대의 흐름을 따라갈 수 없음을 깨닫고 있다. 여러분도 반드시 준비해야 할 변화의 조짐이다.

'코리아 프리미엄' 시대가 오고 있다. 「법무기」를 쓸 때 희망사항에 불과했던 여러 일들이 현실에서 이루어지고 있는 모습이 놀랍다. 이 책은 「법무기」의 속편이자 각론이며, 치킨코리아의 상장 후 이야기이기도 하다. 4년 전 필자는 너무나 복잡하게 얽히고 설켜 있는 우리나라의 기업 거버넌스 문제를 최대한 쉽게 설명하려고 노력했다. 그리고 완벽하지는 않지만 그림의 바탕색을 칠하기 위해 '총주주'라는 한 단어를 해결 방안으로 던졌다. 이 책에서는 한 걸음 더 나아가 이제 막 꿈틀거리고 있는 코리아 프리미엄의 시대를 그려 보려고 한다. 이번에는 '기업 거버넌스'라는 말로 설명할 것이다. Corporate Governance의 번역으로 '기업 지배구조'는 틀린 표현이다. 이 용어를 우리나라에 처음 소개하면서 '기업 지배구조'라고 번역한 이헌재 전 경제부총리는 지난 2017년 한 대담회에서 잘못된 번역이었다고 후회한 적이 있다. 기업 거버넌스란, 회사 내에서 누가 누구를 지배하는 구조가 아니라, 기업 내의 의사결정이 어떻게 이루어지며 어떻게 이해관계가 조정되는지에 관한 구조를 의미한다. 말의 힘은 강하다. 말부터 바꾸면 많은 것이 달라진다. 회사는 왕국이 아니다. 누가 누구를 지배한다는 개념은 있을 수 없다. 이제 기업 지배구조가 아니라 기업 거버넌스라고 하자.

큰 흐름이 시작되고 있다. 우리나라만의 흐름이 아니다. 가장 보수적인 기업 문화를 갖고 있다고 여겨졌던 일본도 주주 보호를 향해 달려가면서 주가가 날아가고 경제도 회복 조짐을 보이고 있다. 기업 거버넌스는 매우 중요한 기업의 경쟁력 중 하나다. 시장에서 높은 기업 가치를 인정받기 위한 필수적인 요소다. 이런 중요한 생각이 이제야 우리나라에서도 급격히 공감대를 얻고 있는 것이다. 이미 시장경제와 자본시장의 역사가 오래된 유럽과 미국 회사들은 수십년 전에 겪은 일들이다. 이제 우리나라도 곧 가지 않을 수 없는 길이 될 것이다.

「법무기」에서 다음 세대를 위한 일이라고 생각하며 아들에게 고맙다는 말을 전했지만, 이제 우리 세대에 일어날 수도 있는 일이라고 생각하니 가슴이 뛴다. 물론 3년 후에, 그리고 10년 후에 우리 경제와 자본시장에서 어떤 일이 일어나고 있을지는 아무도 알 수 없다. 하지만 적어도, 이 책이 우리나라에 잘 맞는 기업 거버넌스의 집이 만들어지는데 하나의 작은 부자재로 쓰이고, 한국이 '코리아 디스카운트'의 지난 30년을 끝내고 '코리아 프리미엄' 시대로 한시라도 빨리 나아가는데 조금이나마 도움이 되었으면 하는 마음이다.

2024년 3월
아내와 아들에게 다시 한번 감사를 전하며
천 준 범

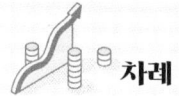 차례

들어가는 글 5

## Level 6. 치킨코리아 상장기

**01. 치킨코리아, 상장하다!** 15

**02. 게임의 시작, 일반주주들의 등장** 21
    상장은 수많은 부자를 만들고 새로운 부자 바라기를 만든다 22
    주식을 사고 파는 일반주주가 없으면 기업 성장을 위한 자본시장도 없다 25
    일반주주는 회계장부보다 냉정하게 회사의 경영을 평가한다 26
    일반주주는 회사의 열성 지지자이자 자본시장과 시장경제의 밀알이다 29

**03. 지분이 중요한 재원, 주가가 중요한 영미** 32
    상장회사에서는 주가를 두고 3인 3색의 새로운 이해관계가 시작된다 36
    한국의 기업 거버넌스에 지각변동이 시작되고 있다 38

**04. 기업 거버넌스가 뭐지?** 42
    지배구조가 아니다 거버넌스다 44
    기업 거버넌스는 수많은 일반주주가 있는 상장회사에서 더욱 중요하다 46
    ESG의 G부터 제대로 잡고 사회와 환경도 생각하자 47

## Level 7. 꿈틀거리는 코리아 프리미엄 시대: 4년 동안 벌어진 일들

**05. 배터리와 함께 폭발하다** 55
    동학개미 수백만이 들어오던 그 때, 전지사업부 분할이 결정됐다 56
    물적분할과 일반주주들의 분노는 도대체 어떤 관계? 58
    첫 번째 손해의 원인은 모회사 디스카운트 61
    두 번째 손해의 원인은 상장이익 상실 67
    왜 말을 못해! 지주회사의 자회사 지분율 때문이라고 70

**06. 경영진의 '엑시트'는 과연 잘못되었던 것일까** 74
    새로 상장한 회사의 임원 8명이 880억 원 어치 주식을 팔았다 75
    여러분이 각각의 상황이었다면 어떻게 행동했을까? 78
    정부의 발 빠른 대응이 있었지만 일반적 의무 없이는 미봉책일 뿐 82
    문제는 법이야, ○○야 85

**07. 시청률 대박 경영권 분쟁 드라마** 88
    라이크기획을 통한 과도한 자문료 논란, 2019년 주주서한을 통해 알려져 88
    2022년 독립적 감사 선임되며 기업 거버넌스 개선 시작돼 92
    2023년 하이브와 카카오의 경영권 분쟁으로 발전 93
    주주가치의 중요성은 확인되고 SM은 카카오의 품으로 97

**08. 2024년 이후에는 어떤 일이?** 101

---

**Level 8.     코리아 프리미엄 세계로 가기 위해 넘어야 할 산들**

**09. 주식회사는 다 같은 주식회사일까?** 107
    친구도 돈도 없지만 주식회사는 갖고 싶어 108
    현실의 주식회사를 성장 단계에 따라 세 단계로 나눠서 생각해 보자 112
    성장 단계에 따라 의무와 책임이 많이 달라진다 117

**10. 잘못된 옷을 입고 있는 한국 회사들** 122
    일을 다른 사람에게 맡기면 항상 대리인 문제가 생긴다 123
    주식회사의 성장 단계에 따라 소유와 경영의 분리도 다르다 125
    우리가 아직 가지 않은 미래의 회사에 맞는 옷 128
    소유 분산 기업에 맞는 한국 회사법, 한국 회사의 문제 해결에는 약하다 131

**11. 공정거래법에서 기업집단을 구출하라!** 139
    공정거래법의 기업집단 규제, 회사법과 모순이 많다 140
    기업 거버넌스의 현실을 드러낸 공정위의 동일인 지침 제정안 142
    이제, 주주를 모르는 공정거래법에서 기업집단과 회사를 구출해야 할 때다 146
    지배주주와 일반주주의 이해가 충돌하는 기업집단 내부거래 149

**12. 회사법의 3대 구멍, 이제 좀 그만!** 156
    상장회사 합병에 쓰이는 한 달 평균법, 가장 크고 오래된 첫 번째 구멍 157
    30년 전과 너무나 달라진 자본시장, 이제는 공정가치로 바꿔야 160
    두 번째 구멍, 거래의 상대방도 우리 회사에서 투표할 수 있다니 164
    이해충돌 있는 주주나 이사는 투표하지 못하는 것이 맞다 167
    모회사와 자회사 사이의 합병에서 모회사도 의결권을 행사한다 171
    자기주식을 자산으로 활용, 최악의 세 번째 구멍 173
    이론은 어렵지만 회사 돈으로 샀다는 것만 잊지 말자 176

---

**Level 9.     금세 다가올 코리아 프리미엄 시대**

**13. 일본이 날아간다** 185
    절치부심 일본, 기업 거버넌스 개혁으로 10년만에 날아가고 있다 186
    주주에 대한 이사회의 수탁자 책임을 명시 189
    지난 15년, 일본 증시는 4배 상승 한국 증시는 제자리 걸음 191

### 14. 정부가 움직인다 196
코리아 디스카운트란 사업이 아니라 평가에 문제가 있다는 의미 197
한국 회사는 돈을 벌어도 주주에게 이익을 거의 나누어 주지 않는다 201
아무런 법적 의무도 책임도 없는데 주주에게 이익을 많이 나눠줄까? 203

### 15. 기업 거버넌스가 바뀐다 207
선진국 한국, 공통의 기업 거버넌스 갖추지 않으면 소외된다 208
기업 거버넌스를 잘 설계하는 것은 왜 중요한가? 211
효과적인 기업 거버넌스를 위한 기반은 투명성, 공정성, 집행 가능성 212
기업지배구조 보고서로는 턱없이 많이 부족하다 214
기업 밸류업 프로그램은 단지 그 시작이 될 것 217

### 16. 미리 보는 코리아 프리미엄 시대의 모습 222
이해충돌 해결을 위한 핵심적 방법은 회사와 주주에 대한 충실의무 223
지배주주와 기업집단이 많은 경우 법과 규제 체계가 특히 중요 225
OECD가 친절하게 가르쳐 주는 그대로만 하면 된다 233

### * 보너스: 디스카운트 해소를 넘어, 프리미엄이 가능한 이유 237
적절한 지배주주 지분율에서 프리미엄이 나올 수 있다 238
일반주주 보호하고 사익추구 잘 막으면 프리미엄 시대는 곧바로 온다 244

## Level 10. 다시, 세상을 바꾸는 세 글자

### 17. 이번에는, '다득표'다. 251
이사를 과반수로 뽑아야 한다는 법은 없다 253
이사를 한 명씩 뽑으면 주주로서의 지분율과 이사회 구성 비율에 왜곡이 생긴다 255
승자독식 구조의 이사회 구성 방식을 다득표 선출 방식으로 바꿔 보자 258

### 18. 코리아 프리미엄 시대의 원년이 되다. 264
40년 전, 코리아 펀드의 대성공을 떠올려 본다 265
코리아 프리미엄 지수를 은근히 기대한다 269
2029년에는 이런 기사를 기대해 본다 272

에필로그 275

코리아 프리미엄 시대의 기초 자료 모음 277
    부록 1. 상법 개정안 (이용우, 박주민) 279
    부록 2. 일본 기업 거버넌스 코드 284
    부록 3. G20/OECD 기업 거버넌스 원칙 291
    부록 4. 다득표 이사 선임을 위한 상장회사 표준 정관(안) 302
    부록 5. 미국 CII 이사 선임 정관 조항 예시 303

주석 308

# Level 6.

## 치킨 코리아 상장기

## 01.
# 치킨코리아, 상장하다!

"드디어 상장심사를 통과했어!"

우현이 문을 벌컥 열고 사무실로 들어오면서 흥분한 목소리로 크게 소리지르자, 사무실에 앉아 있던 사람들이 모두 함성을 지르며 벌떡 일어났다. 주먹을 불끈 쥐며 서로 포옹하는 사람들, 악수하는 사람들, 어디론가 전화하는 사람들이 뒤엉켰다. 누군가 탕비실에서 샴페인을 가져와 힘차게 흔들어 터뜨렸다. 모두가 폭죽처럼 터지는 샴페인에 젖어 기쁨을 만끽했다. 파티는 장소를 수제맥주집으로 옮겨 밤새 계속되었다.

- 그런데, 상장하면 뭐가 좋은 거야?

- 우리한테 돈을 줄 F가 생기니 좋은 거지.

- F가 뭐야?

- 3F라고 들어 봤어?

- 3F?

- Family, Friend, Fool. 상장은 그 중에 Fool이 몰려와서 돈을 내는 거야. 그리고 우리는 스톡옵션 행사해서 받은 주식을 그 바보들에게 넘기고 엑시트exit하는 거고!

- 아… 아 하하하!

술에 취해 화장실 한 칸 변기에 쭈그려 앉아서 밖에서 들리는 누군지 모를 직원들의 얘기를 듣던 우현은 그대로 잠이 들어 버렸다.

"나는 오늘부터 한국거래소에서 주식이 거래되는 치킨코리아의 대표이사로서, 나의 경영판단에 수많은 주주들의 재산과 행복이 달려있음을 머리와 가슴 깊이 새기고, 회사와 모든 주주들을 위해 최선을 다하여 경영에 임할 것을 엄숙히 선서합……."

우현이 커다란 강당 앞 단상에서 오른손을 들고 선서를 막 마치려고 하는데, 갑자기 강당에 있는 모든 사람들이 벌떡 일어나서 좀비처럼 단상으로 뛰어오기 시작했다.

"똑바로 안 할 거야?"
"내 돈 내놔!"
"너만 잘 먹고 잘 살 거냐!"

단상을 둘러싼 사람들의 얼굴이 진짜 좀비처럼 변하는 것을 보면서 소스라치게 놀란 우현이 소리를 지르며 뒤로 도망가려고 하는데, 단상 위까지 올라온 좀비 하나가 우현의 다리를 붙잡았다.

"이 놈이다! 이 놈이 우리 돈을 없앤 사장이야!"

다리를 붙잡혀 넘어진 우현은 필사적으로 단상 밖으로 나가려고 온 힘을 다해 기어가고 있었는데…….

"일어났어? 침대 시트가 엉망이 되었네."

고개를 들어 보니 침대에 엎드려 허우적거리고 있는 우현을 보며 재원과 영미가 낄낄대고 있는 게 아닌가. 상장식 날인데 호텔방에서 뻗다니. 우현은 허둥지둥 서둘러 샤워를 마치고 수트로 갈아 입었다. 작은 가게 하나에서 시작한 치킨코리아가 상장까지 하다니 꿈만 같다. 우현은 잠시 수트를 입은 자신의 모습을 거울로 지켜보다가 울컥하는 마음에 순간 뒤에서 기다리고 있던 재원을 보고 돌아서서 악수를 청했다.

"재원아, 고맙다. 이런 얘기 쑥스러워서 그 동안 하지 못했는데, 네가 그 때 나를 불러줘서 말단 회사원이던 내가 상장회사 대표까지 하게 되고. 정말 고맙다. 오늘 입는 빨간 재킷처럼 이제 주가를 쑥쑥 올려 볼게!"

재원은 우현의 손을 꽉 잡았다. 그리고 우현을 와락 껴안았다. 훌륭한 친구를 둔 자기가 더 행운이었다고, 고마운 건 오히려 자기라고 닭살 돋는 이야기를 하던 재원은 우현의 귀에 마지막으로 속삭였다.

"그런데, 뭐 주가를 꼭 올릴 필요가 있어? 어차피 이번에 공모로 200억 조달했잖아. 어차피 오늘 따상 치고 주가는 무조건 빠지게 되어 있어. 너무 무리하지 말자. 주가 좀 떨어져도 돼."

이게 무슨 소린가? 우현은 잠시 혼란스러웠다. 진담인가? 그냥 부담을 없애 주는 말인가? 이번 상장 공모가를 기준으로 치킨코리아의 기업가치는 1천억 원, 지분 30%를 갖고 있는 재원은 무려 300억 원의 부자가 된다. 한 해에 100억 원씩 이익을 내는 치킨코리아의 미래는 매우 밝고, 주가가 오르면 재원의 재산은 그만큼 불어날 것이다. 그런데 '주가 좀 떨어져도 돼' 라니? 자신을 껴안고 있는 재원의 등 뒤로 영미의 얼굴이 보였다. 남자들끼리 꼴불견이라는 표정일 뿐, 재원의 이야기를 들은 것 같지는 않았다. 영미도 거의 10% 가까운 지분을 가진 주주다. 주가가 좀 떨어저도 될까? 문득, 사업 초기부터 우리를 믿고 투자해 준 소나무의 송 대표님 얼굴도 머리 속을 스쳐 지나갔다.

"아니지!"

우현은 자기도 모르게 재원을 확 밀쳐내면서 소리를 질렀다. 깜짝 놀란 재원은 눈이 휘둥그레져서 우현을 보았다. 영미도 뒤에서 어이없다는 듯 둘을 보고 있었다.

"미안……, 갑자기 어제 밤에 꾼 악몽이 떠올라서."

우현은 뒤에서 웃던 영미의 얼굴, 그리고 머리 속을 스쳐 지나간 소나무의 송 대표님 얼굴이 갑자기 꿈에서 본 좀비처럼 변했다는 말은 하지 못했다. 게다가 재원의 지분 30%에는 우현이 스톡 옵션을 행사해서 받았지만 명의만 이전해 놓은 지분 3%도 포함되어 있었다. 거래소에서 상장하려면 대주주 지분이 높아야 한다고 해서 소위 '파킹'해 둔 것인데 재원은 도대체 그런 건 까맣게 잊은 건지.

빨간 재킷을 입고 큰 북을 세 번 치는 거래소 상장식에서는 꿈에서와 같은 선서는 없었다. 기념 촬영을 하고, 카운트다운과 함께 첫 거래를 위한 버튼을 누르는 우현의 얼굴은 웃고 있었지만 마음 한 구석은 계속 무거웠다. 황소가 곰을 들이 받는 모양의 상장 기념패는 주가의 상승을 염원하는 것이라는데, 옆에서 같이 박수치고 있는 재원의 마음은 뭘까. 차라리 자신보다 이해관계가 훨씬 많은 재원이 선서를 하고 직접 큰 북을 쳐야 하는 것 아닐까? 상장 축하 파티 그 날 화장실에서 들리던 직원들의 목소리와 꿈에서 들리던 좀비 같은 군중의 함성이 뒤섞였다.

## 02.
## 게임의 시작, 일반주주들의 등장

　상장일은 모두가 부자가 되는 날이다. 창업자의 가족이나 친구라는 이유로, 아니면 천사[1] 또는 바보[2]의 마음으로 오랫동안 주주였던 사람들은 비로소 갖고 있는 주식이 휴지조각이 아니라 돈이라는 사실을 확인 받는다. 창업자인 대주주도, 비상장회사에 투자해 놓고 마음 졸여 왔던 벤처캐피털Venture Capital도, 스톡옵션Stock Option을 행사해서 주식을 갖고 있는 임직원도 모두 이제 실제로 계좌에 자신이 갖고 있는 재산이 숫자로 찍히는 짜릿함을 느낄 수 있게 된다. 수백 대 1의 경쟁을 뚫고 새로 공모주를 배정받은 사람은 첫 날 따상[3] 또는 따따블[4]에 팔아서 두세 배의 수익을 올릴 수도 있다!

　상장의 주인공인 회사도 부자가 된다. 회사에 한 번 찾아오지도 않은 수많은 사람들로부터 이자도 없고 돌려줄 필요도 없는 수백 억 원의 돈을 받는다. 벤처캐피털로부터 투자를 받을 때 뭔가 불리해 보이지만 정확한 뜻도 모를 알쏭달쏭한 수십 장 짜리 계약에 법인 인감을 찍어야 몇 십 억 원을 받을 수 있었던 것과는 너무 다르다. 상장이 좋긴 좋다.

## 상장은 수많은 부자를 만들고
## 새로운 부자 바라기를 만든다

아, 그런데 우리가 잊은 사람들이 있다. 부자가 된 사람들이 있다는 건 그 돈이 누군가에게선가 왔다는 거다. 회사가 공개 시장에 상장을 하면, 이제 증권 계좌를 가진 사람이라면 누구나 누구인지도 모르는 다른 사람에게 주식을 팔 수 있고 누구인지도 모르는 다른 사람으로부터 주식을 살 수 있게 된다. 모두가 부자가 될 수는 없다. 싸게 사서 비싸게 팔면 돈을 번다. 비싸게 사서 싸게 팔면 돈을 잃는다. 이름도 모를 일반주주들. 이렇게 주식시장이라는 커다란 게임판에서 서로 주식을 사고 팔면서 주식의 가격을 결정하는 수많은 사람들, 2023년 기준으로 우리나라에만 1400만 명이 넘는 이 사람들을 잊을 뻔했다.

그런데, 이런 일반주주들은 회사와 무슨 상관이 있는 걸까? 회사에는 돈 한 푼 넣지 않고 자기들끼리 주식 사고 팔고 돈 주고받는 사람들인데, 매일 회사 뉴스를 챙겨 보고 게시판에서 회사 욕을 하고 토론하고 싸우고 가끔은 회사에 전화를 걸어 '주담[5]'을 바꾸라고 호통을 치고 주가 관리를 당부한다. 매일 이름이 바뀌고 누구인지도 알 수 없는 이 수천, 수만 명의 일반주주를 어떻게 대해야 하는 걸까? 거래소의 큰 북을 힘차게 울리고 상장이라는 게임을 시작했지만 누구 하나 알려준 적이 없다. 우현은 아마도 궁금할 것이다. 아니 궁금해야 한다. 그런데 이 질문에 대해 누군가 이런 말로 찬물을 끼얹는 답을 한 적이 있다.

"그건 투기지 투자가 아닙니다."

무슨 말일까? 주가가 오를 것인지 떨어질 것인지 머리를 싸매고 학교 다닐 때는 관심도 없던 경제학, 경영학 서적을 밑줄 치면서 읽고 국내는 물론 세계의 경제 뉴스를 매일 열심히 보고 유튜브 방송을 보면서 투자 공부를 하는 사람들에게, '당신들은 투자가 아니라 투기'를 하고 있다는 거다. 더 자세히 들어 보면 이런 뜻이다.

주식시장에 참여하는 주체들은 너도나도 자신을 투자자라고 표현한다. 개인투자자, 기관투자자, 펀드투자자, 투자자문사 등 모두 '투자'라는 말을 쓴다. 그러나 주식 거래의 대부분은 투기다. 싸게 사서 비싸게 팔든지, 비싸게 사서 싸게 파는 '쇼트(short)'를 해서 차익을 노리는 것이다. 이것을 투자라고 할 수 없는 이유는 기업 가치를 높이는 데 기여하지 않기 때문이다[6].

투자는 기업가치를 높이는 행위이지만 일반주주들의 주식 거래는 기업가치를 높이지 않기 때문에 투자가 아닌 투기라는 논리다. 처음 슬쩍 들으면 그럴 듯하다. 일반주주들은 회사의 유상증자에 참여하지 않는 한

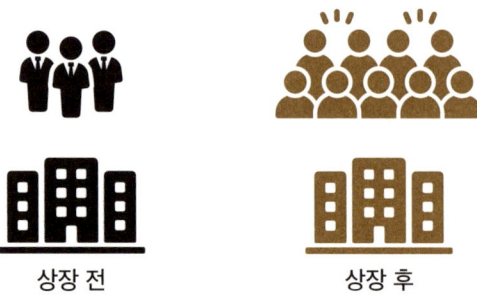

[그림 01. 회사가 상장을 하면 수많은 일반주주가 생긴다]

회사에 한 푼의 돈도 주지 않는 것이 맞기 때문이다. 오히려 회사가 주주에게 배당금을 준다. 하지만 결론을 먼저 말하면 이 말은 그냥 궤변이다. 주식시장이 왜 존재하며 어떻게 돌아가는지 설명하지 않고, 단순히 일반주주들의 계좌에서 회사의 계좌로 돈이 전달되지 않았다는 단순한 이유로 기업 가치에 기여하지 않는 '투기'라고 비난하는 것이기 때문이다. 하지만 그럴듯한 이야기로 들릴 수 있기 때문에, 일반주주들을 이해하기 위해서는 무엇보다도 먼저 이 생각이 왜, 얼마나 궤변인지를 알고 넘어가 보자. '주주는 회사의 주인이니까!'와 같은 철학적 이야기는 잠깐 접어두고, 현실의 이야기를 해 보자. 그러면서 일반주주를 바라보는 여러분 만의 시각도 생기게 될 것이다.

## 주식을 사고 파는 일반주주가 없으면
## 기업 성장을 위한 자본시장도 없다

첫째, 가장 근본적으로, 일반주주가 없으면 주식시장을 통해 기업이 돈을 모으는 것 자체가 불가능하기 때문이다. 다시 말해, 사람들이 주식을 바로 다른 사람에게 팔아서 돈으로 만들 수 없다면, 회사가 공개적으로 주주를 모을 때 (즉, 상장을 위한 공모를 할 때) 아무도 선뜻 자기 돈을 내고 주식을 사겠다고 하지 않을 것이다. 특히 개인이 아니라 주로 다른 사람들의 돈을 모아서 주식을 사는 기관 투자자의 경우라면 더욱 그렇다. 돈을 맡긴 사람이 언제든 계약을 해지하고 돈을 돌려 달라고 할 수도 있는데 바로 현금으로 바꿀 수 없는 비상장 주식을 살 수는 없는 노릇이다.

교과서의 표현을 빌리면, 증권의 유통시장이 있어야 발행시장이 있을 수 있다는 뜻이다. 유통시장과 발행시장은 대단히 밀접한 관계가 있다. 주식을 발행하지 않으면 유통할 주식이 없듯, 유통되지 않는 주식은 아

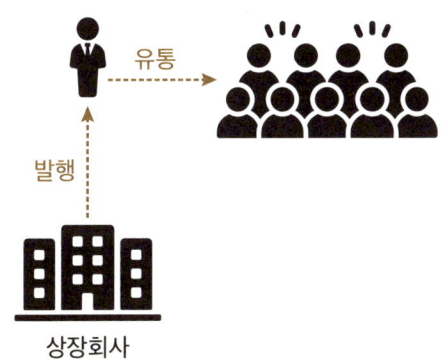

[그림 02. 주식의 발행시장과 유통시장은 뗄 수 없는 관계다]

무도 사지 않을 것이기 때문에 발행할 수 없다. 발행해도 실패한다. 따라서, 발행시장이 아닌 유통시장의 참여자도 기업의 자금 조달에 직접적으로 기여하고 있는 사람들이다. 사람들이 활발히 주식을 사고 팔 수록 그 회사가 새로 주식을 발행해서 시장에서 자금을 조달하기 쉬워진다. 이렇게 발행시장과 유통시장은 동전의 앞뒤와 같이 서로 뗄 수 없는 관계에 있다. 그러니 발행시장에 참여하는 사람만 투자자이고 유통시장의 참여자는 투자자가 아니라 투기꾼이라는 주장은, 마치 동전의 앞면만 돈이고 뒷면으로 뒤집은 동전은 돈이 아니라는 말과 같다.

## 일반주주는 회계장부보다 냉정하게
## 회사의 경영을 평가한다

둘째, 주가에 의해 회사의 경영이 냉정하게 평가받기 때문이다. 이 책에서 회사에 대한 평가나 주식 투자 전략을 이야기하는 것은 아니지만, 아주 단순히만 얘기해 보자. 주식을 사고 파는 일반주주들은 실시간으로 그 회사의 경영 상태와 전망에 대해 평가를 하고 있는 판정단과 같다. 이렇게 형성되는 주가가 회사의 가치에 관해 가장 중요한 점수가 된다. 주가는 회계장부에 표시되는 재무 실적과 다르고, 더 현실적이며 더 냉정하다. 회사가 한 해에 이익을 많이 내도 장기적인 전망이 좋지 않으면 주가가 떨어진다. 반대로 이익이 적거나 심지어 손해를 보고 있는 회사라도 주가가 올라갈 수 있다[7]. 기업의 가치를 평가하는 여러 가지 방법이 있지만, 공개 시장에서의 주가는 이런 이론에 따라 딱 떨어지게 형성되지 않는다.

| N | 종목명 | 현재가 | 시가총액 | 주당순이익 | PER | ROE |
|---|---|---|---|---|---|---|
| 1 | 삼성전자 | 74,600 | 4,453,458 | 4,704 | 15.86 | 17.07 |
| 2 | SK하이닉스 | 134,300 | 977,707 | -15,773 | -8.51 | 3.56 |
| 3 | LG에너지솔루션 | 391,000 | 914,940 | 6,502 | 60.14 | 5.75 |
| 4 | 삼성바이오로직스 | 832,000 | 592,168 | 13,164 | 63.20 | 11.42 |
| 5 | 삼성전자우 | 60,100 | 494,555 | 4,704 | 12.78 | N/A |
| 6 | 현대차 | 221,500 | 468,542 | 41,584 | 5.33 | 9.36 |
| 7 | 기아 | 114,200 | 459,134 | 22,757 | 5.02 | 14.57 |
| 8 | 셀트리온 | 182,600 | 398,033 | 4,126 | 44.26 | 13.35 |
| 9 | POSCO홀딩스 | 447,500 | 378,456 | 14,644 | 30.56 | 6.11 |
| 10 | NAVER | 213,500 | 346,742 | 5,165 | 41.34 | 3.29 |

<표 01. 2024년 2월 2일 코스피 시가총액 10위 종목의 각종 지표>

아니, 이론적으로 설명될 수 있는 주가란 사실상 없다.

예를 들어 위 표를 보자. 2024년 2월 2일 코스피 시가총액 상위 10개 종목의 주가와 순이익, PER 수치다. PER Price Earnings Ratio, 주가수익비율 이란 주가가 회사가 내는 이익의 몇 배인지 알려 주는 수치다. 주가를 주당 순이익 EPS, Earnings Per Share으로 나누면 된다. 주가가 높은지 낮은지 말하기 위해 가장 흔하고 쉽게 사용되는 지표다. 이게 무슨 의미인가? A 회사의 시가총액이 100억 원이라면 100억 원을 주고 회사 전체를 살 수 있다. 이 회사가 1년에 10억 원씩 이익을 내고 있다면 회사 전체를 산 사람은 10년 만에 100억 원을 모두 회수할 수 있을 것이다. 그러면 PER이 10이다. 똑같이 시가총액 100억 원인 B 회사가 1년에 이익을 5억 원밖에 내지 못하고 있다면 20년 걸려서야 100억 원 전체를 회수할 수 있다. 이 때 PER은 20이다. 즉, 주식시장에서 덩치(시가총액)가 비슷한 회사 중에 PER이 높은 회사는 지금만 놓고 보면 더 나쁜 (이익을 내지 못하는) 회사다! 그렇다면 A 회사가 재무적으로 B 회사보다 두 배 좋은 실적을 냈는데 왜 사람들의 평가(시가총액)는 같을까? 다시 말해, 사람들은 실적이 별로 좋지 않지만 PER이 높은 회사의 주식을 왜 사는 걸까?

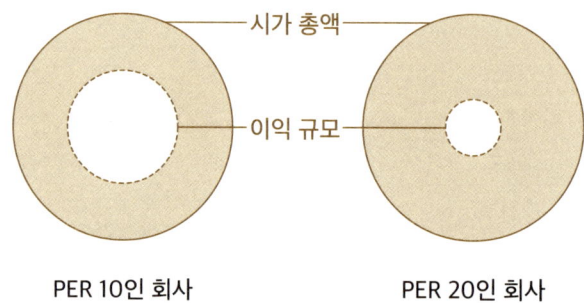

[그림 03. 지금 실적이 같아도 미래에 대한 평가에 따라 시가총액은 달라질 수 있다]

사람들이 그 회사의 미래에 대해 좋게 평가하고 있기 때문이다. 다시 말해 그 회사가 몇 년 후에는 지금보다 더 많은 이익을 낼 것으로 예상하기 때문이다. 다시 위에서 본 코스피 시가총액 상위 회사들을 보자. 시가총액 1위는 약 45조 원의 삼성전자, 3위는 배터리 회사인 LG에너지솔루션으로 시가총액 약 9조 원이다. 두 회사가 1년에 벌어들이는 이익은 2022년 기준으로 1주당 5~6천 원 (주당 순이익) 정도로 비슷하다. 그런데 삼성전자의 PER은 15정도이고 LG에너지솔루션의 PER은 60이 넘는다[8]. 사람들은 반도체, 휴대폰, 가전제품 등을 만들어 파는 삼성전자의 미래보다 LG에너지솔루션 전기차 배터리의 장래가 훨씬 밝다고 보고 있다는 뜻이 된다. 비슷한 개념으로 PBR Price to Book Ratio이라는 것도 있다. 시가총액이 그 회사의 회계장부에 기록된 순자산 (자산에서 부채를 뺀 것) 가치의 몇 배인지 나타내는 용어다. PBR이 1보다 크면 갖고 있는 순자산보다 가치 있는 회사인 것이고, 반대로 PBR이 1보다 작으면 회사가 갖고 있는 순자산보다 시가총액이 적은 것이니 주주의 관점에서 심하게 말하면 차라리 청산해서 돈을 나눠 갖는 것이 더 이익인 회사라는 뜻이 된다.

PER, PBR로 드러나는 회사의 주가. 이것은 매년 회계장부에 기록되는 회사의 매출과 이익이나 증권사의 리포트보다 더 정확하고 현실적인 회사 경영에 대한 평가가 아닐까? 올해의 성적과 미래의 전망에 대해 수많은 사람들이 자신의 돈을 넣고 평가한 결과이니 말이다. 사람들은 이런저런 주제에 대해서 논쟁을 하다가도 '그럼 누가 맞는지 내기해 볼까?' 라고 하고 단돈 천 원을 걸어도 말이 바뀌는 경우가 많다. 침을 튀기며 어떤 제품이 좋다고 홍보하던 사람이 '그럼 당신은 그 가격에 살 겁니까?' 라고 물으면 슬쩍 꼬리를 내리는 경우도 많다. 사람들은 자기 돈을 넣어야, 자신의 이익이 연결되어야 비로소 진짜 판단을 하기 시작하는 경우가 많다. 이런 경영 평가자이자 감시자라는 사실만으로도, 일반주주는 기업가치에 중요한 역할을 하고 있다.

### 일반주주는 회사의 열성 지지자이자 자본시장과 시장경제의 밀알이다

마지막으로, 조금 감성적인 이야기도 할 수 있다. 열심히 번 돈을 기꺼

이 내고 주주가 된 사람들은 보통 그 회사의 홍보대사가 된다. 그리고 자신의 생활 속에서 뭐든 그 회사에게 좋은 방향으로 행동을 하게 된다. 경제적으로 보면 그 돈만큼 회사와 자신을 줄로 묶은 거라고도 할 수 있고, 그 회사의 팬이 되었다고도 할 수 있을 것 같다. 문제점이 있으면 더 적극적으로 지적도 하고 제안도 한다. 회사가 단숨에 이런 수천, 수만 명의 열성 지지자를 모을 수 있는 다른 홍보 방법이 있을까? 심지어 돈을 받아 가면서까지 말이다.

일반주주가 투기꾼이라는 터무니없는 말은 이제 머리에서 지워 버리자. 이런 말을 하는 사람은 코리아 프리미엄의 길을 가로 막는 가장 큰 방해꾼이다. 오늘도 고민하고 또 고민해서 주식을 사고 파는 여러분은 자본시장과 시장경제가 제대로 돌아가기 위해 반드시 필요한 역할을 하고 있는 밀알과 같은 존재다.

## 핵심 개념 정리

**지배주주 (controlling shareholder):** 어떤 회사의 지분을 많이 갖고 있어서 회사의 일을 대부분 결정할 수 있는 주주. 지분 66.7% 이상을 갖고 있으면 거의 전부를 결정할 수 있고, 50% + 1주를 갖고 있으면 중요한 일 대부분을 결정할 수 있다. 상장회사는 20~30% 정도만 갖고 있어도 이사 및 대표이사 선임 등을 통해 사실상 회사의 일 대부분을 결정할 수 있어서 지배주주라고 부른다.

**일반주주 (소액주주, 소수주주, minority shareholder):** 지배주주를 제외한 나머지 주주를 합쳐서 부르는 말. 소액주주는 돈의 액수가 적다는 점을 은근히 강조하는 용어이니 되도록이면 쓰지 말자. 창업자인 지배주주라면 실제로 낸 '돈'의 액수는 왠만한 소액주주보다 적을 수도 있으니 말이다. 소수주주는 법에서 쓰는 용어이고, 영어로도 minority shareholder가 일반적 용어다. 요즘 우리 말로는 일반주주로 부르는 것이 대세다.

**PER (주가수익비율, Price Earnings Ratio):** 현재의 주가를 1주당 당기순이익(Earnings Per Share, EPS)으로 나눈 숫자. PER이 높다는 것은 그 회사가 최근에 낸 이익에 비해 지금 주가가 높다는 뜻이다. 그만큼 장래에 돈을 많이 벌 가능성이 높아서 주가가 미리 올랐다는 뜻도 되고, 다른 이유로 주가에 거품이 끼었다는 의미도 된다. IT, 바이오와 같이 높은 성장을 기대하는 회사의 PER은 높은 경향이 있고, 은행이나 제조업과 같은 전통 산업의 안정적인 회사는 PER이 낮은 경향이 있다.

**PBR (주가순자산비율, Price to Book Ratio):** 현재의 주가가 그 회사의 1주당 순자산(Book value Per Share, BPS)의 몇 배인지 계산한 숫자. 보통 공장과 같은 자산이 많은 제조업일수록 낮고 유형자산이 적은 소프트웨어 위주의 회사일수록 높다. 즉, PBR은 업종에 따라 차이가 크다. 다만 PBR이 1보다 낮다는 것은 회사를 경영할 필요 없이 자산을 다 팔아서 주주에게 나눠주는 것이 더 이익이라는 의미까지도 될 수 있으니 회사에게는 확실히 명예롭지 않은 지표라고 할 수 있다.

# 03.
# 지분이 중요한 재원, 주가가 중요한 영미

다시 치킨코리아 사무실로 돌아와 보자. 상장에 성공한 치킨코리아 사무실에는 활기가 넘친다. 주가가 올랐는지 내렸는지가 매일 점심시간의 이야깃거리다. 직원 대부분이 스톡옵션을 행사했거나 우리사주 조합에 가입되어 있기 때문이다. 상장 전 조마조마했던 긴장감이 사라지고 직원들의 표정에 여유와 자신감이 넘친다. 상장으로 조달한 자금은 새로 생긴 해외사업부에 천군만마다. 한류를 타고 동남아를 넘어 전세계로 K-치킨을 알릴 생각에 모두의 가슴이 웅장해지고 있다. 이미 K-라면은 세계에 한국의 매운 맛을 널리 알리며 돈을 쓸어 담고 있지 않은가! 상장식을 끝내고 커다란 통유리로 된 사장실에 재원, 영미 그리고 우현이 오랜만에 모였다.

"주가가 100원 오를 때마다 니 재산이 3억씩 늘어나네? 설레어서 어디 잠을 잘 수 있겠어? 축하한다. 축하해."

"야, 진짜 부자는 너지. 나는 주식을 팔지도 못해. 주식담보대출 받으라고 은행에서 전화 오더라. 난 배당이면 돼."

"주주님들 행복한 고민이시네. 내 월급이나 올려 주지? 아니면 나도 좀 같이 설레게 스톡 옵션을 듬뿍 주거나!"

여러분은 세 개의 대화가 누구의 목소리인지 충분히 알 수 있을 것이다. 첫 번째는 영미이고, 재원에게 하는 말이다. 영미는 재원과 같이 치킨코리아를 창업할 때 3천만 원을 냈었다. 이후 소나무 같은 벤처캐피털에게 투자를 받으면서 지분이 희석되기도 하고, 중간에 주식을 조금 팔기도 하면서, 상장한 지금은 지분율이 10% 남짓으로 줄었다. 하지만 그 가치는 여전히 100억 원이 넘는다. 주가가 100원 오르면 1억 원씩 재산이 불어난다. 공시만 제대로 하면 언제든 주식을 팔아 돈으로 바꿀 수 있다. 최대주주가 아니니 누가 아주 많이 신경 쓰지도 않는다. 영미는 자유롭다!

두 번째 목소리는 재원이다. 하나하나 의미심장한 말을 했다. 일단 주식을 팔지도 못한다니, 정말 그럴까? 이 말에는 두 가지 의미가 있다. 하나는 최대주주가 주식을 팔면 주가가 떨어지는 경향이 있어서 팔기 어렵다는 뜻이다. 회사에 대한 정보를 가장 많이 갖고 있을 최대주주가 주식을 팔면 시장은 주가가 고평가 상태라고 받아들이곤 한다. 그래서 주가가 떨어지는 경우가 많다. 맞는 말이다. 다른 하나는 지분율이 더 낮아지면 최대주주의 자리를 다른 사람에게 빼앗길 수도 있기 때문에 한 주 한 주가 소중하다는 뜻이다. 상장이 되면 누구나 시장에서 자유롭게 주식을 사 모아서 대주주가 될 수 있다. 30%가 결코 낮은 지분율은 아니지만, 과반수는 아니다. 언제든 누군가 더 많은 주식을 사 모아서 주주총회와 이사회를 거쳐 우현이 아닌 자기 사람을 사장에 앉힐 수 있는 것이 상장회사다. 그러니 상장회사의 지배주주들은 돈이 필요해도 보통 지분을 팔지 않고 주식을 담보로 대출을 받는다. 우리나라 대기업의 개인 대주주들은 평균적으로 지분가치의 30% 가량을 담보로 잡히고 대출을 받고 있다[9]. 생각보다 많지 않은가? 이자를 내더라도 지분율을 낮추기 싫은 대주주들의 생각이 반영된 현실이다. 그러니 '주식담보대출 받으라고 은행에서 전화 왔다'는 재원의 푸념도 현실에 가깝다.

그리고 나서 재원은 그냥 배당만 받고 만족하겠다는 얘기를 했다. 얼마 정도이길래 그랬을까? 재원의 치킨코리아 지분 30%의 가치는 상장일 기준으로 약 300억 원 정도 된다. 우리나라 상장회사의 평균 시가 배당률은 2% 정도이니[10], 재원이 1년에 받을 수 있는 배당금은 6억 원 정도가 될 거다. 세금을 내고도 3억 원이 넘으니 큰 돈이다. 그런데 만약 재원이 목돈이 필요해서 우리나라 대기업 대주주들의 평균 시가 대비 주식담보대출 비율 정도인 33%를 대출에 활용해서 100억 원을 은행에서 대출받고 있다면 어떨까? 주식담보대출 연 이자율을 5%로만 생각해도 1년에 5억 원이다. 최근과 같은 고금리 시대라면 더 많을 거다. 아무리 대주주라도 배당금 받아서 이자도 다 못 내는 상황이 흔히 있을 수 있다는 거다. 아직 세세한 속사정은 모르니 '배당이면 된다'는 재원의 말에는 세모 표시만 하고 넘어가 보자. 뒤에서 다시 이야기할 기회가 있을 것이다.

치킨코리아 창업 초기에도 그랬지만[11] 이번에도 세 번째 목소리의 주인공 우현은 고민이 많다. 아니, 어떻게 보면 고민이 없다. 주가가 오르고 내리는 것은 기본적으로 회사의 사업과 관계가 없다고 생각하기 때문이다. 물론 직원들 대부분이 스톡옵션 행사 또는 우리사주 조합으로 회사의 주식을 갖고 있어서 사기 측면에서 고려할 사항이지만, 그것 때문에 직원들이 업무 시간에 주식 앱만 보고 있는 상황이 우현에게는 솔직히 탐탁지 않다. 또 주식을 팔고 나면 퇴사하는 사람도 많고, 분위기도 좀 어수선하다. 어쨌든 우현은 주가가 오른다고 해서 회사 사업 잘 되는 것 아니라는 생각을 하고 있다. 그러니 '월급이나 올려 주던지'라는 말은 사업에 집중하고 싶은 우현의 속마음과 같을 것이다.

다만 '스톡 옵션이나 듬뿍 달라'는 말은 의미가 좀 있다. 스톡옵션의 행사 가격, 즉 미래에 스톡옵션을 행사해서 주식을 살 수 있는 가격은 기본적으로 스톡옵션 줄 때의 주가보다 높게 해야 하기 때문이다. 만약 치킨코리아의 현재 주가가 10,000원이라면 우현은 최소 10,000원으로 행사할 수 있는 스톡옵션을 받아야 한다. 주식을 시장에서 사는 것과 똑같다는 의미다. 물론 비상장 벤처기업의 스톡옵션은 시가보다 낮은 가격으로 부여할 수 있다. 상장회사가 아니어서 시장에서의 주가는 없지만 이런 저런 기준으로 1주에 3,000원으로 평가되는 회사도 임직원에게는 행사가격 500원[12]에 스톡옵션을 줄 수 있다. 즉시 1주당 2,500원의 이익이 생기는 것과 같다. 물론 나중에 상장이 되어야 돈으로 바꿀 수 있다. 하지만 이렇게 벤처기업에 관한 예외가 적용되지 않는 상장회사의 사장으로서는 스톡옵션을 받든지 시장에서 주식을 사든지 같다. 따라서 만약 월급 대신 스톡옵션을 준다면 받지 않는 게 낫다. 월급 이외에 보너스로 준다면 그 때 생각해 보라고 조언하고 싶다. 우현의 말은 월급 이외에 보너스로 달라는 말이었을 것이고, 그렇다면 우현이 경영을 잘 해서 치킨코리아의 주가가 올라갈수록 보너스의 가치는 높아지는 것이 된다.

## 상장회사에서는 주가를 두고
## 3인 3색의 새로운 이해관계가 시작된다

이렇게, 상장에 성공한 치킨코리아 사장실의 세 사람은 또다시 서로 다른 생각을 하고 있다. 재원은 주가보다 지분율이 중요하다. 기본적으로 창업자로 성공한 이 회사의 중요한 의사결정을 계속 하고 싶기 때문이다. 30%도 적어 보인다. 게다가 아내 지혜는 벌써부터 세 살짜리 아이에게 회사를 어떻게 물려주냐는 이야기를 하고 있다. 재원의 관점에서는 시장에서 주식을 사서 자신의 지분율을 높이거나 아이가 자신의 지분을 상속 또는 증여 받으면서 세금을 낼 때 모두 주가가 낮은 것이 좋다.

영미는 지분율보다 주가가 중요하다. 어차피 치킨코리아의 의사결정을 혼자 할 수 있는 주주는 아니고, 주가가 충분히 오르면 팔아서 많은 돈을 버는 것이 좋다. 영미는 결국 주식을 대부분 팔아서 건물주로서 제2의 인생을 살 꿈에 부풀어 있다. 아, 새로 들어온 일반주주들도 대부분 영미와 같은 생각이다.

마지막으로 우현은 상장을 하니 좀 귀찮고 피곤하다. 상장으로 회사에 들어온 200억 원은 사업 확장을 위해 너무 좋지만, 회사나 경영도 잘 모르면서 감 나와라 배 나와라 하는 주주님들이 너무 많이 생겼다. 하지만 상장 전이나 상장 후나 3년 마다 자신의 연임에 가장 중요한 역할을 할 사람이 재원이라는 사실은 달라지지 않았다. 일반주주들 중에 주주총회에 나오는 사람은 어차피 보통 절반도 안 되니 재원과 영미의 지분율만 합쳐도 출석 주식수의 과반수가 될 것이다. 아니, 영미가 없어도 재원만으로 대부분 괜찮다. 일반주주들이 일치단결해서 나를 싫어하지는 않을 테니 말이다.

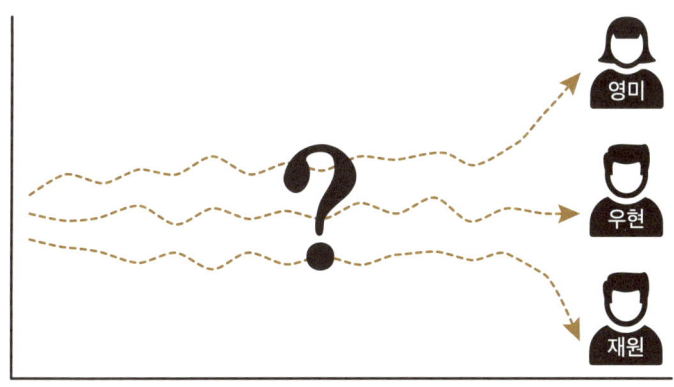

[그림 04. 상장회사에서는 주가를 두고 3인 3색의 새로운 이해관계가 시작된다]

이렇게, 상장회사 치킨코리아에서는 최대주주인 재원, 일반주주와 영미, 그리고 우현의 또다른 동상이몽이 시작된다. 여러 이유[13]로 주가보다는 지분율이 중요한 최대주주, 지분율보다는 주가가 오르는 것이 중요한 일반주주, 그리고 상장했지만 여전히 누군가를 가장 신경 써야 하는 대표이사의 새로운 삼각관계다.

인지상정人之常情이라는 말이 있다. 사람이면 누구나 가질 수 있는 마음이라는 뜻이다. 좋은 것을 보면 누구나 갖고 싶듯이 누구든 어떤 처지에 놓이고 상황에 있으면 비슷한 생각을 할 것이니 사람을 비난하거나 편가르기를 할 필요 없는 경우가 많다. 지배주주도 지배주주의 고민이 있고, 일반주주도 일반주주의 고민이 있다. 사장도 당연히 사장의 고민이 있다. 코리아 프리미엄 시대를 활짝 열어 젖히기 위해서는 이런 3인 3색의 새로운 이해관계를, 그들의 인지상정을 알고 인정하는 것이 첫 걸음이다. 기업 거버넌스란 회사 내에서의 서로 다른 이해관계를 조정하고 결정하는 과정이기 때문이다. 이런 3인 3색의 이해관계는 나라에 따라 시대에 따라 달랐고, 또 앞으로도 다를 것이다. 이것을 이해하게 되면, 이런 상황에서 어떤 법과 제도가 만들어져 왔는지, 그리고 앞으로 만들어질 것인지에 대한 내용을 잘 이해하게 될 것이다.

## 한국의 기업 거버넌스에 지각변동이 시작되고 있다

콘크리트 같이 단단하던 한국의 기업 거버넌스가 바뀌고 있다. 많은 변화는 우연히 찾아오는 것처럼 보이지만 사실은 그 전에 그렇게 바뀔 수밖에 없었던 징조가 많이 있다. 1번의 중대한 위기가 오기 전 29번의 작은 사고와 300번의 사소한 징후가 있다는 하인리히의 법칙 Heinrich's law 이 있는데, 경제와 사회에 관한 제도의 변화도 비슷하다고 느낀다. 마치 오랜 시간 동안 응력이 쌓여 발생하는 지진과도 같다. 법과 제도가 변해가는 사람들의 이해관계와 맞지 않으면 법으로 해결되지 않는 이익과 손해가 쌓이고 갈등과 불만이 누적된다. 그렇게 갈등이 쌓이는 시간 동안에는 아무런 변화가 없거나 작은 징조만 보인다. 시대의 변화를 미리 감지한 사람들의 슬로건이나 일상적인 해프닝과 같은 작은 일들이 보일 뿐이다. 하지만 결국 그 변화는 엄청나게 커져서 한 사회를, 나아가 세계를 흔들기도 한다. 2008년 금융위기를 계기로 만들어진 비트코인은, 코인 열풍이나 사기 논란 등 수많은 이슈를 낳았지만, 결국 1000조 원이 넘는 가치가 저장된 디지털 수단이 되지 않았는가[14].

기업 거버넌스 변화의 씨앗은 이미 지난 30년 동안 뿌려져 있었다. 「법무기」에서 보았던 초급, 중급, 고급의 9단계 방법은 지배주주와 일반주주 사이에 너무나 큰 불균형을 만들어 왔다. 그런데 지난 4년 동안 우리 자본시장에 정말 많은 일이 있었다. 변화의 강한 촉매가 뿌려졌다. 이 내용은 Level 7에서 볼 것이다. 그러자 정부가 오래된 단어, 코리아 디스카운트를 다시 꺼내어 만지작거리기 시작했다. 2024년 들어서는 대통령과 유명 경제 유튜버가 코리아 디스카운트 해법을 이야기하고, 30년 묵은 자기주식에 대한 금기를 수면 밖으로 끄집어 냈다. 하지만 Level 8에서 보듯 아직 코리아 프리미엄 세계로 가기 위해 넘어야 할 산은 적지 않다. 지난 30년 동안 그 때 그 때 땜빵으로 문제를 해결해 오다 보니 복잡하고 험한 미로 같은 장애물이 여기 저기 도사리고 있다. 그래도 희망적인 것은 우리는 꽤 좋은 모범 답안을 갖고 있다는 것이다. 다른 나라들이 이미 수많은 시행착오를 거치며 걸어온 길에서 얻은 잘 정리된 혜안을 참고할 수 있다는 거다. Level 9에서 볼 일본의 기업 거버넌스 코드와 적용 사례, 그리고 기초가 된 OECD 기업 거버넌스 원칙이 바로 그것이다. 이것은 우리가 빨리 소화해서 적용하면 할 수록 코리아 프리미엄으로 빨리 갈 수 있는 지름길이다. 그리고 그 중 가장 핵심적인 황금 열쇠는 「법무기」에서 보았던 '총주주'다. 주주에 대한 충실의무다. 지금 분명히 우리 정부도 그 지름길을 보았다. 그리고 당연히 가고 싶어하는 것 같다. 하지만 가지 않은 길을 가기 위해서는 용기가 필요하다. 용기를 줄 사람은 바로 여러분이다.

## 핵심 개념 정리

**스톡옵션 (stock option):** 일정 기간 동안 회사에 근무할 동기를 부여하기 위해 주는 주식을 살 수 있는 권리. 받을 때의 주가로 나중에 살 수 있는 가격을 정하기 때문에 스톡옵션을 행사할 때 주가가 더 오르면 원래 정한 가격으로 싸게 사서 바로 팔 수 있어 임직원에게 이익이 된다.

**주식담보대출:** 주주가 갖고 있는 주식을 은행 등 금융기관에 담보로 맡기고 대출을 받는 것. 지배주주는 주식을 팔면 지분율이 낮아지기 때문에 대신 주식담보대출로 현금을 마련하는 경우가 많다. 2023년 8월 기준으로 우리나라 대기업의 지배주주들은 평균 약 37.1%의 지분을 담보로 총 약 7조 6천억 원 가량을 대출받고 있다고 하며[15], 중견기업의 지배주주들도 약 1조 5천억 원 가량을 대출받고 있다고 한다[16].

**배당 (dividend):** 어떤 회사가 사업을 해서 낸 이익의 일부를 주주에게 나누어 주는 것을 말한다. 회사가 주주에게 이익을 나눠주는 방법은 배당 외에 주주들로부터 주식을 직접 사서 소각하는 방법도 있는데, 둘을 합쳐서 주주환원이라고 한다.

**코리아 디스카운트 (Korea discount):** 한국 기업이 수익성이나 자산가치가 비슷한 외국 기업에 비해 낮은 평가를 받는 현상을 일반적으로 말하는 개념. 이 책을 읽는 내내 나올 용어인데, 1990년대 이후 지금까지도 사람들의 입에 자주 오르내리고 있다.

## 04.
## 기업 거버넌스가 뭐지?

다음 Level로 넘어가기 전에 잠깐, 코리아 프리미엄 시대의 핵심이 될 용어, '기업 거버넌스'라는 말에 익숙해져 보자. Corporate Governance가 원래의 말이고 '기업 지배구조'라고 더 많이 번역되어 왔지만, 첫 단추가 잘못 끼워진 용어여서 이제는 바꿔야 한다. 먼저 처음 번역하신 분의 고백을 들어 보자.

"이렇게 경제 발전 단계마다 충격이 오고 부담이 쌓여갔는데, 결국 그걸 견디지 못한 겁니다. 그 당시에 기본적으로 몇 가지 문제가 있었는데요. 첫 번째는 투명성(transparency)이었어요. 두 번째는 행위자에게 일종의 책임감(responsibility/accountability)이 부족했습니다. 세 번째는 시스템을 이끌고 나가는 거버넌스(governance)의 정립이 하나도 안 되어 있었던 거예요. 그러다 보니 경제 시스템이 부서져 버렸어요.

지금은 얼마나 달라졌냐고 한다면, 투명성은 어느 정도 진행됐다고 봅니다. 책임감에 대한 부분은 반쯤 생긴 것 같아요. 그리고 거버넌스가 고민이에요. 이 단어를 우리말로 정확히 어떻게 번역해야 할지 모르겠지만, 제가 포스코(POSCO)를 뉴욕에 상장할 때 다급해서 '기업지배구조'라는 단어로 번역했어요. 사실 그건 졸렬한 번역이라고 생각합니다. '지배'라는 말이 나쁘잖아요. 그렇다고 '의사결정구조'라고 하니까 너무 길고, '시스템관리구조'라고 하니까 거리가 멀어서 선택한 단어였습니다.

우리나라 사람들은 일사불란한 지휘명령 체계에서 사는 게 몸에 배어있었기 때문에 '기업지배구조'라고 말하면 머리에 들어와요. '사장, 부사장, 이사 등의 포지션을 어떻게 뽑느냐, 국가가 어떻게 대통령을 뽑느냐' 이런 사항을 다룬다는 사실을 파악하는 거죠.
이 부분이 국가 시스템 전체에 걸려 있어요. 그러다 보니 어떤 문제가 생기냐면, 책임이 자꾸 위로 올라갑니다. 거꾸로 이야기하면 무책임 사회가 되어간다는 말이죠. 각자 맡아야 할 단위에서 책임 있는 행동이 이루어지지 못한 채 위로 올려버리고 마는 심리가 기저에 깔려있기 때문에 아무도 책임을 안 지고 외면하려는 현상이 생기는 거예요. 그러다 보면 위기는 오지만, 우리는 '위기가 올 거야, 올지도 몰라, 그러나 나만 어떻게 할 수 없을까'라는 생각이 들어요."

## 지배구조가 아니다
## 거버넌스다

　이것은 콘텐츠 플랫폼인 퍼블리pubreadonly가 지난 2017년, IMF 외환위기 20주년을 기념해서 기획했던 대담회, <IMF 외환위기 20주년, 과거에서 미래를 배우다>[17]에서 이헌재 전 경제부총리가 한 말이다. 포스코의 미국 상장은 1994년, 우리나라에 기업의 의사결정구조에 대한 고민이 거의 없었던 시기다. 1997년 IMF 외환위기 이후에야 기업집단과 계열회사 내부 거래에 대한 규제, 지주회사 제도와 같은 기업 거버넌스 관련 법령이 비로소 만들어지기 시작했다. 이헌재 전 부총리의 소회와 같이 상명하복의 수직적인 기업문화가 전부였던 그 당시에는 '지배구조'라는 단어가 더 알맞았을 수도 있다. 하지만 회사는 왕국이 아니다. 회사에서 누가 누구를 '지배'하는 것이 아니다. 지배해서도 안 된다. 기업 거버넌스란, 회사 안에서 의사결정을 내리고, 그 결정 사항을 수행하며, 경영자의 행동을 감독하고, 각 당사자 사이의 이해관계를 조정하는 체계를 의미한다[18]. 치킨코리아의 재원과 영미와 우현의 이해관계 조정과 같은 것이다. 말의 힘은 강하다. 말부터 바꾸면 많은 것이 쉽게 바뀌는 경우가 있다. 이제 기업 지배구조가 아니라 분명히 기업 거버넌스[19]라고 하자.

　회사의 주주들 사이에서 의결권을 얼마나 어떻게 행사할 것인지, 주주들이 사장을 어떻게 뽑고 어디까지 권한을 줄 것인지, 사장을 감독하고 견제하는 구조를 어떻게 짤 것인지, 나아가 여러 회사들이 서로 지분 관계로 묶여 있을 때 (기업집단의 계열회사) 의사결정을 어떻게 해야 하는 지의 문제 등 회사에서 있을 수 있는 중요한 결정은 대부분 기업 거버넌스의 영역에 있다고 보면 된다. 최근 스타트업 열풍과 함께 사회적인 쟁점이 되었던 '차등 의결권 주식'에 관한 논란도 그렇다. 차등 의결권 주식이란 1주 1표의 원칙을 깨고 1주 10표와 같이 훨씬 많은 의결권을 부여하는 주식을 말한다. 극단적으로 1주만 가지면 특정 안건에 대해 거부권을 행사할 수 있는 황금주 golden share도 차등 의결권 주식의 예다.

지난 2021년 쿠팡Coupang이 뉴욕 증권 거래소NYSE에 상장하면서 국내 차등 의결권 주식 도입 논의에 불이 붙은 적이 있었다. 쿠팡은 상장 전 1주당 29개의 의결권을 가진 차등 의결권 주식 Class B Stock을 발행하여 창업자인 김범석Bom Kim 의장에게 부여했는데, 이 소식이 스타트업 창업자들은 물론 대기업의 지배주주들에게도 매력적으로 들렸기 때문일 것이다. 이것은 대표적인 기업 거버넌스에 관한 주제였다. 주주들 사이에 합의하면 1주당 여러 개의 의결권을 주는 주식을 발행할 수 있게 하는 것이 옳을까? 그렇다면 그런 주식을 발행한 회사와 그렇지 않은 회사를 똑같이 취급해야 하는 것일까? 그런 회사의 상장은 허용해야 할까? 다양한 질문이 가능하고, 기업 거버넌스의 영역에서 생산적이고 창의적인 토론이 가능한 주제였다. 하지만 안타깝게도 정치적인 논란만 커지다가, 결국 비상장 벤처기업에 대해서 차등의결권을 도입하는 법이 2023년 4월에 국회를 통과하여 11월에 시행되었다. 비록 비상장 벤처기업에 국한된 법이었지만, 주주평등이라는 중요한 원칙에 예외를 두는 법이 만들어지는 과정에서 '왜'에 대한 논의가 너무 부족했다는 아쉬움이 있었다.

## 기업 거버넌스는 수많은 일반주주가 있는
## 상장회사에서 더욱 중요하다

    치킨코리아의 상장과 함께 시작했지만, 기업 거버넌스 얘기를 상장회사에 대해서만 할 수 있는 건 아니다. 다만 기업 거버넌스 논의는 대부분 상장회사에 관해서 이루어진다. 상장이 되면 회사가 의사결정의 체계를 잘 갖추는 것이 훨씬 중요해지기 때문이고, 바로 전에 소개했던 '일반주주'가 생기기 때문이다. 회사가 상장되기 전까지는 주주가 많지 않고, 창업자나 전문 투자자와 같이 회사에 대해 잘 이해할 수 있는 전문가들이 주로 주주가 된다. 이런 사람들은 궁금한 것이 있으면 사장이나 경영진에게 물어보고, 의사 결정에 직접 참여할 수 있다. 법으로 보호할 필요성이 적다. 프로들 사이에서 규칙을 다르게 적용할 필요 없다는 뜻이다. 프로 골퍼가 핸디캡 없이 경기하고 프로 바둑 기사가 접바둑 두지 않는 것과 같다.

    하지만 아마추어가 들어오면 어떨까? 일반주주들은 아마추어다. 회사나 경영, 투자나 금융에 대해 잘 모른다. 앞에서 말했듯 주식시장은 치열한 게임판과 같다. 프로 게이머가 상대가 아마추어인 줄 알면서 정체를 숨기고 그냥 한 게임 붙자고 하는 건 범죄에 가깝지 않은가? 그래서 법이 보호해야 한다. 예를 들어, 주주를 공개적으로 모을 때는 회사와 사업에 대한 자세한 설명서 (증권 신고서와 투자 설명서)를 쓰게 하고, 중요한 내용이 빠지면 계속 고쳐 쓰게 한다던지, 회사의 이사 중에서 최소한 한 명은 다른 이사들과 따로 분리해서 뽑게 한다던지, 대주주가 어느 정도 이상의 지분을 다른 사람에게 팔 때는 같은 가격으로 일반주주들에게도 제안해야 한다는 등 나라별로 다양한 일반주주 보호 장치가 있다.

　기업 거버넌스란, 특히 이렇게 수많은 일반주주가 참여하고 있는 상장회사에서 회사의 의사결정이 공정하게 이루어지고 주주가 공평하게 대우받으며 회사에 대한 정보나 지식이 부족한 일반주주에게 부당한 피해가 가지 않도록 하는 법과 제도, 그리고 관행과 문화가 있는지 여부까지 아우르는 넓은 개념이다. 이쯤 되면 여러분은 왜 기업 거버넌스가 코리아 프리미엄 시대의 핵심 용어가 된다는 것인지 조금 이해했을 것 같다. 그렇다. 일반주주를 보호하는 법과 제도가 많을 수록 기업에 투자하는 사람이 늘어나고, 기업에 투자하는 수요가 늘어나면 기업의 가치가 높아진다. 쉽다! 이런 일이 코리아에 생기면 코리아 프리미엄 시대가 오는 거다.

## ESG의 G부터 제대로 잡고
## 사회와 환경도 생각하자

　한편 기업 거버넌스Corporate Governance의 G는 최근 열풍이 불고 있는 ESG[20]의 G다. 여기에서 ESG를 자세히 설명하지는 않는다. 간단히만 얘기하면, 이는 기본적으로 회사가 주주의 이익 극대화를 위해서만 의사결정을 하는 경우 사회적 또는 환경적인 문제를 일으켜 결국 지속가능성에 문제가 생기는 것에 대한 반성으로, 이런 문제를 정부나 사회가 해결하는 것이 아니라 회사 자체의 의사결정 과정에서 반영되도록 하자는 흐름으로 이해할 수 있다.

　그런데 꼭 알아야 할 점은 이러한 흐름이 '너무' 주주의 이익만을 위한 의사결정을 해 왔던 나라에서 그런 과거를 반성하면서 나왔다는 사실이다. 따라서 우리나라에 E와 S를 G와 같거나 더 중요하게 도입할 것인지 논의하려면 우리나라에서도 기업들이 '너무' 주주의 이익만 중시했는지 되돌아보아야 한다. 과연 그런가? 만약 그렇지 않다면 외국의 논의를 그대로 가져올 때 오류가 많을 수 있다는 것을 주의해야 한다. 우리나라는 일반주주의 이익에 대한 보호가 이제 막 시작되는 경제다. 미국이나 영국과 같이 주주 이익 극대화가 경영자의 당연하고 기본적인 목표인 나라가 아니었다. 게다가 그런 나라에서도 ESG는 사회적 요소나 환경적 요소를 '좀 고려하자'는 것이지, 사회나 환경을 기업 자체의 거버넌스 요소인 주주 이익 보호와 같은 무게로 다루라는 뜻은 아니다[21]. 마라탕의 맵기 정도가 0단계에서 4단계까지 있는데, 어떤 사람이 4단계까지 가서 너무 맵다고 하니 옆에서 누가 '밥이나 우유도 한 입 먹으라'는 말을 했다고 해서, 신라면보다 덜 매운 1단계 마라탕을 막 먹으려는 사람에게 앞뒤 다 떼고 '너무 매우니 밥이나 우유도 먹어야 한다'고 할 수는 없는 것 아닌가.

[그림 05. 아직 우리나라의 일반주주 보호는 마라탕 1단계에도 미치지 못한다]

아직 우리나라의 기업 거버넌스 현실에는 일반주주를 위한 기초적 1단계 보호라고 할 수 있는 주주에 대한 이사의 의무조차 규정되어 있지 않다. 따라서 오랜 역사를 통해 4단계까지 주주 보호가 발전한 나라들의 ESG를 그대로 가져다 쓸 수는 없다고 생각한다. 물론 순서대로 차차 하면 된다. 딱 들어 맞는 말은 아니지만 '수신제가치국평천하[22]'라는 옛 말을 가끔 떠올린다. 회사의 사장이라면 스스로(身) 훌륭한 경영자가 되어 집안(家, 회사) 사람들(주주)을 잘 되도록 하고, 집안 사람들이 잘 살게 되면 사회적 문제(國)에 대한 고려도 할 수 있는 것이며, 사회에도 충분히 기여하면서 환경과 같은 전 지구적인 문제(天下) 해결을 위해서도 노력할 수 있는 것 아닌가 하는 생각에서다. 만약 경영은 엉망으로 하고 주주들은 형편없이 대우하면서 사회적인 활동이나 환경 보호에만 치중하는 회사, 그런 사장이 있다면 어떨까? 집안과 가족에는 소홀하면서 사교 모임에만 나가는 가장과 다를 것이 없는 것 아닐까?

사실, 기업 거버넌스는 이런 저런 이론적 연구의 대상도 되고 어려운 말로도 종종 설명되지만, 의외로 쉽다. 상식과 원칙만 지키면 되기 때문이다. 어릴 때부터 배워 오던 바람직한 의사결정의 모습을 그리면 되기 때문이다. 모두 충분한 정보를 제공받은 상태에서 충분히 토론을 하고, 공과 사를 구별하고, 역할과 책임이 명확하며, 솔선수범하고, 서로 모두의 의견을 경청하고 협의하되 마지막 순간에는 리더가 명확히 의사결정을 하고 반대했던 사람도 이를 따르는 모습. 그것이 우리 모두가 어떤 조직에서든 바라고 있는, 그래서 우리 기업에서도 정착되기를 바라는 의사결정구조, 곧 바람직한 기업 거버넌스일 것이다. 코리아 프리미엄 시대는 사실 이렇게 쉬운 상식과 함께 올 것이다. 게다가, 이미 동전의 양면처럼 코리아 프리미엄 시대가 어떤 모습일지에 대한 힌트는 모두 나와 있다. 여러분이 너무나 익숙할 그 말, 코리아 디스카운트라는 용어 속에 말이다. 이제 그 안으로 한 발짝 들어가 보자.

## 핵심 개념 정리

**기업 거버넌스 (corporate governance):** 기업 내의 의사결정이 이루어지는 구조와 주주, 이사회, 경영자 등 각 이해당사자의 관계를 조정하는 절차와 내용. 간단하게는 주주총회와 이사회에서 이루어지는 회사의 중요한 일을 결정하는 구조를 말한다.

**기업 지배구조:** corporate governance라는 말이 우리나라에 처음 들어올 때 잘못 번역된 말. 기업에서는 누가 누구를 자신의 마음대로 복종하게 하거나 다스리는 것이 아니기 때문에 '기업 의사결정 구조' 또는 '기업 거버넌스'로 바꿔 말하는 것이 좋다.

**차등 의결권 주식 (dual class share/stock):** 한 주에 여러 개의 의결권을 인정하는 주식. 1주 1표 원칙을 깨는 것이기 때문에 거부감이 크지만, 미국에서는 정관에 따라 상장 전에 이런 주식을 발행하는 경우가 있다. 쿠팡의 미국 뉴욕 주식시장 상장과 함께 우리나라에서도 논의가 시작되어 벤처기업에 대해 일정한 요건 하에 허용되었다.

**ESG (Environmental, Social, and corporate Governance):** 기업의 지속가능성, 즉 오랫동안 계속될 수 있도록 하기 위한 요소로 기업 거버넌스와 사회적 요소, 그리고 환경적 요소를 중요하게 생각하는 경향 또는 그러한 장기적인 가치투자 기준을 의미한다. 우리나라에서도 최근 회사의 장기적 성장이 중요해지면서 많은 사람들이 관심을 갖고 있다.

# Level 7.

## 끓틀거리는 코리아 프리미엄 시대
## : 4년 동안 벌어진 일들

# 05.
# 배터리와 함께 폭발하다

이 장부터는 2020년부터 2023년까지 4년 동안 우리나라 자본시장을 뒤흔든 사건 세 개를 정리한 후 그 의미를 평가해 보려고 한다. 역동적이었던 4년, 이 시기는 나중에 과연 사람들에게 어떻게 기억될까?

역사는 우연에 의해 발전한다고 했던가. 2020년 가을을 강타한 LG화학의 전지(배터리) 사업부 분할 논란은 코로나19 이후 우리나라의 기업 거버넌스 역사에 남을 중요한 사건이 되었다. 시가총액 약 46조 원으로 코스피 4위의 거대 기업이었으며, 약 12만 명의 일반주주가 합쳐서 절반 이상의 지분을 갖고 있었던 이 회사[23]가 전기차 시대와 함께 앞길이 창창하던 배터리 사업부를 '물적분할' 한다고 공시했던 2020년 9월 17일. 과연

이 날을 전후해서 도대체 어떤 일이 있었던 것일까?

## 동학개미 수백만이 들어오던 그 때, 전지사업부 분할이 결정됐다

코로나19와 함께 시작된 전세계적인 돈 풀기와 함께 미국은 물론 우리 나라의 주가지수도 하늘 높은 줄 모르고 치솟기 시작했다. 세계가 망할 수도 있다는 공포가 엄습하던 2020년 3월 1400대까지 떨어졌던 KOSPI 지수는 넘쳐나는 돈의 파도를 타고 해가 바뀌면서 꿈의 고지였던 3000 포인트를 넘어 2021년 6월에는 3300까지 넘어섰다. 친구와 동료가 주식으로 너무 흔하게 두 배 수익을 내는 모습을 두 눈으로 목격한 직장인과 학생들이 너도나도 스마트폰에 주식 앱을 깔기 시작했다. 2017년 말에는 505만 명, 2019년 말에도 618만 명이던 개인 주식투자자 수가 코로나19와 함께 소위 '동학개미'라는 유행어를 만든 2020년 말에는 919만 명, 2021년 말에는 1384만 명으로 폭증했다[24]. 2022년 말에는 더 증가한 1424만 명이 되어, 바야흐로 전체 국민의 1/4 이상, 전체 유권자의 약 1/3이 주식투자를 하는 시대가 된 것이다.

새로 주식을 산 사람들은 대부분 '아는 회사'를 샀다. 삼성전자의 주주 수가 600만 명, 카카오는 200만 명을 넘었다. 그리고 전기차 시대가 오고 있음을 직감한 12만 명이 전기차 배터리를 만드는 LG화학의 주식을 사서 대박의 꿈에 부풀어 있었다. LG화학의 주가는 2020년 3월 27만 원대에서 8월에는 75만 원대까지 세 배 가까이 올랐다. 그러던 9월 16일 주식시장 거래 마감시간 직전, 전지(배터리) 사업부 물적분할을 위한 긴급 이사회 소집 소식이 언론을 강타했다[25]. 언론에 따르면 회사를 쪼개는 이유는 배터리 사업을 위한 대규모 투자 유치를 위한 것으로 추정되었다. 사실 연초부터 돌던 풍문도 있었고[26] 그 때까지는 그 전부터 흔히 있었던 신사업 부문에 대한 분할의 모습과 같았다.

사실 회사가 신사업 부문을 별도 회사로 분할하는 이유는 다양하고 또 합리적이다. 가장 기본적인 이유는 독자적인 의사결정 구조를 갖추도록 하기 위한 것이다. 하지만 큰 회사의 사업부는 분할하지 않더라도 사실상 독자적인 사업상 결정을 하고 매출도 사업부 사이에 뚜렷이 구분되는 경우가 많다. 그리고 독립된 자회사가 되어도 어차피 중요한 결정은 모회사의 의견을 따를 수밖에 없어 의사 결정 구조에서 큰 차이는 없다. 그래서 어떤 사업부를 독립된 회사로 나누는 더 중요한 목적은 비용 효율을 달성하도록 하기 위해서인 경우가 더 많다. 한 회사에 같이 있을 때는 인사, 재무, 법무와 같이 여러 사업부를 공통으로 지원하는 조직이나 임대료 또는 원자재 비용 등이 잘 드러나지 않는다. 하지만 회사가 분리되면 이런 일을 하는 대가도 회사 사이의 거래로 드러나야 하기 때문에 비로소 그 사업부가 얼마나 효율적으로 돈을 벌고 이익을 내는지 잘 보이게 된다.

이렇게 하나의 사업부가 회사로 독립해서 매출과 이익이 명확히 보이면 두 가지가 좋아진다. 투자를 받기 쉬워지고 한 단계 더 나아가면 회사를 팔기도 쉬워진다. 치킨도 팔고 버거도 파는 회사라면 분석도 어렵고 변수도 다양해서 투자할 때 고민이 더 많이 될 수밖에 없다. 하지만, 하나의 회사가 하나의 사업만 하도록 만들어 놓으면, 투자자들도 더 쉽게 투자할 수 있고, 또 그 회사를 사는 결정을 하기도 더 쉽다. 뭐든 쉽고 단순하게 만들어야 수요가 늘어난다. 수요가 늘어나면 가치도 더 높아진다. 물론 여러 사업을 통해 위험과 손실을 분산해서 안전하게 경영할 수도 있지만, 현실적으로는 독립된 회사로 쪼갰을 때 더 인기가 많아지는 경우가 많다. 특히 많은 사람들이 가까운 장래에 성장성이 높다고 생각하는 사업의 경우 더욱 그렇다. 인기가 많아진다는 건 바로 회사의 가치가 높아진다는 의미다. 자, 여기까지는 회사의 '분할'에 공통적으로 적용될 수 있는 설명이다. 그런데, 이렇게 좋은 회사 분할에 주주들의 뚜껑이 열렸던 이유는 무엇이었을까? 먼저 LG화학 분할 소식이 나왔던 2020년 9월 16일 올라온 청와대 국민청원 주요 내용을 보자[27].

"미래성이 있는 배터리 분야는 분사를 해버리고 저희에게 의견을 묻지도 않는다면 저희 같은 개인 투자자는 저희의 시간과 노력 그리고 저희 투자금까지 모든 것을 손해보게 됩니다. 물적분할을 하려거든 주주들의 피해를 복구해주는 방안을 제시하고 진행하게 해 주세요."

## 물적분할과 일반주주들의 분노는
## 도대체 어떤 관계?

"물적분할 때문에 일반주주는 시간과 노력, 그리고 투자금까지 모든 것을 손해보게 된다."는 이 얘기, 과연 맞는 말이었을까? 어려운 문제였다. 사실 우리 회사법도 그 전까지 전혀 몰랐다. 물적분할과 인적분할이

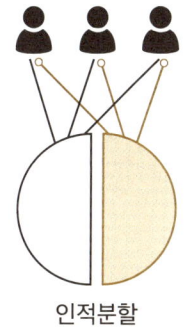

인적분할                                    물적분할

[그림 06. 물적분할은 새로 생기는 회사의 주식을 전부 원래 회사에게 주는 제도다]

어떻게 다른지에 대해서는 「법무기」[28]에서 혹 달기와 플라나리아 나누기로 비유해서 간단히 살펴보았으니 여기에서는 주식의 관점에서 다르게 이해해 보자.

 회사를 분할하는 것은 회사 안에 있던 사업부로 새로운 회사를 만드는 것이다. 새로운 회사를 만들려면 새로운 주식을 발행해야 한다. 이렇게 새로 발행한 주식을 누구에게 줄 지에 따라 분할의 방식이 결정된다. 원래의 주주 전체에게 지분율 대로 나눠주는 것이 인적분할, 원래의 회사에게 모두 몰아주는 것이 물적분할이다. 물적분할은 혹 달기처럼 100% 자회사가 생기는 것이라고 설명했는데, 바로 새로 만든 회사의 주식을 모두 원래의 회사에게 주기 때문에 100% 자회사가 되는 것이다.

 한편, 우리 회사법은 두 회사를 서로 붙일 때 (합병할 때)에는 반대하는 주주에게는 주식매수청구권이라는 권리를 준다. 회사가 합병에 반대하는 주주의 주식을 현금으로 사 주도록 하는 제도다. 하지만 분할에는 이런 제도가 없다. 주주 구성이 같도록 회사를 나누는 인적분할은

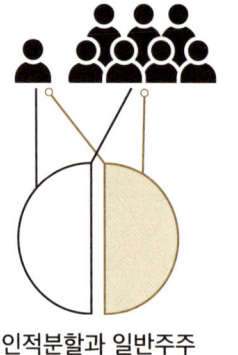 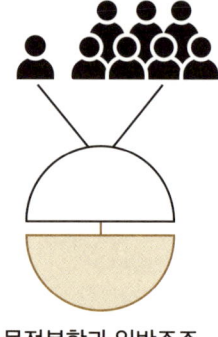

인적분할과 일반주주 　　　물적분할과 일반주주

[그림 07. 인적분할과 물적분할에서 일반주주는 어디에]

물론 100% 자회사로 떼어 내는 물적분할에서도 주식매수청구권이 없다. 회사를 나눌 때는 반대하는 주주의 주식을 회사가 사 주지 않는다는 얘기다. 즉, 회사법은 합병과 달리 회사 분할에서는 반대하는 주주에게 다수의 의견을 따르던지 알아서 주식을 팔고 나가라고 말하고 있는 것과 같다.

그런데 왜 LG화학의 많은 일반주주들은 따르거나 떠나지 않고 굳이 남아서 손해를 보고 피해를 입는다고 항의한 것일까? 배터리 사업을 독립된 회사로 떼어내면 외부 투자를 받기 쉬워지고, 배터리와 같이 대규모 설비가 필요하며 빠른 수요를 따라가야 하는 사업에서는 이렇게 큰 투자를 받아야 사업이 더 크게 성장할 수 있다는 점에 대해서 주주들 사이에 의견이 다른 것은 아니었다. 큰 투자를 받기 위해서 투자 회수 방안으로 가장 흔히 생각할 수 있는 방법은 상장IPO이라는 것에 대해서도, 또는 아예 상장을 통해 처음부터 대중으로부터 공개적으로 투자를 받을 수 있다는 것도 누구나 예상할 수 있는 방법이었다. 하지만 문제는 그런 투자 유치나 사업의 성장 방법이 아니었다. 논란은 다른 곳에서 발생했다. 사업이 아니라 주주의 문제였다! 그렇게 성장하는 사업의 이익을 모든 주주들이 공평하게 누릴 수 있는 지에 대한 의문이 제기된 것이다.

## 첫 번째 손해의 원인은 모회사 디스카운트

쉽게 조금 단순화시켜서 생각해 보자. 원래 50조 원의 가치가 있었던 LG화학이 배터리 사업부를 쪼개면 30조 원의 (배터리 제외한) 화학 회사와 20조 원의 배터리 회사가 된다고 가정해 보자. 그리고 배터리 회사는 투자 유치를 통해 3년 후 100조 원의 가치로 성장할 수 있다고 추정해 보자[29]. 그럼 여기에서 행복한 상상을 해 보자. 분할 전 여러분은 LG화학의 주식 0.1%를 갖고 있었다. 그 가치는 약 500억 원이다.

먼저 인적분할을 하면 여러분의 돈이 어떻게 되는지 보자. LG화학이 화학 회사와 배터리 회사로 나누어지면, 여러분은 30조 원짜리 화학 회사의 0.1% 주주로서 300억 원, 20조 원 짜리 배터리 회사의 0.1% 주주로서 200억 원의 가치를 갖게 된다. 배터리 회사가 3년 후에 100조 원 짜리 회사가 되면 여러분의 지분가치도 200억 원에서 1000억 원으로 껑충 뛴다. 800억 원의 이익을 얻게 된다! 아니, 정확히는 조금 다르다. 20조 원짜리 배터리 회사가 100조 원짜리 회사가 되기 위해서는 10% 정도의 지분을 팔아서 투자를 받아야 할 수 있고, 이 과정에서 여러분의 지분은

0.1%가 아닌 0.09% 정도로 희석된다. 따라서 100조 원 짜리가 된 배터리 회사에서 여러분의 예상 지분가치는 1000억 원이 아닌 900억 원 정도가 현실적이다. 그래도 여러분의 배터리 회사 지분가치는 200억 원에서 900억 원으로 늘었다. 전체 지분가치는 500억 원에서 1200억 원이 되었고, 3년을 기다려 700억 원을 벌었다. 이 결과는 원래 LG화학의 지배주주나 여러분 같은 일반주주나 똑같다.

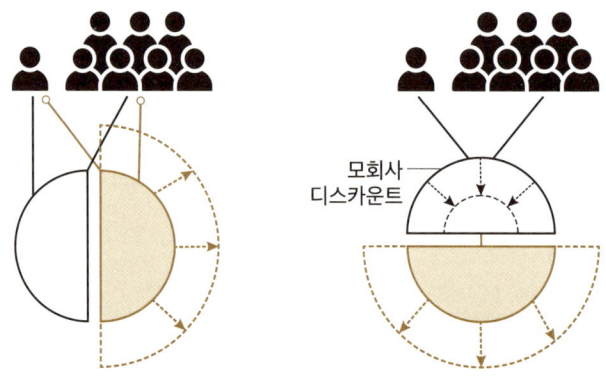

[그림 08. 인적분할을 하면 모든 주주가 같은 이익을 누린다]

물적분할을 하면 어떻게 될까? 다시 여러분의 0.1% 지분가치가 500억 원이었던 분할 전으로 돌아가 보자. 물적분할로 30억 원 짜리 화학 회사와 그 100% 자회사인 20억 원 짜리 배터리 회사가 생겼다. 100% 자회사이기 때문에 이론적으로 그 가치는 모회사 가치에 모두 합쳐져 있어야 한다. 역시 배터리 회사가 10% 정도 지분을 팔아서 (유상증자를 해서) 3년 후에 100조 원짜리 회사로 성장했다고 하자. 그러면 모회사인 화학 회사의 가치는 130조 원이 되어야 한다. 저울 위에 있는 고기 한 덩어리를 둘로 나눠서 올린다고 해서 무게가 달라지는 것은 아니니까 말이다. 그런데 여기에서 꼭 알아야 하는 이상한 현상이 있다.

화학 회사와 배터리 회사를 더한 모회사의 기업 가치가<br/>
30 + 100 = 130조 원이 아닐 수 있다는 거다.

모회사의 가치는 그것보다 훨씬 낮아질 수도 있다. 무슨 말일까? 왜 그럴까? 1 + 1 = 2가 아니라 1.5가 될 수 있다는 건데, 처음부터 이걸 쉽게 받아들일 수 있는 사람은 드물 것이다. 여기가 핵심이니 찬찬히 들어 보자. 시장에서 화학 회사 주식을 사야만 자회사인 배터리 회사 주식도 같이 살 수 있었던 때 (분할 전이거나 물적분할 후라도 배터리 회사 상장 전)에는 화학 회사 주식의 값에 자회사의 가치까지 포함되어 거래된다. 하지만 화학 회사 주식과 배터리 회사 주식을 따로 살 수 있게 되면 시장에서 주식에 대한 수요가 분산된다. 사람들이 배터리 회사 주식에만 몰려서 화학 회사 주식

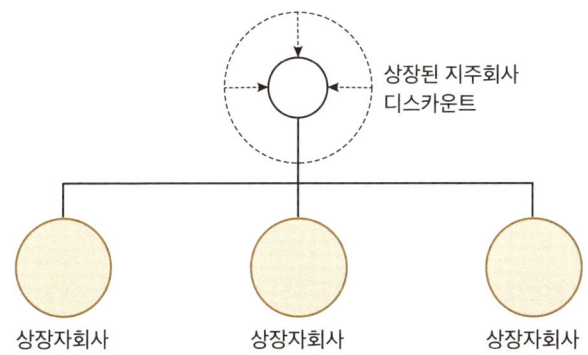

[그림 09. 지주회사 주가는 자회사의 지분 가치를 모두 더한 것보다 더 싸다]

은 외면당하고 값이 떨어지고 마는 것이다. 예전에 허니버터칩 열풍이 불 때를 기억해 보자. 허니버터칩이 너무 인기가 좋으니 인기 없는 1000원 짜리 과자에 1500원 짜리 허니버터칩을 묶어서 파는 가게가 있었다. 그래도 사람들이 어쩔 수 없이 2500원을 내고 과자 두 봉지를 샀다. 하지만, 그런 묶음 판매가 금지되어서 허니버터칩만 살 수 있게 되자 사람들은 굳이 인기 없는 1000원짜리 과자를 사지 않았다. 인기 없는 과자들은 심지어 나중에 재고 떨이로 500원에 내어 놔도 잘 팔리지 않았다. 반대로 허니버터칩은 오히려 웃돈이 붙어서 3~4000원에 팔리기까지 했다.

이것을 모자회사 이중상장에 따른 '모회사 디스카운트' 또는 '지주회사 디스카운트'라고 한다. 2020년 이전에도 모자회사 상장이 흔한 우리나라 주식시장에 있던 현상인데, LG화학 물적분할 이후 아주 유명해진 말이다. 모회사와 자회사가 모두 상장되어 있는 경우, 다시 말해 모회사 주식과 자회사 주식을 모두 누구나 살 수 있는 경우라면, 모회사 주가에 자회사 가치가 합쳐지지 않는 현상이다. 1 + 1 = 2가 아니라 1.5가 되는 기이한 상태인데, 특히 모회사가 별다른 사업이 없는 순수 지주회사라면 그 정도는 더욱 심해진다. 지주회사가 갖고 있는 자회사 주식의 가치를 모두 합친 것의 50~60% 정도만 지주회사의 가치에 반영되는 것이다![30] 이런 일이 유독 한국의 주식시장에서만 분명히 발생하고 있다.

그러면 이 점을 잘 기억하면서 다시 처음으로 돌아가 보자. 물적분할 이후 어떻게 되는지 조금 더 생각해 보자. 자회사가 상장되어야 모회사 디스카운트가 발생하니 물적분할 후 자회사가 상장되지 않은 시점에서 0.1% 주주인 여러분의 지분가치는 일단 500억 원 (= 화학 회사 300억 원 + 배터리 자회사 200억 원) 그대로다. 이제 자회사가 공모로 투자를 받기 위해 상장을 한다고 생각해 보자. 배터리 자회사가 상장할 때 여러분이 공모에 참여하지 않고 화학 회사(모회사) 주식만 갖고 있다면, 여러분의 화학 회사 지분 가치는 어떻게 될까? 배터리 자회사 상장 후 전체 가치는 100조 원이고 앞서 본 것과 같은 투자로 인한 희석을 반영하면 여러분의 지분율은 0.09%이니 그 가치는 900억 원이다. 여기에 화학 회사 지분 가치 300억 원을 더하면 1200억 원이 되어야 할 것 같다. 하지만 현실은 그렇지가 않다. 자회사 지분에 대해서는 모회사 디스카운트가 발생한다. 디스카운트가 50%라면 여러분의 지분에 더해지는 배터리 회사 가치는 900억 원이 아니라 450억 원이다. 정리하면, 원래 화학 회사 지분 가치 300억 원 + 배터리 회사 지분 가치에 50% 할인된 450억 원 = 750억 원이 된다.

300억 + (900억 x 모회사 디스카운트 50%) = 750억

분할 전 지분 가치가 500억 원이었으니 250억 원을 벌었다고도 할 수 있지만, 앞에서 인적분할을 했다면 벌 수 있었을 돈을 기억해 보자. 그 때는 전부 1200억 원이고 번 돈만 700억 원이었다. 물적분할로도 벌긴 했지만 훨씬 적은 돈을 벌게 된 것이다. 물론 이런 모회사(지주회사) 디스카운트 역시 모회사의 지배주주나 일반주주 모두 똑같이 겪는 것이다.

그런데, 지배주주는 다른 점이 두 가지 있다. 첫 번째는 물적분할된 자회사에 대한 의사결정에 관한 영향력을 변함없이 가져갈 수 있다는 점이다. 모회사 디스카운트란, 모회사 주주들의 지분율이 '그대로'인데 그 '금

전적 가치'가 떨어진다는 의미라는 점을 잊지 말자. 만약 금전적 가치가 별 상관없다면 디스카운트는 신경 쓰지 않아도 되는 문제가 된다. 상장회사 치킨코리아의 지배주주 재원은 지분율이, 영미와 일반주주는 주가가 중요했던 점을 기억해 보자. 지배주주는 디스카운트에 민감하지 않을 수 있다. 게다가 의사결정에 관한 영향력과 함께 금전적 가치도 가져갈 수 있는 경우도 있다. 이게 두 번째 다른 점이다. 모회사 지배주주가 개인이 아닌 회사라면, 모회사와 물적분할된 자회사의 자산과 부채는 물론 매출과 손익이 모두 지배주주(회사)에 합쳐질 수 있다는 것이다. 분할 후 배터리 자회사가 상장하더라도 화학 모회사의 지분율이 50%를 초과하면 화학 모회사의 연결재무제표에는 종속회사인 배터리 자회사의 자산과 부채 및 손익 전부가 반영된다. 물적분할을 하고 투자를 받아도 모회사의 지배주주 (보통 지주회사)의 재무제표에는 화학 회사와 배터리 회사의 재무 실적이 모두 분할 전과 똑같이 반영되게 되는 것이다.

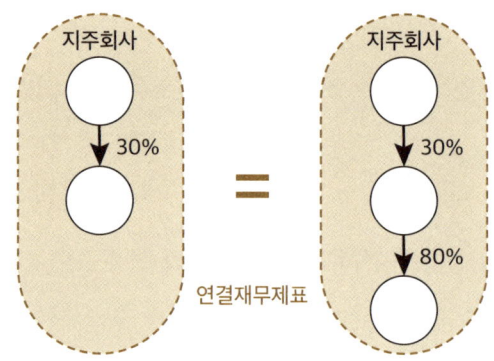

[그림 10. 지배주주가 회사일 때 물적분할 후 자회사 상장은 재무제표에 영향이 없다]

## 두 번째 손해의 원인은
## 상장이익 상실

    이렇게 모회사 디스카운트라는 것이 있다는 것을 기억하면서 다시 처음으로 돌아가 보자. 이제 자회사가 공모로 투자를 받기 위해 상장할 때 여러분이 배터리 자회사 공모주 청약에 참여하는 경우를 생각해 보자. 우선 배터리 자회사가 투자금을 통해 100조 원짜리 회사로 성장할 수 있는 것은 3년 후이지만, 보통 이미 상장할 때 투자금을 통해 성장할 수 있는 가치에 대한 기대는 거의 미리 반영된다는 점을 고려해야 한다. 3년 후에 기대되는 100조 원의 기업가치 중 상장 시점에 80조 원이 반영된다고 가정해 보자. 이 때 여러분이 공모주 청약에 도전한다면 어떨까?

    쉽지 않다. 경쟁률이 100:1이면 증거금 800억 원을 넣어도 8억 원어치 주식만 받을 수 있고, 원래와 같은 0.1%인 800억 원어치 주식을 받으려면 8조 원을 넣어야 한다. 물론 이 정도의 증거금을 공모주 청약에 넣을 수도 없을 테지만 그렇다고 해도 200억 원의 이익만 누릴 수 있다. 배터리 자회사의 기업가치는 상장 당시 이미 80조 원이었고 이후 100조 원까지만 늘어나기 때문이다. 게다가 요즘은 증거금으로 많이 받으려는 사람이 너무 많은 것이 문제라고 하여 '균등 배정', 즉 신청자의 머릿수에 따라 공모주를 나눠주는 방식도 많다 (실제로 LG에너지솔루션 공모는 절반 이상 그렇게 진행되었다). 그렇다면 훨씬 적은 수의 주식만 받을 수 있을 것이다. 엎친데 덮친 격으로, 만약 화학 회사의 사업에 대한 인기가 훨씬 없어져서 그 자체의 지분가치가 300억 원도 아니고 1~200억 원이 된다면 어떨까? 분위기가 싸 해진다. 이제 다시 아까 그 일반주주의 말을 되돌아보자.

"미래성이 있는 배터리 분야를 물적분할하면, 저희 같은 개인 투자자는 저희의 시간과 노력 그리고 저희 투자금까지 모든 것을 손해보게 됩니다."

청와대 국민청원에 올라온 한 일반주주의 이 한 마디를 이해하기 위해 이렇게 복잡다단한 과정을 거쳐야 했다. 차근차근 풀어 쓰면 이 말의 뜻은 다음과 같이 쉬운데 말이다.

'LG화학이 장래 성장이 기대되는 배터리 분야를 자회사로 물적분할한 후 다시 상장하면, 그 성장성을 보고 미리 싼 가격에 주식을 샀던 LG화학의 일반주주는 분할되는 배터리 자회사에 대해서는 원래 지분만큼 주식을 갖지 못하거나 새로 돈을 내서 공모주에 참여하더라도 아주 조금만 그것도 비싼 가격으로 살 수밖에 없어서 원래 열심히 공부해서 투자했던 배터리 사업 성장에 따른 이익을 거의 누리지 못하는 손해를 입게 됩니다.'

결국 또다시 '총주주' 얘기다[31]. 일반주주들은 그 때 물적분할 결정이 전체 주주를 위한 것이 아니었다는 주장을 한 거다. 다시 말하면 '주주의 비례적 이익'이 침해되었다는 것이고, 조금 쉽게 바꾸면 회사가 어떤 결정을 했는데 그 결과 다른 어떤 주주는 좋았을 지 몰라도 나는 나빠졌다, 나의 지분 가치는 낮아졌다는 뜻이 된다. LG화학의 지배주주인 ㈜LG는 LG화학과 물적분할 후 재상장한 자회사 LG에너지솔루션의 사업상 실적을 고스란히 모두 자신의 재무제표에 반영하면서 지배력도 유지할 수 있었다. 하지만, 일반주주는 모회사 디스카운트로 기대이익의 많은 부분을 잃게 되었고, 이를 되찾기 위해 공모주 청약에 참여해도 아주 적은 일부를 회복할 가능성이 있을 뿐이었던 것이다.

여러분이 어떤 회사의 주식을 5만 원에 사서 그 가치가 12만 원까지 올라갈 걸로 기대했고 실제로 거의 그렇게 될 것 같았는데, 사업의 성공과 실패가 아닌 사업부의 물적분할 및 상장이라는 결정 때문에 7만 5천 원 또는 그 이하의 가격이 되는 상황이 생겼다면 이걸 보고 가만히 있을 수 있었을까? 그런 친구에게 '그래도 돈 벌었잖아.'라고 위로하지는 못할 것 같다.

[그림 11. 물적분할 후 재상장은 모회사 일반주주에게 마치 사다리 걷어차기와 같다]

처음 있는 일은 아니었다. 상장회사가 사업부를 물적분할로 떼어 100% 자회사를 만든 사례는 흔했다. 또 나중에 그렇게 떼어낸 회사가 상장한 경우도 종종 있었다. 바로 다음 장에서 얘기할 사례도 마찬가지다. 그런데

2020년 LG화학 분할에 관해서 일반주주의 목소리가 폭발적으로 터져 나온 이유는 무엇이었을까? 그만큼 일반주주들도 이제 공부를 하고 있었기 때문일 것이다. 코로나19 이후 시장을 공부하고, 사업을 공부하고, 또 주식을 공부하는 사람들이 엄청나게 늘었기 때문일 거다.

　LG화학 분할의 건은 주주총회 3일 전인 10월 27일 지분 약 10.3%를 갖고 있었던 국민연금이 반대표를 던지기로 결정하면서 더욱 큰 관심을 끌었다[32]. 하지만 결국 10월 30일 주주총회 특별결의를 무난히 통과했다[33]. 출석률 77.5%에 찬성률 82.3%이니 반대표를 던진 주주는 전체의 약 13.7%였다. 국민연금 외에 3.4% 남짓한 주주만 반대한 거다. 어쩌면 당연한 결과였다. 9월 17일 물적분할 공시 이후 손해가 된다고 생각하는 주주들은 대부분 주식을 팔았을 테니 말이다. 이후 분할된 배터리 회사(LG에너지솔루션)는 2022년 1월 예상대로 KOSPI에 상장했고 2024년 2월 초순 현재 시가총액 약 92조 원으로 코스피 3위에 올라 있다 (배터리 빠진 LG화학은 시가총액 약 32조 원으로 코스피 11위다).

## 왜 말을 못해!
### 지주회사의 자회사 지분율 때문이라고

　사실, 이 사건은 법의 눈으로 보면 더 쉽다. 그 때 LG화학이 인적분할 방식으로 배터리 사업부를 분사하지 못한 이유는 훨씬 간단했다. 공정거래법 때문이다. LG화학은 지주회사인 (주)LG의 자회사인데 공정거래법은 지주회사가 자회사 지분율을 30% 이상 유지하도록 정하고 있고 (주)

LG는 딱 이 기준을 맞추고 있었다. 만약 인적분할을 하면 (주)LG는 화학 회사와 배터리 회사 모두에 30% 지분을 갖게 된다. 그런데 이 중 배터리 회사에 새로 큰 투자를 받게 되면 (유상증자를 하게 되면) 그만큼 (주)LG의 배터리 회사 지분이 낮아진다 (희석된다). 배터리 회사 지분 10%를 새로 발행하면 약 27%, 20%를 새로 발행하면 25%로 낮아진다. 그런데 공정거래법의 30% 기준을 지키려면 (주)LG도 그만큼 돈을 내서 지분율을 지켜야 한다. 배터리 회사 기업가치가 80조 원일 때 내려간 3%를 다시 회복시키려면 2.4조 원, 내려간 지분이 5%라면 4조 원이 필요하다. 이래서는 LG화학과 분할될 배터리 회사의 모회사이자 최대주주인 (주)LG의 관점에서 배터리 사업을 위해 다른 사람으로부터 투자를 받는 의미가 많이 퇴색된다. 8조 원을 투자 받는데 자기 돈 2.4조 원을 넣는다면 5.6조 원만 투자 받는 것과 같으니 말이다. 하지만 물적분할을 하면 다르다. (주)LG는 자기 자금 없이 외부에서 8조 원을 투자 받을 수 있다. 공정거래법의 지주회사 기준도 지키고, 또 배터리 회사에 대한 지배력도 탄탄히 지킨 채로 말이다. 이렇게, 지배주주에게는 처음부터 물적분할이 가장 좋은 선택이었다.

어찌 되었든, LG화학 분할 건이 그냥 잊히지는 않았다. 금융위원회는 2022년 7월 물적분할 자회사를 상장할 때 일반주주를 보호하기 위해 반대주주에 대한 주식매수청구권을 주기로 했다. 자본시장법 시행령이 개정되어 같은 해 12월 시행되었다. 다만 아쉽게도 여기에도 또다시 구멍이 있었다[34]. 주주총회에서 반대를 할 수 있는 주주는 주주총회 전 어느 날을 기준으로 정해지는데, 우리나라 회사들은 보통 3월 말에 하는 정기주주총회에 참석해서 투표할 수 있는 주주를 전년도 12월 말을 기준으로 정하고 있었다. 그래서 그 이후에 주주가 된 사람은 분할에 반대를 할 수도 없었고 주식매수청구를 할 수도 없었던 거다. 2월에 주주가 된 사람은 황당한 것이 당연했다. 3월이 되어서야 이사회에서 분할을 결정해서 승인을 위해 주주총회에 올린 것이고 12월 말에는 분할에 대한 말도 나오지 않았는데 이게 무슨 얘긴가? 법이란 게 그렇다. 꼼꼼하게 미리 잘 규정한다고 해도 어딘가 구멍이 꼭 있다. 그러니 그림을 그리기 전에 바탕색을 미리 칠하는 것이 중요한 거다. 바탕색과 같은 원칙이 있으면 예상하지 못한 부분에서 작은 구멍이 나도 완전히 물이 새지 않는다. 일단 문제를 해결할 수 있다. 그리고 그렇게 문제를 해결한 경험으로 더 빨리 문제를 해결할 수 있도록 자세한 법을 만들면 되는 것이다.

## 핵심 개념 정리

**물적분할**: 회사에 여러 사업부가 있을 때 그 중 하나를 별도의 회사로 만드는 방법 중 새로운 사업부를 100% 자회사로 만드는 방식. 즉, 새로 발행하는 주식을 모두 회사가 갖게 하는 방법. 자회사를 상장하게 되면 모회사 디스카운트가 발생하고 두 회사의 주주들 사이에 이해충돌, 즉 이익과 손해가 다른 경우가 생기게 된다.

**인적분할**: 회사에 여러 사업부 중 하나를 별도의 회사로 만드는 방법 중 새로운 회사의 주식을 원래 회사의 주주에게 모두 똑같이 나눠주는 방식. 예전부터 소위 '자사주의 마법'과 함께 지주회사를 만드는 방법으로 많이 쓰여 왔는데 2024년 1월 정부의 관련 정책 발표로 더 이상 그렇게 활용될 수는 없게 될 것 같다.

**주식매수청구권**: 회사의 결정에 대해 주주가 반대할 때 회사에게 주식을 사주도록 요구할 수 있는 권리. 보통 그런 결정이 있기 전의 주가를 기준으로 팔 수 있기 때문에 일반주주 보호 방법이라고 여겨진다. 상법상 합병은 다른 주주들과 같이 하게 되는 것이기 때문에 반대하는 주주들에게 주식매수청구권이 있지만, 분할은 새로운 주주가 들어오는 것이 아니기 때문에 주식매수청구권이 없었다.

**지주회사(holding company)**: 다른 회사의 주식을 소유하는 것을 목적으로 하는 회사. 20세기 이전까지는 금지되었지만 1889년 경 미국 뉴저지 주에서 처음 허용했다. 일본은 2차 대전 이후 독점금지법으로 금지하다가 1997년에 대폭 완화하였고, 우리나라도 공정거래법에서 금지해 왔지만 IMF 이후 1999년에 사실상 전면 허용하게 되었다.

**지주회사(모회사) 디스카운트**: 지주회사의 가치가 지주회사가 갖고 있는 자회사 주식가치를 모두 더한 것보다 싸게 평가되는 현상. 우리나라 주식시장에만 있는 독특한 현상이다. 지주회사와 자회사가 모두 상장되어 있을 때 투자자들이 사업을 하지 않는 지주회사보다 직접 사업을 하는 자회사를 선호하기 때문으로 주로 설명된다.

## 06.
## 경영진의 '엑시트'는 과연 잘못되었던 것일까[35]

KOSPI 지수가 3300을 돌파하고 네이버 주가가 46만 원을 넘나들던 2021년의 뜨거웠던 여름. 이 계절이 지나고 차가운 바람이 불기 시작하던 그 해 11월 3일, 핀테크 대장주의 깃발을 높이 들고 카카오페이가 주식시장에 이름을 올렸다. 무려 1조 5300억 원을 일반공모로 조달했고, 공모에 참여한 일반주주는 181만 8411명이나 되었다[36]. 상장 후 카카오페이의 주가는 공모가 9만 원을 훌쩍 넘어 로켓처럼 솟아올랐다. 특히 11월 25일 우량주의 상징인 KOSPI 200 지수 편입 결정이 상승에 기름을 끼얹었다. 주가는 상장한 지 한 달도 되지 않아 장중 최고 248,500원 (11월 29일)까지 오르며 시가총액이 30조 원을 넘어섰다. 이제 그 다음 주 금요일, 12월 10일은 드디어 이 주식이 KOSPI 200 지수에 편입되는 날이었다.

## 새로 상장한 회사의 임원 8명이
## 880억 원 어치 주식을 팔았다

    그런데 이 날, 금융감독원의 기업공시 사이트 DART에는 같은 제목의 공시가 동시에 8개 올라왔다. 대표이사를 포함한 회사의 임원 8명이 44만 주가 넘는 회사 주식을 한꺼번에 팔았다는 내용이었다. 1주 당 약 20만 원에 팔았으니 모두 880억 원이 넘는 돈을 손에 쥐게 된 것이었다. 이 소식에 많은 사람들이 관심을 가졌지만, 특히 소스라치게 놀란 사람들이 있었다. 놀란 사람들은 크게 세 그룹으로 나누어 볼 수 있다. 첫째는 카카오페이 일반주주들이다. 둘째는 벤처·스타트업 업계 사람들이다. 셋째는 주식시장을 좀 아는 전문가들이다. 그런데 이들은 놀란 이유가 모두 달랐다.

    1. 엑시트 성공! 스타트업 대박의 꿈이 이루어졌다.
    2. 대표가 주식을 팔다니. 고점 인증인가? 팔아야 하나?
    3. 경영진에 의무보유가 없다니. 어떻게 된 일인가?

    여러분은 이 세 가지 생각을 각 그룹에 쉽게 연결시킬 수 있을 것 같다. 1번은 벤처·스타트업에서 일하는 사람들의 첫 반응이었다. 편안한 길을 버리고 스타트업에 도전해서 스톡옵션으로 평생을 모아도 갖지 못할 보상을 받는 것. 모두가 같은 꿈을 꾸고 있던 스타트업 임직원의 눈에 카카오페이 경영진의 주식 매각은 이런 신화가 이루어진 감동의 순간이었다. 엑시트exit! 이들의 눈에는 무엇보다도 총 880억 원 또는 한 명이 460억 원을 벌었다는 숫자가 가장 크게 들어왔을 것이다.

2번은 카카오페이 일반주주들이다. 상장 이후 한 달이 지나 공모주 청약에 참여한 약 182만 명이 모두 주주로 남아 있지는 않았었겠지만, 카카오페이의 주주는 2021년 12월 31일 기준으로도 30만 명 이상이었다.[37] 12월 초 당시에도 카카오페이 주주 수십만 명이 회사 관련 기사에 항상 관심을 갖고 있었을 것이다. 이들에게 '대표이사와 경영진 주식 대량 매각'이라는 기사 제목은 일종의 공포로 다가왔다. 여러분처럼 일반주주들은 보통 친구 추천으로 주식을 사고 판다. 그런데 회사의 사정을 가장 잘 알고 있는 내부자들이 수백억 원 어치의 주식을 팔았다는 건 뭘 의미하는 걸까? 카카오페이 일반주주들의 머리 속은 대단히 복잡해졌다. 화를 내며 주식을 판 사람들도 많았다. 경영진의 행동을 '먹튀'라고 비난하는 사람들도 있었다.

마지막 3번은 주식시장 규제를 잘 아는 기관투자자 또는 전문가들의 생각이었다. 회사가 상장하면 보통 대주주나 경영진 처럼 주식을 많이 갖고 있거나 내부 사정을 잘 아는 사람들은 상장 초기에 일정한 기간을 정해서 주식을 팔지 못하도록 한다. 상장 전에 주식을 산 투자자들도 마찬가지다. 이런 사람들은 보통 공모가보다 훨씬 낮은 가격에 주식을 산 경우가 대부분이다. 그래서 상장 후 언제 팔아도 이익이니 되도록 빨리 팔고 싶어하는 경향이 있는데, 이런 주주들이 너무 상장 초기에 주식을 팔면 주가가 과도하게 떨어져 공모에 참여한 일반주주들이 피해를 볼 수 있기 때문이다. 이렇게 사업과 관계없이 주식 자체의 수요와 공급을 생각해서 상장 후 3개월, 6개월, 길게는 1년이나 3년까지 주식에 대한 판매 금지를 정하는 제도를 '의무보유'라고 한다. 예전에는 보호예수라는 생소한 용어를 썼는데 전자증권으로 바뀌면서 말이 쉽게 바뀌었다.

그런데 카카오페이 경영진에게는 왜 이런 의무보유가 적용되지 않았을까? 상장 전에 그 주식이 없었기 때문이다. 무슨 얘길까? 이들이 12월 10일에 판 주식은 상장 후인 11월 24일에 스톡옵션을 행사해서 받은 주식이었기 때문이었다. 즉, 상장할 때는 이 주식이 없었다. 따라서 거래소와 여기에 의무보유를 적용할 지의 문제를 얘기할 수도 없었다. 상장일부터 5년 동안 언제든 스톡옵션을 행사할 수 있도록 되어 있었으니[38] 생각보다 빨리 행사했다고 해서 뭘 위반했다고 할 수도 없었다. 물론 이런 제도의 구멍은 나중에 메워졌지만 당연히 이미 판 주식에 적용할 수는 없었다[39].

[그림 12. 카카오페이 상장 후 1년간 주가 추이]

이 사건은 '카카오페이 먹튀'라는 불명예스러운 이름으로 금세 언론과 입소문을 타기 시작했다. 정치권에서도 문제를 제기했다. 결국 모회사 카카오의 대표이사로 내정되었던 카카오페이 대표이사는 논란이 일어난 지 한 달만에 공개적으로 사과한 후 카카오 대표이사 자리도 스스로 내려 놓았다[40]. 하지만 이후 카카오페이 주가는 폭락을 거듭했다. 일반 직원들의 의무보유 기간인 1년이 지난 2022년 11월 초에는 4만원 선까지 깨지고 말았다. 물론 주가지수 자체가 많이 하락한 시기였지만, 경영진 대량 매도 후 공모가의 절반 이하로 떨어진 주가에 대한 충격이 정말 컸다. 이 사건을 계기로 일반주주 보호에 대한 여론이 더욱 크게 확산되고, 상장회사 임원이 주식을 팔 때 사전 공시를 해야 하는 의무가 생기기도 했다[41].

## 여러분이 각각의 상황이었다면 어떻게 행동했을까?

2021년 겨울을 강타했던 카카오페이 경영진 주식 매각 사건. 이 사건에 대한 기사와 자료, 다양한 의견과 비판은 넘치도록 많다. 여기서 지루하게 그 이야기를 다시 하려는 것은 아니다. 이제부터 할 얘기는, 어떻게 보면 누구 하나 '나쁜' 마음을 먹고 한 행동이 아닌 것 같은데 왜 이렇게 큰 일이 일어났는지에 대한 것이다. 이 사건은 '판교'로 대표되는 IT 업계의 성공 공식과 '여의도'로 대표되는 자본시장의 룰 사이의 커다란 간극을 보여 준다. 그리고, 또 결국 주주에 대한 사장(이사회)의 보호 의무와 책임이 없을 때 언제든지 일어날 수 있는 사태에 대한 중요한 교훈이 있다.

먼저 카카오페이 경영진 A로 빙의해 보자. 물론 아래의 내용은 언론에 공개된 사실 관계에 뇌피셜을 더해 만들어 낸 가상의 이야기다.

나는 IT 개발자다. 2014년부터 짧다면 짧고 길다면 긴 7년 동안 밤낮으로 열심히 일해서 월간 순 접속자 2천만 명이 넘는 우리나라 최고의 핀테크 서비스를 키워 냈다. 월급도 받았지만 보상은 주로 스톡옵션이었다. 매년 연봉 인상이 아닌 스톡옵션을 더 받는 것으로 보상의 아쉬움을 달래고 가족에게 약속을 했다. 나중에 더 큰 보상으로 돌아올 거라고. 회사의 성장이 곧 개인의 성공이었으니 임직원 모두가 혼연일체가 되어 그저 앞만 보고 달렸다. 스톡옵션은 매년 행사할 수 있지만 이걸 행사해서 회사 주식을 싸게 사도 상장이 되지 않으면 사고 팔기 어려우니 괜한 돈만 쓰는 거다. 또 바로 돈이 생기는 것도 아닌데 세금만 엄청나게 나온다. 그래서 행사를 미루고 상장이 될 때까지 기다릴 수밖에 없었다. 우여곡절 끝에 다행히도 드디어 상장에 성공했다! 상장 북을 울리고, 이제 그 동안 미뤄 왔던 나와 가족에 대한 보상을 위해 스톡옵션 행사 절차를 회사 재무팀에 물어봤다. 행사는 간단한 일이었고 다만 공시가 된다고 했다. 내가 얼마를 벌었는지 모두가 알게 되는 것이 조금 부담스러웠지만, 어차피 감수해야 할 일이라고 생각했다.

문제는 세금이었다. 스톡옵션은 행사하면 바로 근로소득세가 나오기 때문에 세금을 내려면 주식을 파는 수밖에 없었다. 원래는 세금 낼 만큼만 주식을 팔려고 했다. 그런데 아는 세무사가 이런 조언을 해 줬다. 12월 말까지 주식을 갖고 있으면 나중에 주식을 더 팔 때 세금을 또 낸다고 했다. 원래 상장회사 주식을 팔면 양도소득세가 없는데, 10억 원 넘는 주식을 가진 사람은 20~25%의 양도소득세를 내야 한다는 거다.[42] 근로소득세도 거의 절반인데 올해 안 팔면 나머지에 대해 양도소득세까지 낸다니, 나의 노력한 지난 7년이 너무 아까웠다. 그래서 이번에 스톡옵션 행사해서 받은 주식을 연말이 되기 전에 모두 팔기로 했다. 회사의 미래에 대해 어떻게 생각하고 판 게 아니다. 노력에 대한 보상을 최대한 받기 위해 할 수 있는 일을 했던 것뿐이다.

여러분이라면 어땠을까? 정확한 사실은 알 수 없지만, 이렇게 단계마다 누구나 그렇게 할 수밖에 없는 이유가 있을 수 있다. 그렇다면 다음으로 카카오페이에 몰빵한 개인투자자 B의 마음 속으로 들어가 보자. 역시 가상의 인물이니 오해하지는 말자.

나는 이번에 오래 다닌 회사를 퇴직하면서 억대의 퇴직금을 받았다. 그 동안 종자돈이 없어서 친구들이 테슬라로 카카오로 몇 배로 재산을 불리는 것을 부러워만 했는데 나에게도 기회가 왔다. 모두가 모바일로 송금을 하고 결제를 하는 시대이니 핀테크가 전망이 좋아 보였다. 몇 달 전 카카오뱅크 상장 후에 주가가 많이 빠진 것이 마음에 좀 걸렸지만, 인터넷은행은 어차피 은행이고[43] 진짜 핀테크는 모바일 결제라고 생각했다. 공모주 청약에 1억을 넣으려고 했는데 이번에는 돈을 많이 넣는다고 주식을 많이 받는 방식이 아니고 90만 원만 내면 똑같이 나눠주는 방식이었다. 그래서 공모주로는 2주 밖에 못 받았고 상장 이후를 노렸다. 요즘은 상장하면 첫 날 따상을 일단 치고 공모주 물량이 쏟아져서 주가가 일단 확 떨어진다. 그 때를 노려 1억 원 어치를 모두 샀다. 평단 (평균 매수 단가)이 16만 원 정도인데 공모가 9만 원보다는 훨씬 비싸지만 장래를 생각하면 나쁘지 않다. 역시 내 예상대로 주가는 20만 원을 넘어 30만 원을 향해서 날아간다. 가즈아! 떨어지는 날도 있지만 당연히 있는 기술적 조정이라고 스스로 위로한다. 오늘은 금요일, 어제 종가 기준 수익률 30%를 기록하고 있다. 3천만 원! 역시 돈은 월급 받아 버는 게 아니다. 투자로 버는 거다.

12월 10일, 네이버 메인에 회사 이름이 보인다. 무슨 소식인지 살펴봤다. 경영진이 주식을 팔아서 거의 900억 원을 벌었다고 한다. 일개 개미 주주인 내가 3천만 원 벌었으니 경영진이라면 그 정도 벌 수도 있다고 생각하다가도 뭔가 조금 이상했다. 주가가 더 오르지 않을 거라고 생각한 건가? 회사가 더 잘 되지 않을 거라고 본 건가? 한 명도 아니고 여덟 명이 동시에 팔았다는데 무슨 의미인가? 오늘 주가 20만 원이 깨졌는데, 나도 팔아야 하나? 1주일 머뭇거리니 거의 본전에 가까워져 버렸다. 예전 수익률이 아른거려 이제 팔 수가 없다. 해가 바뀌고 간신히 17만 원을 지키던 주가가 갑자기 16만 원이 무너졌다. 마이너스다. 주가가 계속 빠진다. 말로만 듣던 '비자발적 장투'에 들어가는 건가. 주가가 떨어지니 증권 앱도 보기 싫다. 그냥 어떻게든 되겠지 하고 외면하고 잊었다. 1년이 지났다. 오랜만에 증권 앱을 열었는데 내 눈을 믿을 수가 없다. 평가 금액이 전부 2천 얼마다.

여러분 중 B와 같은 경험을 한 사람은 적지 않을 것이다. 개인 투자자는 마음의 평정심을 지키고 냉정하게 투자하기가 대단히 어렵다. 어떻게든 저점에 매수 타이밍을 잡아도 고점에서 매도하는 개인 투자자는 매우 드물다. '매수는 기술, 매도는 예술'이라는 말도 있지 않은가? 현실에서도 수십만 명이 B와 같은 처지에 놓였다. LG화학의 일반주주가 12만 명이었다면, 카카오페이의 일반주주는 공모주 기준으로 182만 명이었고 그 해 말을 기준으로 해도 30만 명이었다. 그 중 상당히 많은 사람들이 낙엽처럼 떨어지는 주가를 보면서도 팔지 못하고 발을 동동 굴렀을 것이다. 이런 일반주주들로부터 받은 돈은 약 1조 5천억 원이다. 2024년 2월 2일 기준 이 회사의 시가총액은 약 6조 5천억 원이다.

### 정부의 발 빠른 대응이 있었지만
### 일반적 의무 없이는 미봉책일 뿐

이런 일이 있고 난 지 두 달 후, 정부는 빠르게 제도 개선안을 내 놓았다[44]. 회사의 경영진이 상장 후 스톡옵션을 행사해서 받은 주식도 의무보유 대상에 포함시키도록 했다. 제도에 구멍이 있었다는 것을 깨달은 것이다. 법령이 아니라 거래소의 상장규정만 바꾸면 되는 것이어서 쉽게 가능했다. 상장을 할 때 이미 발행되어 있는 주식 중 누가 갖고 있는 주식을 얼마나 오래 의무적으로 보유하도록 할 것인지 정하다 보니, 주식으로 바꿀 수 있는 스톡옵션과 같은 권리에 대해 미리 정하지 못했던 거다.

그런데 이렇게 규칙이 바뀌기 전에, 주식에 대해서만 의무보유가 걸려 있고 스톡옵션에는 없는 상태에서, 상장 직후에 행사할 수 있는 스톡옵션을 갖고 있는 경영진은 스톡옵션을 행사한 후 다른 주식처럼 상장 후 6개월이 지날 때까지 팔지 말아야 했을까? 두 가지 생각이 있을 수 있다.

(1) 규정이 없는데 무슨 소리? 언제든 팔아도 된다.

(2) 양심상 똑같이 팔지 말아야 한다. 일반주주 보호!

여러분은 어떤 쪽인가? 당시 대부분 사람들은 두 번째와 같은 생각이었던 것 같다. 법이 없다고 해도 양심이 있다면 팔지 말아야 한다는 생각이 강했고, 그럼에도 불구하고 팔았다고 생각된 카카오페이 경영진이 여론의 뭇매를 맞았다. 그리고 부글부글 끓는 수십만의 일반주주를 달래기 위해 정말 발빠르게 제도 개선이 이루어졌다. 하지만 앞에서 본 A의 이야기에 여러분은 돌을 던질 수 있는가? 열심히 일하고, 약속된 보상을 받고, 합법적으로 세금을 아꼈다. 평범한 직장인이라면 누구나 하는 노력을 했다. 어쨌든 이 문제에 대한 생각은 각자 다를 수 있으니 이쯤에서 줄이도록 하자.

하지만 법에 대한 이야기는 하고 넘어가자. 급하게 제도를 바꾸었지만 의문은 또다시 생길 수 있다. 다른 특이한 경우가 또 생기면 어떻게 할 건가? 예를 들어, 스톡옵션이 아니라 다른 방법, 콜옵션 call option 같은 것을 행사해서 상장 후에 취득한 주식에 대해서는 어떻게 할 건가? 콜옵션이란 제3자에게 무엇을 판 후에 언제든 정한 가격으로 되사올 수 있는 권리를 말한다. 만약 의무보유 대상자가 상장 전에 다른 사람에게 자기 주식을 팔았지만 콜옵션 계약을 했다가 상장 직후에 콜옵션을 행사해서 주식을 되돌려 받았다면 그 주식은 6개월 동안 팔지 말아야 하나? 또는 회사의 누군가에게 돈을 빌려주고 그가 갖고 있던 회사 주식을 담보로 잡았는데 결국 돈을 갚지 못해서 공교롭게도 상장 직후에 대신 그 주식을 받아왔다면? 아니면, 아버지가 회사 주식을 갖고 있었는데 상장 직후에 갑자기 돌아가시는 바람에 주식을 상속받게 되었다면? 당시 바뀐 제도는 상장 후에 경영진이 주식을 갖게 될 수 있는 이렇게 수많은 경우의 수 중 '스톡옵션 행사'로 갖게 되는 한 가지에 대해서만 콕 집어서 규정했다. 당장 문제가 된 것을 고치는 것이 가장 시급한 일이니 어쩔 수 없다고 해도, 아쉬움이 많이 남는 조치였다.

이렇게 당장 발생한 구체적인 문제 하나만 해결하기 위해 제도를 만들면 보통 허점이 많다. 2층 창문을 가리는 나뭇가지가 보기 싫다고 그 나뭇가지만 자르면 금세 옆에서 아래에서 다른 가지가 자라서 창문을 가리기 마련인 것과 같다. 또한 이런 세부적인 규정은 '왜?'를 생각하게 하지 않기 때문에 더 문제인 경우가 많다. 회사의 투자자나 사장(이사)이 상장 후 6개월이나 1년 동안 주식을 팔지 못하는 이유는 뭔가? 일반주주를 보호하기 위한 거다. 그렇다면 만약 '상장 후 스톡옵션 행사로 받은 주식도 6개월 동안 팔지 못한다'는 제도가 생기기 전에 '상장회사의 사장(이사)은 일반주주의 이익을 보호해야 한다' 또는 '상장회사의 사장(이사)은 일반주주에 대해 충실의무를 진다'는 바탕색 같은 큰 그림의 법이 있었다면 어땠을까? 아마도 아무리 상장 후 스톡옵션을 행사해서 받은 주식에 대해서 몇 달 동안 의무보유해야 한다는 규정이 없었다고 해도 쉽게 주식을 팔지 못했을 거다. 뒤에서 다시 살펴볼 것이지만, A가 B에 대해 충실의무 duty of loyalty를 진다는 말은 A가 B의 이익을 자신의 이익보다 앞에 둬야 한다는 뜻이니 말이다.

사장이나 경영진에게 의무보유를 강제하는 제도 안에는 상장 초기에 주식을 엄청 많이 시장에서 팔면 주가가 과도하게 떨어져서 일반주주들이 손해를 본다는 문제의식이 녹아 있다고 할 수 있다. 그러니 그 주식이 원래 갖고 있었던 것이든, 스톡옵션을 행사해서 상장 후에 받은 것이든 팔지 말아야 하는 것은 같다. 일반 대중으로부터 돈을 받은 상장회사의 누군가가 일반주주에 대해 아무런 보호의무나 충실의무도 부담하지 않는다면 제도의 구멍 때문에 생긴 이런 해프닝은 언제든 새로운 형태로 일어날 수 있다.

### 문제는 법이야, ○○야

이 사건이 있은 지 7개월 가량 후, 카카오페이의 일반주주들이 한 번 더 큰 충격을 받는 일이 있었다. 30% 이상의 지분을 들고 있는 2대 주주였던 알리페이가 블록딜(시간외대량매매)로 상당한 지분을 팔면서 주가가 15% 넘게 떨어진 것이다[45]. 그 때까지는 사전에 블록딜 정보를 알지 못한 일반주주는 속수무책으로 주가 폭락을 감당해야 하는 경우가 많았다. 사장 등 경영진이나 대주주도 주식을 판 후 5일 뒤까지만 공시하면 되기 때문이었다. 2022년 6월 8일, 그 날도 그랬다. 아침부터 알리페이의 블록딜 소문이 퍼지면서 10만 원을 회복했던 주가가 9만 원대로 떨어지며 장이 열렸고, 결국 8만원 대로 주저 앉았다. 그리고 한 달 동안 주가는 계속 떨어져 결국 7월 들어서는 6만 원선도 깨지고 말았다 (2022년 7월 1일 종가 59,600원). 한 달만에 -40%라는 참담한 손실을 본 일반주주들의 분노가 하늘을 찔렀고, 이는 내부자 거래 사전 공시 제도 신설로 이어졌다. 대주주나 경영진과 같이 회사 내부 사정을 잘 아는 주주가 자신의 주식을 많이 팔려면 최소 30일 전에 미리 공시해야 한다는 법이다. 이 제도는 2023년 12월 국회 본회의를 통과해서 2024년 7월 시행될 예정이다[46].

상장 후 스톡옵션으로 행사한 주식을 파는 경영진, 사전 공시 없이 주식을 대량으로 파는 대주주. 모두 거기에 딱 맞는 규정이 없었기 때문에 적법하게 가능한 일이었다. 하지만 정보가 부족하고 일상 생활을 해야 하는 일반주주들은 늦게 알고 발만 동동 구를 수밖에 없었다. 법을 미리 만들지 않은 것이 잘못이었지만, 원래 법은 빠르게 변화하는 현실을 전부 따라가지 못한다. 이런 현실을 인정하고, 커다란 대원칙을 세워 놓고 나서 세세한 규정을 만드는 것이 좋은 방법이다. 그래야 새로운 일이 발생할 때 거기에 딱 맞는 구체적인 규칙이 없더라도 큰 원칙에 맞춰 문제를 해결할 수 있다. 또 그런 쉬운 원칙이 있어야 법을 전문적으로 공부하지 않은 사람들도 미리 배우고 행동을 결정할 수 있다. '사장(이사회)은 주주의 이익을 보호해야 한다'는 대원칙이 법으로 만들어져 있었다면 과연 이런 일들이 있었을까? 문제는 사람이 아니다. 문제는 법이다.

## 핵심 개념 정리

**상장(listing, IPO):** 누구나 주식을 살 수 있도록 거래소에 이름을 올리는 것을 말한다. IPO는 처음으로 공모, 즉 대중에 대해서 주식을 발행한다는 의미의 Initial Public Offering를 줄인 말인데 상장을 하면서 공모를 하지 않는 경우는 없기 때문에 사실상 같은 말로 쓰인다. 일반 대중은 주식이나 회사에 대한 지식과 경험이 부족하기 때문에, 상장을 하면 정부가 일반주주를 보호하기 위한 여러 가지 규제를 적용한다.

**엑시트(exit):** 우리 말로 '출구', '나가다'는 뜻인 이 단어는 주로 투자자(운용사)의 관점에서 투자금을 회수한다는 의미로 쓰인다. 회사에서 일하지 않고 다른 사람의 돈을 맡아서 투자하는 재무적 투자자의 관점에서는 맞는 표현일 수 있는데, 주식을 팔고도 계속 회사에서 일하는 창업자나 임직원 주주도 역시 '엑시트'라는 말을 종종 쓴다.

**의무보유(lock-up):** 회사가 상장할 때 최대주주, 임원, 기관투자자 등 지분율이 높은 주주에게 상장 후 일정 기간 동안 주식을 팔지 못하도록 하는 것. 상장 초기에는 시가가 제대로 형성되지 않는데 이 때 매도 물량이 너무 많이 나오면 주가가 과도하게 떨어져 새로 주식을 산 일반주주가 피해를 볼 수 있기 때문에 의무보유 기간을 정한다.

**DART(금융감독원 전자공시시스템):** 상장회사 등이 공시서류를 인터넷으로 제출하고 누구나 볼 수 있도록 공개하는 기업공시 시스템. 주소는 http://dart.fss.or.kr이다. 미국에는 EDGAR, 일본에는 EDINET이 있다. 이 곳에서 상장회사는 물론 외부 감사를 받는 비상장회사의 감사보고서 등 많은 정보를 볼 수 있다.

## 07.
# 시청률 대박 경영권 분쟁 드라마

주주서한, 공개매수, 시세조종. 이런 단어는 보통 사람들에게 익숙하지도 않고 별로 알고 싶지도 않은 말이다. 하지만 소녀시대, 동방신기, 엑소, 에스파는 누구나 알고 가까이하고 싶은 이름이다. 모두가 알고 좋아하는 아이돌의 소속사에서 2022년부터 일어난 일들은 전국민을 경영권 분쟁이라는 생소한 전문 분야로 이끌었다.

**라이크기획을 통한 과도한 자문료 논란,
2019년 주주서한을 통해 알려져**

많이 알려져 있지는 않지만 사실 그 시작은 2019년이었다. SM은 2018

년, 전년의 3653억 원보다 거의 두 배 가까운 6122억 원의 매출을 올리며 폭발적인 성장을 보여주었지만, 2019년 상반기 주가는 오히려 계속 떨어지면서 시가총액이 1조 원 아래로 내려가고 있었다. 당시 SM이 실적에 비해 많이 저평가되었다는 생각으로 많은 기관투자자들이 주주로 들어와 있었는데, 그 중 약 7.59%로 가장 지분율이 높았던 KB자산운용이 회사 측에 공개서한을 보내면서 시장에 파장이 일어났다.

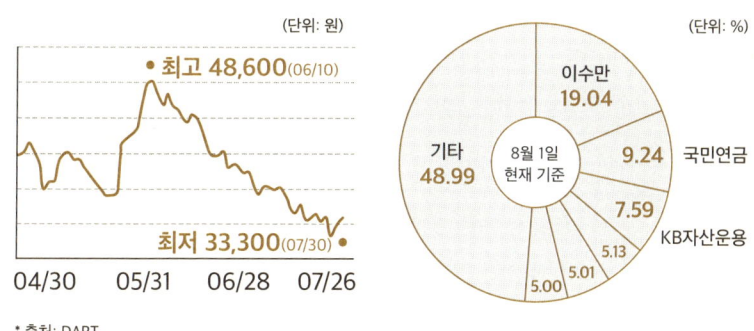

[그림 13. 2019년 SM 주가 추이 및 주요 주주 구성]

그 해 6월 5일 KB자산운용이 SM에게 보낸 주주서한은 ①이수만 창업자의 개인사업자인 라이크기획과의 합병 (자문료 거래 중단), ②본업과 무관한 적자 식음료 회사들 사업 중단, ③주주에 대한 배당 증대를 요구했다. 첫 번째 요구 사항은 2012년부터 계속 제기되던 문제였다.[47] SM은 이수만 창업자에게 자문료, 로열티 등의 명목으로 전체 매출의 6%를 지급하기로 계약하고 있었고, 그 금액이 2017년에는 전에 영업이익 109억 원에 육박하는 108억 원, 2018년에는 145억 원으로 대폭 늘어나는 등 10년 동안 약 816억 원이 SM에서 이수만 창업자로 흘러 들어가고 있었다[48]. 내부거래, 일감몰아주기, 통행세 등 여러 이름으로 불리는 것들, 「법무기」를 읽었다면 이미 이런 거래가 어떤 의미가 있는지 알 것이다. 이것은 전형적인 주주들 사이의 '이해충돌' 거래였다. 라이크기획으로 돈을 지급하는 것이 필요한지 필요 없는지, 돈이 많은지 적은지, 조건이 상당히 유리한지 불리한지를 따지는 '부당거래'로 보면 초점을 잃고 미궁으로 빠져들어가게 되는 그것 말이다.

이런 문제를 법적, 경제적 용어로 보면 어렵게 느껴지지만, 주주의 지분율과 돈의 문제로 보면 정말 쉽다. 계산을 단순하게 하기 위해 SM이 한 해 동안 라이크기획에 지급하던 돈이 100억 원이고 배당가능이익이 100억 원이라고 해 보자. 배당성향은 10%라고 가정해 보자. 2019년 당시의 지분율을 기준으로 SM의 각 주주에게 돌아가는 돈은 아래와 같이 계산된다.

| 주주 | 지분율 | 배당금 | 기타 | 총액 |
| --- | --- | --- | --- | --- |
| 이수만 | 19.04% | 1.90억 | 100억 | 101.9억 |
| 국민연금 | 9.24% | 0.92억 | 0 | 0.92억 |
| KB자산 | 7.59% | 0.75억 | 0 | 0.75억 |
| 한투밸류 | 5.13% | 0.51억 | 0 | 0.51억 |
| 미래에셋 | 5.01% | 0.50억 | 0 | 0.50억 |
| 한투신탁 | 5.00% | 0.50억 | 0 | 0.50억 |

<표 02. SM 주주에 대한 가상 배당금과 기타 수입을 합한 가상 수입 총액>

국민연금부터 한투신탁까지는 사실 그 뒤에 전체 연금가입자와 각 펀드의 가입자들이 있다. 최대주주인 이수만 창업자가 이런 다른 주주들에 비해 100배 이상의 돈을 회사로부터 가져가는 이런 상황이 어떻게 10년 넘게 계속될 수 있었을까? 당연히 모두 이사회가 승인한 거래였기 때문이다. SM과 라이크기획의 거래는 이사회의 주주에 대한 충실의무가 없는 우리나라의 기업 현실에서 어떤 일까지 벌어질 수 있는 지의 문제를 적나라하게 보여 주는 대표적인 사례였다. 하지만 거의 두 달만에 나온 SM의 답변은 단호했다.

| KB자산운용 요구 항목 | SM 답변 | 상세내용 |
|---|---|---|
| 라이크기획 합병 관련 | 거부 | "합병은 법인이 아니라 불가능하며 계약 끊기면 경쟁력 상실" "라이크기획과의 프로듀싱 계약은 외부 전문기관들의 객관적 자문과 철저한 검토를 거쳐 체결된 것" |
| 본업과 무관 비주력 사업 정리 | 거부 | "단기 재무성과로 판단할 일이 아니라 장기적 접근해야" "라이프스타일 계열사 통합 재편하고 전략적투자자(SI) 유치하겠다" |
| 배당 등 주주환원 실시 | 검토 | "미래 투자에 역점을 둬 배당정책 시행 안했고 그런 필요성은 지금도 마찬가지다. 다만 주주요구 있으니 미래성장과 배당 자사주 매입 등 주주환원 조화 방안 검토" |

<표03. KB자산운용의 요구에 대한 SM 회신 주요 내용>

2대 주주의 요구를 사실상 모두 거절한 것이다. SM의 답변이 나오자 시장은 격하게 반응했다. 다음 날 개장 후 주가가 무려 10% 넘게 빠졌다. 이후 기관투자자들은 SM에 대해 더 이상 가시적인 활동을 하지 않고 지분율을 축소했다. 하지만 이러한 2019년의 주주서한은 결국 2022년부터 발생하는 다른 사건의 씨앗이 되었다.

## 2022년 독립적 감사 선임되며
## 기업 거버넌스 개선 시작돼

2021년 9월 설립된 얼라인파트너스는 기업 거버넌스 개선을 통한 저평가 해소의 첫 번째 목표로 SM을 지목했다. 2년 전 KB자산운용의 주주서한으로 적어도 금융계에는 잘 알려져 있는 이슈였다. 대중에 친숙한 회사여서 일반주주들의 관심을 끌기도 쉬웠고 이해하기에도 좋았다. 합병이나 분할과 같이 회사법을 잘 알아야 이해할 수 있는 소재가 아니라 개인이 직접 돈을 받아가는 단순한 구조였기 때문이다. 지분 약 1.1%를 확보한 얼라인파트너스는 2022년 3월 주주총회에서 SM의 감사를 추천한 후 표대결을 통해 선임되도록 함으로써 자본시장과 엔터테인먼트 업계에 커다란 충격파를 남겼다.[49] 국내외 의결권 자문기관이 모두 얼라인파트너스 추천 감사 안건에 찬성을 권고하고 국내외 기관투자가가 여기에 동조했다. 결국 주주총회에서 경영을 실질적으로 감독할 수 있는 독립적인 감사가 선임되었다. SM의 주가는 주주총회를 전후해서 9만 원까지 오르기도 했다. 하지만 이것은 시작에 불과했다.

얼라인파트너스는 감사 선임 후 지속적으로 이수만 창업자 개인 업체인 라이크기획과의 계약 종료를 요구했다. 2022년 8월에는 공개 서한을 보내고 같은 해 10월에는 공개적으로 회계장부 열람을 요구했다. SM은 결국 그 해 연말까지 계약을 종료하기로 했다. 하지만 이상한 조건이 있음이 나중에 드러났다. 계약을 종료해도 이수만 창업자가 사실상 아무런 용역에 대한 의무 없이 기존 발매된 음반 음원 수익에 대해 2092년까지 로

열티 6%를 가져가고, 매니지먼트 수익에 대해서는 로열티 3%를 2025년까지 가져가도록 되어 있었던 것이다. 이런 복잡한 상황 속에서 얼라인파트너스는 정기주주총회를 앞둔 2023년 1월, SM의 이사들에 대해 이러한 사후정산 약정을 이행하지 말 것을 요구하며 소송을 하는 등 긴장이 높아지고 있었는데[50], 2년 전부터 SM의 인수를 타진하던 고래들이 다시 수면 위로 등장하면서 상황이 급박하게 돌아갔다.

## 2023년 하이브와 카카오의
## 경영권 분쟁으로 발전

2023년 2월 3일, SM은 이수만 창업자 없는 경영을 하겠다는 취지의 SM 3.0을 발표했다[51]. 이어서 같은 달 7일 카카오가 신주와 전환사채를 통해 SM 지분 9.05%를 확보하고 SM과 사업 협력에 관한 계약을 체결했다고 공시하자, 바로 다음 날인 8일 이수만 창업자는 카카오의 신주 및 전환사채 인수 (즉, SM의 발행)을 금지해 달라는 가처분 신청을 즉시 법원에 제기했다. 그리고 바로 그 다음 날인 10일, 더욱 놀라운 뉴스가 전해졌다. 하이브가 이수만 창업자의 지분 18.45% 중 14.8%를 매수하고 시장에서 최대 25%를 12만 원에 공개매수한다고 공시한 것이다. 전날 98,500원이었던 SM 주가보다 2만 원 이상 높은 가격이었다.

2023. 2. 3.  SM, 이수만 창업자 없는 SM 3.0 발표
2023. 2. 7.  카카오, SM 지분 9.05% 확보하는 계약 공시

**2023. 2. 8.** 이수만, 카카오의 지분 확보 금지 가처분 제기

**2023. 2. 10.** 하이브, 이수만 지분 14.8% 및 최대 25% 추가 공개매수 선언

단 1주일 만에 벌어진 일련의 사건은 우리나라의 모든 언론과 자본시장의 시선을 끌었음은 물론 대중적인 핫 이슈가 되었다. 뉴진스와 아이유가 에스파를 두고, 아니 하이브와 카카오가 SM을 두고 싸우다니 이렇게 재미 있는 일이 어디 또 있을까! 게다가 월드컵 16강 진출 예측보다 더 긴장되는 경우의 수가 가능했다.

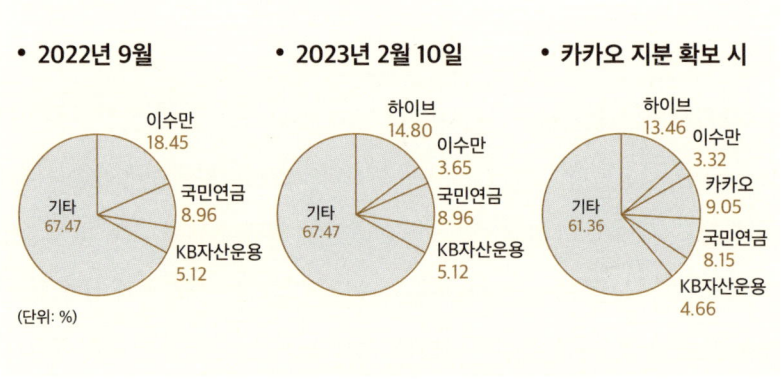

[그림 14. 경우의 수에 따른 SM 지분율 분포]

이미 결과는 나온 지난 일이지만 다시 2023년 2월 초, 그 때로 돌아가 재미있는 영화 다시 보는 셈치고 경우의 수를 따져 보자.

**1라운드.** 이수만 vs 카카오에서 이수만 승리하면 카카오 9.05% 지분 삭제

**2라운드.** 하이브 vs 카카오에서 하이브 공개매수 승리하면 25% 지분 추가

|  | 1라운드 이수만 승리<br>(금지 가처분 인용) | 1라운드 카카오 승리<br>(금지 가처분 기각) |
| --- | --- | --- |
| 2라운드 하이브 승리<br>(공개매수 성공) | 하이브　39.8%<br>카카오　0% | 하이브　39.8%<br>카카오　9.05% |
| 2라운드 카카오 승리<br>(공개매수 실패) | 하이브　14.8%<br>카카오　0% | 하이브　14.8%<br>카카오　9.05% |

<표 04. 가처분과 공개매수 승패에 따른 하이브와 카카오 지분율>

위 표를 보면 이수만 창업자가 하이브에게 14.8% 지분을 넘긴 것이 대단한 수였다는 것을 알 수 있다. 먼저 9% 가량의 지분을 확보하면서 SM과의 제휴를 시작하려던 카카오는 1라운드와 2라운드에서 모두 이겨도 하이브와 5% 남짓 차이나는 2대 주주가 될 뿐이었고 1라운드와 2라운드 중 하나에서라도 지면 완패하는 구도가 되었기 때문이다.

1라운드 신주발행 등 금지 가처분의 결과는 보통 한 달 정도 걸려 나오고, 2라운드 공개매수의 결과 역시 3월 6일 정도에 나올 예정이었다. 어쨌든 3월 말로 예정되어 있는 SM 정기주주총회 전에는 모두 결과가 나와야 하는 상황이었다. 그런데 하이브의 공개매수 시작 후 주식시장에서는 조금 이례적인 일이 벌어졌다. 하이브가 이수만 창업자 지분 매수와 공개매수를 통해 사겠다고 한 SM 주식의 가격은 12만 원이었는데, 시장에서 SM 주가가 12만 원을 훌쩍 넘어 거래되기 시작한 것이다. 카카오의 대항 공개매수 (하이브보다 높은 가격에 카카오가 다시 공개매수를 하는 것) 또는 하이브가 공개매수에 실패할 경우 가격을 높여 다시 공개매수를 할 수도 있다는 기대감을 반영한 것이라고도 할 수 있었다. 다만, 몇 가지 보통의 공

[그림 15. 2023년 2월 전후 SM 주가 그래프]

개매수때와 다른 움직임이 있었다.

SM은 공개매수 기간이던 2월 23일 자사주 약 39억 원 어치를 매입하고 공시했다. 물론 공개매수 기간에만 매입한 것은 아니었다. 2022년 8월 자사주 매입 신탁계약을 체결한 후 2023년 1월부터 네 차례에 걸쳐서 약 1%를 매입하고 있었던 것이었다. 하지만 공개매수 기간에 자사주를 매입하는 것은 흔하지 않은 일이어서 하이브가 이에 강하게 항의하는 일이 있었다[52]. 하지만 이것은 그 뒤에 있을 훨씬 더 민감한 논란에 비해서는 작은 이슈였다.

하이브는 공개매수를 마친 후 카카오가 '공개매수를 방해할 목적으로 시세를 조종했다'고 주장하며 금융감독원에 조사를 요청했다. SM 주가가 131,900원까지 오른 2월 16일, 판교의 한 증권사 지점에서 SM에 대한 대량 매수 주문이 발생했고, 카카오 측이 공개매수 마지막 날이던 2월 28일에 SM 주식 약 105만 주(SM 전체 주식의 약 4.4%)를 것으로 알려졌다[53].

만약 유죄로 결론난다면 카카오가 금융기관인 카카오뱅크의 대주주 지위를 잃을 수도 있는 큰 재판의 단초가 이 날 시작된 것이다.

## 주주가치의 중요성은 확인되고
## SM은 카카오의 품으로

하이브는 2라운드 공개매수를 실패했지만, 앞에서 본 1라운드 (카카오의 9.05% 주식 취득에 대한 금지 가처분)에서는 이수만 창업자가 이겼다. 하지만 카카오는 즉시 주당 3만 원을 올린 15만 원으로 공개매수를 다시 선언하며 경쟁이 계속되었다. 주식시장이 후끈 달아오르고 시청률이 계속 올라가던 3월 12일, 세기의 경영권 분쟁은 조금은 싱겁게 막을 내렸다. 카카오와 하이브가 더 이상 지분 경쟁을 하지 않고 카카오에게 하이브가 갖고 있던 모든 SM 주식을 넘기기로 합의한 것이다[54]. 하이브는 재정적 부담과 과도한 경쟁을 이유로 설명했고, 국내 엔터테인먼트 시장의 1위와 2위 기업이 합쳐지는 것에 대해 공정거래위원회가 강도 높게 심사할 수 있다는 점도 부담으로 작용했을 것 같다.

당시 2023년 2월 16일부터 28일까지 있었던 사실을 두고 시세를 조종해서 자본시장법을 위반했는지 여부를 밝히는 재판은 아직 진행 중이다. 이 사건에 대해서는 너무나 많은 자료와 논쟁이 있고, 재판으로 밝혀질 사실이므로 이 책에서는 더 살펴보지 않는다. 다만, 대중적으로 많이 알려져 있지는 않지만, 기업 거버넌스의 관점에서 꼭 기억하고 갈 문구가 두 개 있다.

먼저, 그 해 3월 6일에 선고된 카카오의 9.05% 지분 취득 금지 가처분 결정에서 법원이 언급한 '주주의 비례적 이익'이란 말이다. 이 말은 주주로서 갖는 1주의 가치라는 뜻이다. 법원은 SM이 2천억 원 넘는 돈이 특별히 급하게 필요하지도 않으면서 카카오 측에게 9.05%의 새로운 주식 등을 발행하려고 해서 자신의 지분율이 부당하게 희석되었다는 이수만 창업자의 주장을 인정하면서, '경영권 분쟁에서 지게 되었다'는 이유를 든 것이 아니라 '주주로서의 비례적 이익이 회복하기 어려운 손해를 입을 수 있다'고 설명했다[55]. 이게 뭐가 다른 걸까? 경영권이 좌우되는 것으로 설명했다면 어느 정도 이상의 지분을 갖고 있는 대주주 사이의 문제라는 것이 된다. 하지만 '주주의 비례적 이익'이 침해된다고 설명한 것은 이수만 창업자 뿐만 아니라 다른 일반주주들에게도 똑같이 적용되는 모든 주주의 문제라는 설명이 된다. 완전히 다른 얘기가 되는 것이다. 카카오에게 주식 약 9%를 추가로 발행하면 이수만 창업자의 지분도 약 18.45%에서 약 16.92%로 줄어들지만 다른 일반 주주들도 모두 똑같이 자신의 지분율이 조금씩 줄어드는 불이익을 입게 되는데, 법원은 바로 이런 주주로서의 불이익이 카카오에 대한 신주 발행을 금지해야 하는 이유라고 명시한 것이다.

또한 3월 12일 하이브가 지분 경쟁을 그만두고 SM 지분을 모두 카카오에게 넘기겠다고 선언하면서 '하이브의 주주가치에도 부정적 영향을 끼칠 수 있다는 점'을 중요한 이유로 들었다는 사실도 기억해 두자[56]. 아무리 좋은 물건이라도 너무 비싸게 사면 좋지 않은 것처럼 회사도 그렇다. 카카오가 공개매수로 제시한 주당 15만 원보다 더 높은 가격을 부르는 것은 주주들의 관점에서 부정적이었다는 거다. 물론 동종 업계여서 시너지도 있었겠지만, 비싸게 M&A를 할 경우 발생할 수 있는 상황에 대해 하이브도 충분히 우려했을 것이다.

이렇게, 2023년 SM 주주총회를 둘러싼 드라마 같은 경영권 분쟁은 많은 사람들의 머리 속에 '주주의 이익'이라는 단어를 강하게 새기며 끝났다. 1400만 일반 주식투자자들과 K-pop 팬들은 물론, 정부와 정치권의 많은 정책 입안자들에게도 그랬을 것 같다.

## 핵심 개념 정리

**주주서한(shareholder letter)**: 회사가 주주에게 보내는 편지도 같은 말을 쓰지만, 주주가 회사에게 보내는 편지도 주주서한이라고 한다. 주주가 보내는 주주서한은 주로 주주와 회사 사이에서 긴장이 흐를 때 보이는데, 공개적으로 보내는 경우도 있지만 비공개인 경우가 더 많다. 공개 주주서한은 정기주주총회에서 주주제안과 같이 보내는 경우가 많다.

**공개매수(tender offer)**: 주식시장의 모든 주주를 대상으로 일정 기한까지 일정 수량의 주식을 일정 가격으로 매수하겠다고 공개적으로 제안하는 방식의 주식 매수 방법. 일반주주를 상대로 하기 때문에 보통 현재의 주가보다 상당히 높은 가격으로 제안하는 것이 일반적이다. 상장회사의 경영권 경쟁 과정에서 종종 보인다.

관련 개념으로, 대항공개매수란 지분 경쟁에서 승리하기 위해 그보다 더 높은 가격으로 다시 공개매수를 하는 것이고, 의무공개매수란 20~30%와 같은 상당한 수량을 개별적으로 매수하는 사람은 일반주주 보호를 위해 주식시장에서도 100% 또는 50%+1주 등 정해진 수량을 같은 가격으로 매수하도록 제안해야 하는 규칙을 말한다.

**시세조종행위**: 자금을 이용한 매수와 매도로 주식시장의 가격 결정과정에 불공정하게 개입함으로써 시장의 질서를 교란하거나 투자자들에게 손해를 입히는 중범죄. 위장거래, 허수주문, 허위사실 유포 등에 의해 주가를 인위적으로 만드는 행위를 말하고, 형사상 구속수사를 원칙으로 하며 형량도 기본 10년 이하의 징역이다.

**주주의 비례적 이익**: 1주를 가진 주주가 1주에 맞는 권리와 이익을 가진다는 단순한 원칙. 민주주의의 평등선거 원칙과 비슷한 주식회사의 원칙이다. 주주가 모든 경영활동에 관여할 수 없는 큰 주식회사나 기업집단에서는 현실적으로 지배주주의 이익이나 권한이 커지고 일반주주의 이익은 상대적으로 줄어드는 경우가 많아 문제가 된다.

# 08.
# 2024년 이후에는 어떤 일이?

    코로나19로 혼란스러웠던 지난 4년 동안, 자본시장에도 이렇게 많은 일이 있었다. 2020년과 2021년에는 LG화학의 물적분할과 카카오페이 사건이 일반투자자들의 역린逆鱗을 건드렸다. 2022년과 2023년 주주총회 시즌은 SM을 둘러싼 행동주의 투자자의 기업 거버넌스 개선 활동, 이어진 하이브와 카카오의 공개매수를 통한 지분 경쟁으로 뜨겁게 달궈졌다. 이 사건은 다시 한번 자본시장과 개인 주식 투자자들은 물론 주식을 모르는 보통 사람들에게까지 시장의 공정한 룰과 주주로서의 권리에 대해 잠깐이라도 생각할 시간을 주고 막을 내렸다. 2023년 말에는 한국타이어의 지주회사인 한국앤컴퍼니에 대해 사모펀드와 창업자 가족이 함께 공개매수를 시도하는 일도 있었다[57].

이런 일들이 많아지는 이유는 무엇이고, 그 공통점은 뭘까? 바로 '디스카운트'다. 사업은 잘 하지만 여러가지 자본시장에 관한 이유로 '저평가' 되어 있는 회사들의 주식이 너무 많다. 이런 회사의 주식에 대해서는 언제나 싸게 사서 비싸게 팔려는 투자자들이 있기 마련이다. 아주 단순하게 배당이 적다던지, 이익이 어디론가 새고 있다던지, 지주회사여서 사업회사보다 낮게 평가된다던지 하는 이유다. 사업을 더 잘해서 돈을 더 벌고 이익을 더 내는 것은 꽤 복잡하고 어려운 일이지만, 이런 주식에 관한 문제를 해결해서 주가를 높이는 것은 비교적 쉬울 수 있다. 디스카운트가 계속될 수록 그런 시도는 많아질 것이다. 그리고, 그런 시도가 하나 둘 성공할 때마다 기업의 가치는 정상으로 돌아오고 디스카운트는 서서히 없어질 것이다. 현재 회사의 사장(대표이사)을 선임할 수 있는 지분을 갖고 있는 상장회사의 지배주주라면, 이런 상태를 가장 확실히 방어하는 방법은 회사의 주식이 시장에서 제 값을 받도록 하는 것이다. 시장에서 제대로 평가되고 있는 주식이라면, 많은 비용을 들여서 사도 나중에 비싸게 팔기 어렵기 때문이다.

2024년 2월, 정부가 '기업 밸류업 프로그램' 도입을 예고하며 오랜만에 코스피가 힘차게 뛰어올랐다. 2월 2일은 최근 12년 동안 외국인이 가장 많이 매수한 날로 기록되었다[58]. 중국을 떠나서 인도와 일본으로 들어가던 자금이 한국으로 들어오려는 준비를 하고 있다. 한국 주식이 너무 싸다는 사실은 잘 알고 있지만 뒤떨어진 기업 거버넌스 때문에 주저하던 외국의 장기 투자자들도 한국에 대한 공부를 시작하고 있다. 국내외 증권사와 투자은행들이 한국에 대한 경쟁적으로 한국에 대한 리포트를 내고 있다. 2023년 KT&G, KT 등에 대한 주주제안에 이어 2024년에는 삼성물산을 비롯한 많은 회사들에 대해 다양한 주주제안이 쏟아지고 있다[59]. 공부를 해 보니 사업이 아닌 거버넌스의 정상화 만으로도 상당한 기업가치를 올릴 수 있다고 생각하고 행동에 옮기는 국내외 투자자들이 점점 많아지고 있는 것이다. 2024년, 그리고 앞으로 매년 열리는 정기주주총회는 물론, 형식적으로만 열리던 상장회사의 주주총회와 이사회가 점점 원래 그래야 할 모습을 갖추기 시작할 것이다. 주주와의 소통도 분쟁도 늘어날 것 같다. 하지만 모두 기업의 건강한 발전을 위한 변화이고 코리아 디스카운트가 없어지기 시작한다는 신선한 전조다.

　이 얘기는 뒤에서 또 자세히 할 예정이다. 하지만 기대와 걱정이 엇갈린다. 정부가 목표를 확실히 깨닫고 독려하고 있는 것은 백 번 칭찬해도 부족한 일이지만, 지속 가능한 코리아 프리미엄으로 가는 현실의 길에는 꽤 험한 산이 겹겹이 기다리고 있기 때문이다. 분위기를 조금 바꿔 Level 8에서는 그 이야기를 조금 할 것이다. 중간에 포기하지 말고 Level 9까지 꼭 같이 가면 좋겠다. 열심히 자전거를 끌고라도 올라가자. 오르막이 높을수록 내려가는 길은 더 시원하지 않겠는가? 이제 시작이다.

# Level 8.

## 코리아 프리미엄 세계로 가기 위해 넘어야 할 산들

# 09.
# 주식회사는 다 같은 주식회사일까?

코리아 프리미엄의 세계. 여기로 들어가려면 당연히 먼저 '회사'가 무엇인지 알아야 한다. 우리나라 회사의 95%는 주식회사이니 주식회사에 대해 빠르게 알아보고 가자. 「법무기」에서 회사의 기초를 이루는 주주, 사장, 임직원[60]이나 주식회사의 기초[61]에 대해 얘기한 것의 다음 단계라고도 할 수 있겠다.

먼저 이 말을 들은 여러분은 '주식회사가 아니면 뭔데?' 라고 오히려 의아해할 수 있을 것 같다. 물론 주식회사 말고도 다른 몇 가지 유형의 회사가 있다. 하지만 이 내용은 교과서에도 많고 검색을 통해 쉽게 찾아볼 수 있으니 이 책에서는 더 얘기하지 않는다. 다만, 믿거나 말거나 왜 이렇게 우리나라에 주식회사만 많은지에 대한 속설 하나를 알려 드리면서 시

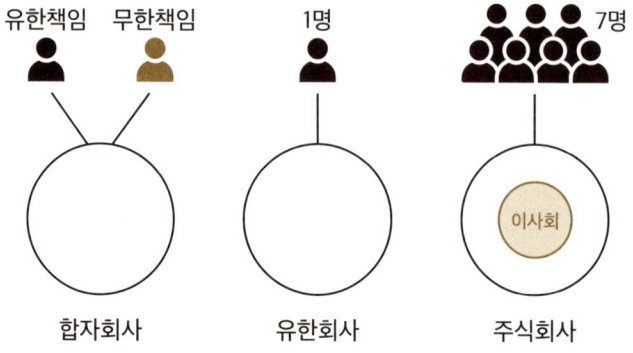

[그림 16. 주식회사는 많은 사람들이 참여하는 큰 회사를 생각하고 만든 제도다]

작해 보려고 한다. 회사라는 것이 널리 퍼질 때, 사람들이 (주)○○○라는 이름이 제일 '있어 보인다'고 생각했기 때문이라는 거다. (유)○○○이나 (합)○○○은 뭔가 없어 보이거나 부족하다고 생각하니 사람을 구하거나 거래를 할 때 계속 어려움이 있어서 어떻게든 (주)를 달고 싶었다고 한다. 그런데, 30년 전 까지만 해도 (주)를 다는 것이 그렇게 쉬운 일은 아니었다.

### 친구도 돈도 없지만
### 주식회사는 갖고 싶어

주식회사란 '큰 회사'를 생각하고 만든 제도다. 돈을 대는 사람 (주주), 의사결정을 하는 사람 (사장), 일을 하는 사람 (임직원)이 서로 다르다고 생각하고, 셋 사이의 견제와 균형을 위해 주주총회나 이사회 같은 복잡한 기구를 만들어 놓은 회사다. 당연히 다섯 명 짜리 햄버거집보다는 훨씬 느리고 답답하게 업무가 진행될 거다. 하지만 주식회사 정도 되면 주주도 많고 이해관계자가 많을 것이기 때문에 신중하고 공평하게 일을 진행하기 위해 체계적으로 일하는 구조를 짜 놓은 거다. 좀 이상한데? 요즘 아무나 개인회사 만들어서 건물도 사고 차도 사고 법인카드도 쓰고 다닌다는데 이게 무슨 말일까? 역사가 좀 있다. 1996년까지는 주식회사 만들려면 최소 7명이 모여서 5천만 원을 내야 했다. 혹시나 5천만 원이 적은 돈이라고 생각될 수도 있어서 간단한 비교를 준비했다. 1996년의 짜장면 평균 가격은 2,321원[62]이고 최저임금은 시간당 1,275원[63]이었다. 2023년은? 짜장면은 7,069원[64], 최저임금은 시간당 9,620원이다. 두 지표의 평균으로만 보아도, 당시 5천만 원은 최소 지금의 2억 원 정도 느낌이다.

회사를 만들어 창업을 하려는 사람은 고민이 시작되었다. 7명의 동업자를 모아서 2억 원을 내려고 하니 너무 어려웠다. 하지만 ㈜를 붙이지 않으면 사람들이 회사로 취급하지도 않고 직원을 뽑기도 너무 어렵다. 이럴 때 여러분이라면 어떤 선택을 할 것인가? 사람들은 ㈜를 얻기 위해 나머지 6명의 이름을 빌렸다. 주주명부에 빌린 이름을 올리고 지분도 표시했다. 하지만 의결권을 행사할 때는 이름을 빌려준 사람이 아니라 빌린 사람이 대신 권리를 갖기로 했다. 원래 7명이 만들어야 하는 주식회사를 돈만 있으면 1명이 만들 수 있게 된 것이다! 어떻게 이럴 수가 있나? 라는 생각이 들 수도 있지만, 지난 2017년 대법관 전원이 모여[65] 판례를 바꾸기[66] 전까지는 이런 '명의신탁 (이름을 남에게 빌려준다는 뜻)'을 해도 문제없다고 봤다. 어쨌든 이름을 빌릴 수 있어서 진짜로 7명을 모을 필요는 없어졌다.

하지만 돈 문제가 남았다. 여윳돈 5천만 원 (지금으로 약 2억 원)을 가진 사람은 흔하지 않았다. 사람들은 어떻게 했을까? 돈도 잠깐 빌렸다. 그리고 자본금으로 은행 계좌에 잠깐 넣었다가 법인 등기가 되면 바로 빼서 갚았다[67]. 며칠 동안의 이자만 낼 수 있다면 주식회사를 세울 수 있었던 것이다! 물론 이런 '가장납입'은 불법이었다. 사람 없는 회사는 괜찮지만 돈 없는 껍데기 회사는 거래에 문제가 있다고 본 거다. 하지만 들키지 않으면 괜찮다는 생각에 굉장히 자주 벌어지는 모습이었다. 이것이 모두 (㈜)를 얻기 위한 무리수였다. 자본금 1천만 원으로 혼자서도 설립할 수 있는 '유한회사'가 있었는데도 그랬다. '주식' 대신 '좌'라는 어색한 말을 쓰긴 하지만 주식회사와 거의 비슷하고 이사회 같은 번거로운 조직도 만들 필요 없는 간편한 회사였지만, 사람들은 법에 따라 (유)를 얻기보다는 법을 피해서라도 (㈜)를 얻고 싶어했던 거다.

이것이 우리나라 회사의 95%가 주식회사가 된 현실의 이유다. 이렇게 혼자 작게 시작하는 사업이 주식회사라는 커다란 옷을 입자 많은 문제가

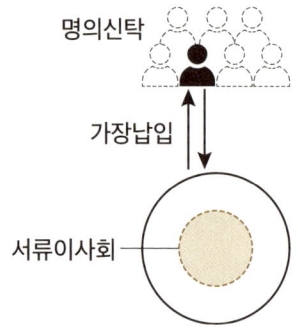

[그림 17. 명의신탁과 가장납입으로 1인 회사가 가능했다]

생겼다. 법은 원래 동업자가 7명 이상인 걸로 생각해서 이사회도 3명 이상으로 구성하도록 하고 감사라는 감독자도 두도록 했지만 창업자 혼자밖에 없는 상황에서는 불가능했다. 많은 것이 가짜로, 서류만으로 이루어졌다. 다행히도 이런 관행이 너무 오랫동안 널리 퍼지자 오히려 법이 바뀌었다. 1996년에는 7명이 아닌 3명만으로도 주식회사를 세울 수 있게 되었고, 2001년에는 3명이 다시 1명으로 줄어들었다. 대부분 혼자 주식회사를 시작하는 현실을 법이 따라간 거다. 2009년에는 최소 5천만 원을 내야 하는 법도 없어졌다. 공식적으로 누구나 혼자서 적은 돈으로 '주식회사'를 세울 수 있게 된 것이다.

하지만 이렇게 주식회사의 이름을 갖게 되었다고 해서 회사들이 모두 원래 주식회사 제도가 생각했던 것처럼 돌아가는 것은 아니다. 700만 개가 넘는 우리나라 전체 주식회사 중 주주총회와 이사회가 실제로 열리거나 여기에서 회사 업무에 관한 논의가 이루어지는 주식회사는 매우 소수다. 토론에 익숙하지 않고 수직적인 기업문화, 최대주주의 강한 영향력 등 여러 이유가 있겠지만, 이 책에서 그런 원인까지 분석하고 얘기하려는 것은 아니다. 여기에서는, 이런 저런 이유로 같은 '주식회사'라는 껍데기를 쓰고 있어도 원래 그 알맹이는 1명의 개인사업일 수도 있고, 삼성전자 같이 직원이 10만 명이 넘고 주주가 600만 명이 넘는[68] 거대한 회사이거나 더 나아가 그런 회사들이 수십개가 모인 '그룹'일 수도 있다는 얘기, 그럼에도 불구하고 똑같은 '주식회사'라는 틀 안에서 문제를 해결하려고 하니 틈이 너무 많이 생겨 왔다는 이야기를 하려고 한다.

## 현실의 주식회사를 성장 단계에 따라
## 세 단계로 나눠서 생각해 보자

4년 전 창업한 ㈜치킨코리아를 다시 생각해 보자. 이 주식회사는 창업 후 상장에 성공한 지금까지 세 단계로 구분할 수 있다.

**1단계**: 재원과 영미만 주주였던 시기
**2단계**: 벤처캐피털 소나무가 투자하여 주주가 된 시기
**3단계**: 상장해서 수많은 일반주주가 생긴 시기

1단계는 주식회사이지만 사실 주주총회도 이사회도 필요 없는 시기다. 회사에서 대부분의 결정은 사장 우현이 하고 중요한 결정이 필요할 때는 둘 밖에 없는 주주인 재원과 영미 둘 다에게 의견을 묻는다. 굳이 회의를 하지도 않고 보통 전화나 단톡방을 이용한다. 법무사에게 물어보니 몇 가지 결정은 주주총회나 이사회 의사록이 필요하다고 해서 막도장으로 서류 작업을 맡겨 두었다. 주주의 생각도 단순하다. 재원과 영미는 주식을 굳이 팔 생각도 없고 팔지 않아도 된다. 회사가 돈을 벌면 배당금이 꽤 나오고, 처음에 7천만 원, 3천만 원을 낸 걸 생각하면 그걸로 충분하다. 둘은 배당을 조금 적게 받더라도 이익이 난 돈을 모아 분점을 하나 둘 씩 낼 생각이었다. 이 단계는 자영업자와 크게 다르지 않은 작은 동업체의 모습이다. 이런 1단계를 '동업 주식회사'라고 불러보자.

그런데 몇 년 동안 사업이 잘 되던 어느 날, 벤처캐피털 소나무가 찾아

온 후 상황이 좀 바뀌었다. 2단계가 시작된 것이다. 소나무는 치킨을 먹어 보니 너무 맛있어서 지금보다 훨씬 커질 수 있다고 하며, 회사의 기업가치를 연 매출의 10배인 100억 원으로 평가해서 10억 원을 투자해 줄 테니 좀 더 빠르게 지점을 확장해서 매출과 이익을 늘려 보자고 제안했다. 10억 원이라면 엄청 큰 돈이다. 치킨코리아의 당시 평균 매출과 이익으로 볼 때 10년 동안 배당도 거의 받지 못하고 이익을 꼬박 모아야 하는 돈이었다. 솔깃한 재원은 시큰둥한 영미와 우현을 적극적으로 설득해서 투자를 받기로 했다. 10억 원을 투자 받았지만 소나무의 지분율은 10%이고, 재원은 63%, 영미는 27%로 여전히 높은 지분을 유지할 수 있었다. 소나무가 치킨코리아의 기업가치를 100억 원으로 평가해 주었기 때문이다. 주주에 따른 지분율과 숫자를 정리하면 아래 표와 같다.

| 주주 | 회사에 낸 돈 | 낸 돈의 비율 | 지분율 |
|---|---|---|---|
| 재원 | 70,000,000원 | 6.3% | 63.0% |
| 영미 | 30,000,000원 | 2.7% | 27.0% |
| 소나무 | 1,000,000,000원 | 91.0% | 10.0% |

<표 05. 재원, 영미, 소나무가 출자한 돈과 지분율의 차이>

소나무는 꽤 많은 돈을 투자하기도 했고, 무엇보다 그 돈은 다른 사람들이 불려 달라며 소나무에게 '맡긴 돈'이다. 따라서 투자한 회사인 치킨코리아가 제대로 사업을 하는지 살펴봐야 할 의무가 있었다. 그래서 소나무는 10억 원을 투자하는 대신 '투자계약'을 체결하고 아래와 같은 세 가지 사항을 요청했다.

1. 이사회에서 이사 1명을 선임할 수 있게 해 줄 것
2. 5년 내에 상장할 것. 그 때까지 상장하지 않으면 회사가 소나무의 주식을 되 사줄 것.
3. 재원, 영미가 주식을 팔려면 소나무 허락을 받을 것

그 때까지 치킨코리아 이사회는 재원, 영미, 우현의 3명으로 구성되어 있었고 대표이사는 사장 우현이었다. 물론 앞에서 말했듯 이사회라는 회의는 실제로 한 번도 열지 않았다. 단톡방에서 결정하고 가끔 법무사 얘기에 따라 돈을 얼마 내고 서류 작업을 했을 뿐이다. 그런데 소나무가 원하는 이사를 한 명 더 뽑자고 한 얘기는 어떤 의미일까? 소나무는 10억 원을 투자했지만 주주총회에서 혼자 이사를 선임할 수 없다. 지분율이 10% 밖에 되지 않는데, 이사는 주주총회에서 출석 과반수로 뽑기 때문이다. 사실상 재원이 동의하지 않으면 소나무가 원하는 사람이 치킨코리아의 이사가 될 수 없다. 그러니 소나무의 요청은 재원에게 자신이 추천하는 사람을 이사로 뽑히도록 투표해 달라고 말하는 것과 같았다. 재원은 자신의 권한을 지분율 10% 밖에 안되는 소나무에게 너무 많이 떼어주는 것이 아닌지 걱정이었다. 하지만, 창업할 때 7천만 원 밖에 내지 않은 자신에 비해 14배도 넘는 10억 원을 투자해 주는 걸 생각하면 일단 거기까지는 그래도 괜찮았다. 로펌에 물어보니 그런 조항은 투자 받을 때 원래 많이 들어 있다고 하기도 했다.

우현은 두 번째, 영미는 세 번째 요청 사항이 큰 불만이었다. 우현은 솔직히 상장이라는 건 하기 싫었다. 대기업에서 이미 보았듯 상장하면 일반

주주 관리는 물론 공시도 해야 하고 사람들의 눈과 귀도 많아 귀찮은 일이 엄청 생긴다. 우현 자신의 연봉이 오른다는 보장도 없고 오히려 공시 때문에 연봉 인상은 더 부담이 된다. 상장은 주주들만 좋은 일이라는 생각이 들었다. 게다가 5년 내에 상장을 하지 않으면 회사가 소나무의 주식을 다시 사줘야 한다니? 회사가 이런 걸 할 수 있는 건지도 잘 모르겠지만[69], 사주는 가격도 5년 뒤라면 거의 15억 원에 가까운 돈이 된다. 소나무가 낸 10억 원에 이자까지 복리로 연 8%씩 붙도록 되어 있기 때문이다. 우현은 재원에게 좀 강하게 항의를 했다. 이건 대출받는 거랑 다를 바가 없는데 우리가 지금 돈까지 빌려가면서 지점을 늘려야 할 필요가 있는 거냐고 물었다. 하지만 재원의 마음은 이미 전국 규모의 치킨 프랜차이즈를 거느린 회장에 가 있었다. 재원은 오히려 소나무가 아니라 나중에 더 큰 투자도 받아야 한다고 우현을 설득하고 있었다.

영미는 상장은 언제 해도 상관없었다. 요즘도 가끔 주식을 살 수 있겠냐고 물어보는 기관 투자자들이 있으니 주식은 언제든 팔 수 있다고 생각했다. 물론 상장하면 더 팔기 좋아지니 좋긴 하겠다는 생각이었지만, 그 전에 자신의 주식을 팔려면 소나무의 허락을 받아야 한다는 것은 좀 납득하기 어려웠다. 재원에게 불만을 얘기하려는 순간, 소나무가 치킨코리아의 기업가치를 100억 원으로 인정해 주었다는 얘기를 듣고 그런 불만은 눈 녹듯 사라졌다. 원래 3천만 원을 내고 받은 지분인데, 갑자기 거의 100배에 가까운 무려 27억 원이 된 느낌이 들었기 때문이다. 영미는 즐거운 마음으로 투자계약에 서명을 했다.

소나무는 벤처캐피털이라는 투자회사다. 보통 VC라고 한다. 주로 연기

금이나 성공한 벤처 창업자들로부터 돈을 받아 운용해 준다. 창업한 지 이제 고작 4년 되었고 연간 이익도 1억 원 남짓 밖에 나지 않고 있던 치킨코리아를 처음 발견하고 투자를 추진한 이유는 K-food 열풍이 불고 있는 해외 시장을 노렸기 때문이었다. 유튜브에는 한국 치킨 요리법이 수백만 뷰를 기록하고, 미국 각 도시의 코리아타운에는 한국식 양념치킨을 맛보기 위한 줄이 끝도 없이 늘어나고 있었다. 이런 분위기에서 '치킨코리아'라니, 너무 아름답고도 필요한 이름이 아닌가! 물론 맛도 좋고 분위기도 좋았다. 기존 프랜차이즈와 다른 풋풋하고 가볍게 바삭바삭한 튀김 옷이 (…) 물론 지금 치킨코리아의 기업가치가 100억 원이라고 생각하지는 않았다. 나중에 1,000억 원으로 상장하는 것을 기대했기 때문에 베팅했을 뿐이었다. 소나무와 같은 투자회사는 보통 돈을 맡긴 사람들에게 5~8년후에는 투자 결과에 따른 돈을 돌려줘야 한다. 상장되지 않으면 치킨코리아의 주식을 팔아서 맡긴 사람들에게 돈을 돌려주기가 어렵다. 주식을 꼭 팔아야 하는 주주가 생긴 것, 이것이 아주 큰 변화다. 그래서 2단계 주식회사라고 부르려고 한다. 이런 2단계를 '투자 받은 동업 주식회사'라고 부를 수도 있겠다.

3단계는 이 책의 첫 장부터 본 그대로다. 치킨코리아는 소나무의 투자 이후 다른 벤처캐피털의 투자도 더 받으며 쭉쭉 성장했다. 국내는 물론 꿈에 그리던 해외 진출도 성공했다. 그리고 드디어 200억 원의 공모에 성공하면서 한국거래소의 상장회사로 당당히 이름을 올리게 된 것이다. 누군지도 모를 수많은 일반주주들이 주주명부에 이름을 올리고 언제든 자유롭게 주식을 사고 팔 수 있게 된 시점, 이 때부터가 3단계다. 이런 3단계에 '대중 주식회사'라는 별명을 붙여 주자.

## 성장 단계에 따라 의무와 책임이
## 많이 달라진다

그렇다면 이런 단계에 따라 회사 안의 이해관계는 어떻게 달라질까? 다시 1단계 동업 주식회사, 2단계 투자 받은 동업 주식회사, 그리고 3단계 대중 주식회사의 모습으로 각각 돌아가서 누가 누구에게 의무와 책임이 있었는 지의 관점에서 다시 살펴보자.

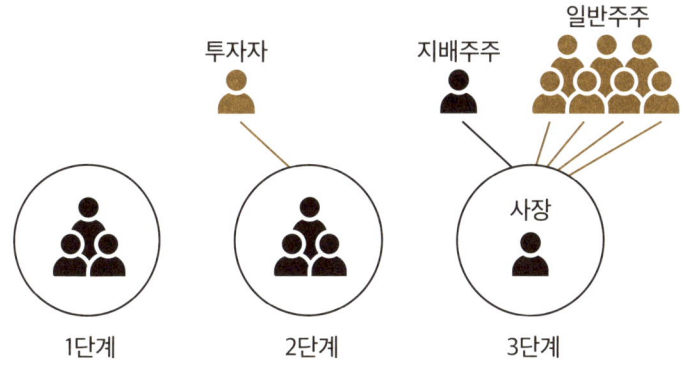

[그림 18. 이름은 모두 주식회사지만 성장 단계에 따라 완전히 다른 회사가 된다]

1단계, 동업 주식회사. 재원과 영미만 주주였던 시기에 둘은 주식을 팔아서 돈을 벌겠다는 생각은 없었다. 물론 치킨코리아라는 사업 자체를 팔 수는 있다고 생각했지만, 한 주에 얼마 이렇게 생각하지는 않았다. 처음에 낸 1억 원은 사업을 하기 위한 최소한의 돈이라고 생각했다. 당연히 그 돈을 돌려받을 생각도 없었고, 우현에게 맡긴 것이라고 생각하지도 않았다. 물론 우현은 사장으로서 치킨코리아의 매출과 이익 향상을 위한 의무가 있다고 생각했다. 이익을 내서 재원과 영미에게 최소한의 배당을 줘야 할 책임이 있고, 그렇게 하지 못하면 친구들이지만 자신을 해고한다고 해도 받아들여야 한다고 생각했다.

2단계, 투자 받은 동업 주식회사. 벤처캐피털 소나무가 투자하여 주주가 되자 상황은 조금 달라졌다. 대주주인 재원, 영미와 회사를 운영하는 우현 모두 소나무와 체결한 투자계약에 따른 의무를 지게 되었다. 재원과 영미는 소나무 허락 없이 주식을 팔지 못하고, 우현은 상장할 때까지 퇴사할 수 없게 되었다. 그리고 약속한 5년 내에 상장하지 않으면 회사나 회사가 지정하는 다른 사람이 소나무의 주식을 연 8%의 이자를 복리로 5년 동안 붙인 약 14억 7천만 원에 사줘야 할 의무도 생겼다. 게다가 만약 상장을 하게 되더라도 소나무의 지분 가치가 최소한 그 이상은 되어야 하는 조건이었다. 이런 소나무의 권리는 10% 지분을 가진 주주가 그냥 법에 따라서는 가질 수 없는 것이었지만, 재원과 영미는 자신들보다 훨씬 많은 돈을 낸 소나무에게 흔쾌히 그런 권리를 인정했다. 사장인 우현은 소나무가 맡긴 10억 원을 불려 줘야 하는 관리인이 된 것 같았고, 이건 주주이자 이사인 재원과 영미의 느낌도 마찬가지였다. 소나무와의 투자계약에 서명한 세 사람의 부담은 비슷했다.

3단계, 대중 주식회사. 치킨코리아가 드디어 거래소에 상장해서 수많은 일반주주가 생겼다. 소나무와 다른 투자회사들이 체결했던 투자계약은 모두 해지되었다. 상장을 하면 투자회사든 일반주주든 모두 공평하게 같은 주주가 되어야 하기 때문에 해지해야 한다고 했다. 재원과 영미는 더 이상 주식을 팔 때 누구의 허락을 받을 필요가 없어졌고, 우현도 기업가치를 올려야 한다는 압박에서 자유로워졌다. 우현은 조금 아이러니하다는 생각이 들었다. 소나무와의 투자계약이 있을 때는 투자자를 위해 회사를 성장시켜야 한다는 생각을 많이 했고, 그렇지 못하면 회사가 투자금을 갚아줘야 한다는 스트레스를 받았었다. 소나무가 투자해 준 돈은 10억 원이었다. 그런데 상장을 하면서 무려 200억 원을 공개 모집해서 투자를 받았지만 주주들과의 계약도 없고 거래소는 물론 누구도 기업가치를 높이라는 압박을 주지 않는다. 영미는 주가가 오르는 걸 좋아하는 것 같지만, 오히려 재원은 은근히 주가가 오르지 않았으면 하는 눈치다. 이게 뭘까? 우현은 무엇을 위해 일해야 하는지 공허하기까지 하다. 지금까지의 이야기를 표로 간단히 정리하면 다음과 같다.

|  | 주주 | 우현의 의무 |
| --- | --- | --- |
| 1단계 | 재원, 영미 | 이익을 내서 배당할 의무 |
| 2단계 | 재원, 영미, 소나무 | 투자금에 수익을 낼 의무 |
| 3단계 | 재원, 영미, 소나무, 일반주주 | ? |

<표 06. 1, 2, 3단계 주식회사의 주주 구성과 사장 우현의 의무>

이렇게 우리가 매일 보는 수많은 '주식회사'들은 사업의 단계와 주주 구성에 따라서 그 속에서 돌아가는 모습과 이해관계가 모두 많이 다르다. 지나가다가 주변에서 이름을 보는 주식회사들이 이 중 몇 단계에 속할지 한 번 생각해보자.

물론 각 단계마다 원래 법에서 그럴 때 만들 수 있는 회사의 틀이 없는 것은 아니다. 재원과 영미가 돈을 내고 우현이 사업을 하며 돈을 낸 재원과 영미에게 배당을 하는 1단계는 '익명조합'이라고 부르는 사업체와 비슷하다. 잘 쓰이지도 않는 형태이니 자세히 설명하지는 않지만, '익명'이란 우현이 사업을 할 때 누가 돈을 댄 것인지 말하지 않는다는 의미인 것만 알아두자. 2단계는 지분의 개념이 생겼지만 다른 사람에게 쉽게 팔지 못하는 상태이니 '유한회사'와 비슷하다. 앞에서 설명했듯 유한회사는 주식회사와 거의 비슷하지만 간단한 형태다. 이 정도 단계에서는 유한회사를 만들어서 우현이 1인 이사로 경영을 하고 소나무는 경영을 감독할 감사를 선임하면 된다. 사실 3단계가 되어서야 너무 많아진 일반주주를 위한 회의가 필요해진다. 그리고 다양한 주주들의 의견을 수렴해서 경영에 필요한 큰 결정을 하고 감독을 하기 위해 사장이 아닌 다른 사람들을 뽑아서 이사회를 구성할 필요성도 커지게 된다.

그러면 우리나라 법에서 주식회사는 1, 2, 3단계 중 몇 단계를 생각하고 만든 제도였을까? 이렇게 길게 설명했는데, 안타깝지만 여기에 답이 없다. 우리나라 상법의 주식회사는 4단계를 생각하고 만들었던 제도이기 때문이다. 갑자기 4단계라니? 복잡한 문제를 오랫동안 살펴봤으니 잠깐 쉬면서 핵심 개념을 정리하고 다음 장에서 알아보자.

## 핵심 개념 정리

**익명조합**: 어떤 사람이 사업 수완은 좋지만 돈이 없을 때, 다른 사람으로부터 출자를 받아 사업을 하기 위한 가장 오래된 형태의 사업체. 중세 지중해 해운업에서 나온 방식이라고 한다. 영업자는 자신의 이름으로 사업을 하고, 익명조합원은 돈만 댈 수 있을 뿐 사업에 관해서 이름을 공개하지 않는 것이 원칙이고, 그래서 익명조합이다.

**합자회사**: 익명조합과 비슷하게 한 명은 돈을 대고 한 명은 사업을 하는 방식인데 조합이 아니라 정식 회사로 인정받는 형태다. 돈을 대는 사람을 유한책임사원(LP, Limited Partner), 일을 하는 사람을 무한책임사원(GP, General Partner)이라고 한다. 사모투자 방식의 펀드가 주로 이런 합자회사의 형태로 만들어진다.

**유한회사**: 모든 사원이 지분만큼의 책임을 지는 회사. 다만 지분이 증권의 형태로 만들어지지 않고, 따라서 상장을 할 수도 없다. 미국의 LLC (Limited Liability Company)와는 다르다. LLC는 회사처럼 법인세를 내지 않고 조합처럼 각 사원이 직접 세금을 내기 때문에 이중과세가 되지 않지만, 우리나라의 유한회사는 법인세를 내는 회사다.

**주식회사**: 모든 주주가 주식만큼의 책임을 지는 회사. 유한회사와 달리 주식이 증권으로 되어 있고, 사채라는 증권을 발행해서 돈을 빌릴 수도 있고, 다른 회사로 변경하지 않고 상장을 할 수도 있는 회사의 끝판왕이다.

**투자계약**: 회사에 투자를 하면서 회사 또는 주요 주주들과 경영이나 주주 권리에 관해 이런 저런 약속을 하는 계약. 투자할 때 필요한 조건을 정하는 신주인수계약(share subscription agreement)과 투자 이후 주주들 사이에 필요한 약속을 하는 주주간계약(shareholders agreement)로 나뉘는데, 작은 회사에 대한 투자에서는 두 내용을 합쳐서 하나의 투자계약으로 체결하는 경우도 많다.

# 10.
# 잘못된 옷을 입고 있는 한국 회사들

소유와 경영의 분리. 근대 회사 제도에 대한 설명에서 빠지지 않고 나오는 멋진 문구다. 또 하나 있다. 주인-대리인 문제 Principal-Agent Problem 또는 그냥 간단히 대리인 문제 Agency Problem의 해결. 경영학에도 경제학에도 나오는 말인데, 생각해 보니 법학 교과서에서는 찾아보기 어려웠던 것 같다. 어쨌든 주식회사는 이런 소유와 경영의 분리, 그리고 대리인 문제의 해결을 위해 발전해 온 제도라고 설명된다. 그런데, 쉬운 말로 이게 뭘까?

한 마디로, 누군가에게 내 물건이나 일을 맡겼는데 잘 하고 있는지 모르겠고 이 걱정을 어떻게 해결할 것인지 고민한다는 얘기다. 가끔 언론에서 슈퍼카 수리를 맡겼는데 직원이 드라이브를 즐기다가 사고를 냈다는 뉴스가 나온다. 똑같은 문제다. 슈퍼카의 소유와 수리의 '분리'가 이루어졌는데 수리를 '대신' 해주는 직원이 수리하다가 딴 짓을 하지 못하도록 어떻게 예방할 것인가? 이렇게 생각하니 어렵지 않다. 차에는 보통 블랙박스가 있지 않나? 블랙박스 열어보면 바로 알 수 있다. 하지만 수백, 수천 명이 근무하는 복잡한 회사의 일이라면 어떨까? 사장이 경영을 잘 하고 있는지 주주들이 하나하나 챙기기 어렵다면 어떻게 해야 할까?

## 일을 다른 사람에게 맡기면
## 항상 대리인 문제가 생긴다

근대 회사제도는 이사회board of directors라는 조직을 그 해결책으로 만들어 냈다. 이사회를 구성하는 이사director들은 주주가 뽑지만, 이사들이 하는 행동을 주주가 하나하나 감시하지는 않는다. 그럴 수도 없다. 이사회는 회사에 대한 모든 정보를 받아 볼 권한을 갖고 경영자인 사장을 감독한다. 하지만 이사회 역시 사장이 하는 모든 경영상 판단에 관여하는

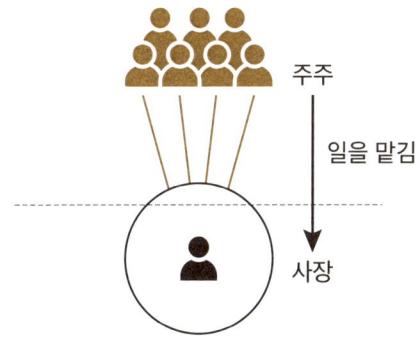

[그림 19. 소유는 주주가 하지만, 경영은 사장이 대신 하는 것이 주식회사 제도다]

것은 아니다. 일상적인 것은 사장이 알아서 하도록 두고 중요한 것들만 이사회에서 논의한다. 주주는 이사회에 위임하고, 이사회는 사장에게 위임하는 구조다. 그런데 이거 어디에서 많이 본 내용 같다.

그렇다. 대의제 민주주의라고 부르는 현대 민주국가의 운영 방식과 거의 똑같다. 사람들은 이런 저런 혁명을 거치면서 왕이 아니라 국민이 나라의 주인이라고 선언했지만, 나라의 일을 모두 모여서 결정하기에는 사람도 너무 많고 일도 너무 복잡했다. 그래서 사람들을 뽑아서 법을 만드는 일을 맡긴 것이 국회의원이다. 그런데 국회의원도 법을 만들 뿐 실제로 법에 적힌 대로 스스로 다 하기에는 너무 일이 많았다. 그래서 그 중에 한 명을 뽑아서 행정 일을 맡긴 것이 총리이고, 법에 적힌 대로 행정 일을 할 사람을 아예 국회의원과 따로 국민이 직접 뽑아서 맡긴 제도가 대통령제라고 할 수 있다. 이렇게 정치나 경제나 사람이나 일이 너무 많을 때에는 중요한 것을 추려서 그것만 결정하고 나머지 덜 중요한 일은 다른 사람에

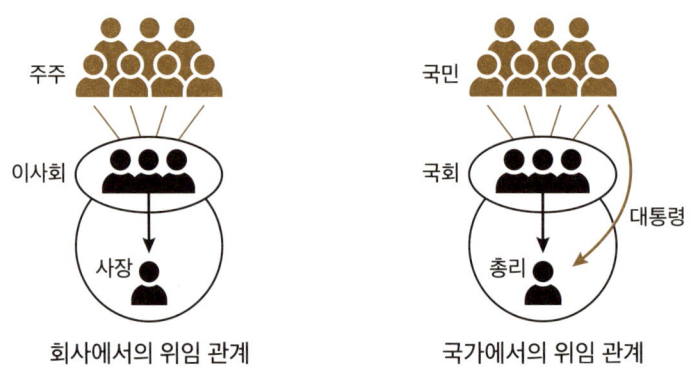

[그림 20. 정치 제도와 회사 제도는 대리인 문제의 해결이라는 관점에서 아주 비슷하다]

게 위임하는 것이 효율적인 거다. 아니, 그렇게 하지 않으면 일이 아예 돌아가지 않는다. 회사의 일상적 업무도 그렇다는 것을 여러분은 이미 알고 있을 것이다. 임원이 결정할 일, 팀장이 결정할 일, 팀원이 스스로 알아서 할 일은 대부분 일의 중요성과 빈도에 따라 정해진다. 회사의 가장 중요한 의사결정도 마찬가지다.

## 주식회사의 성장 단계에 따라 소유와 경영의 분리도 다르다

다시 주식회사의 거버넌스로 돌아와 보자. 회사가 커지고 소유와 경영이 분리되면서 대리인 문제가 생기고, 대리인 문제를 해결하기 위해 이사회를 주주와 사장 중간에 두어 사장을 감독하고 중요한 결정을 하도록 위임한다고 했다. 그렇다면 우리가 앞에서 살펴본 1, 2, 3단계 주식회사는 이렇게 이사회를 두어 해결해야 할 문제가 있었을까? 같이 생각해 보자.

1단계를 보자. 창업 초기였지만 치킨코리아는 재원과 영미가 자본금을 냈고 경영은 사장 우현이 하는 것으로 정했으니 소유와 경영이 분리는 되어 있었다. 그러면 대리인 문제가 생겼나? 다시 말해 우현이 딴 짓을 할 위험이 있는 구조였는지 생각해보자. 그렇지는 않았던 것 같다. 주주가 두 명 밖에 없는데 사무실에 언제든 들어갈 수 있었고 또 너무나 자주 만나거나 단톡방으로 회사 일을 상의했기 때문에 우현이 재원이나 영미 모르게 어떤 경영을 하기는 어려웠다. 오히려 「법무기」에서 재원이 영미 모르게 식용유 거래처를 바꿨던 일을 기억해 보자[70]. 서류상으로 재원, 영미,

우현이 모두 이사로 되어 있었지만, 실제로는 이사회 같이 번거로운 조직은 필요 없었고 자주 같이 밥을 먹으면서 회사 이야기를 했다.

2단계에서는 소나무라는 투자자가 들어왔다. 소나무와 재원, 영미, 우현은 원래 서로 모르던 사이이니 뭔가 감독이 필요할 수 있다. 그래서 그런지 소나무는 이사 한 명을 자신이 원하는 사람으로 뽑아 달라고 요청했다. 원래 형식적이나마 재원, 영미, 우현으로 되어 있던 이사회에 제4의 인물이 들어오게 된 것이다. 단톡방이 아니라 실제로 '이사회'라는 것이 열려서 회사 일을 논의할 수밖에 없어진 거다. 그러면 이건 소유와 경영의 분리 때문에 생긴 대리인 문제를 해결하기 위한 이사회였을까? 소나무는 지분율이 10% 밖에 되지 않는 주주였고, 따라서 혼자 힘으로 이사를 뽑을 수는 없었다. 투자계약을 통해 자신이 원하는 이사를 뽑아 달라고 기존 주주인 재원, 영미와 합의를 했을 뿐이다. 소유와 경영이 분리되어 사장인 우현을 감시하기 위해서라기보다는 기존 창업자들인 재원, 영미, 우현 전체를 감독하기 위해 이사회에 이사 한 명을 넣었다고 보는 것이 맞다. 대리인 문제는 소유자와 경영자 사이가 아니라, 투자자와 창업자 사이에서 발생했다. 즉, 투자자는 10억 원을 투자했지만 창업자들이 이 돈으로 딴 짓을 하는 것이 걱정되어 제4의 이사를 활용하고 싶었는데, 10% 의결권으로는 그럴 힘이 없으니 재원, 영미와의 투자계약으로 그 목적을 달성했던 것이다.

3단계인 상장 후에는 이제 재원의 지분율도 30% 남짓으로 내려가고 영미도 10% 정도, 나머지는 모두 일반주주로 채워졌다. 소나무나 그 후에 들어온 투자자들도 언제 주식을 팔거나 또는 더 살지도 모르니 일반주주와 같이 묶는 것이 맞다. 이제 소유와 경영의 분리에 따른 대리인 문

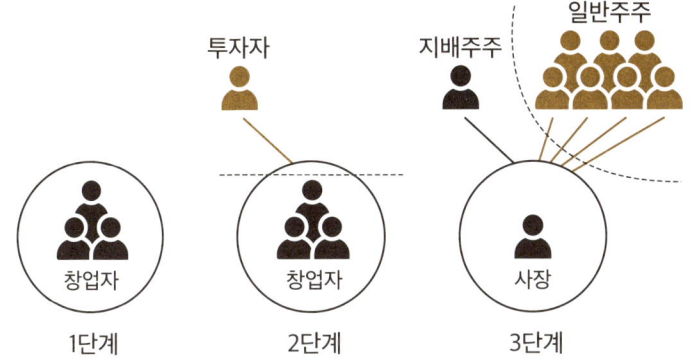

[그림 21. 회사의 성장 단계에 따라 소유와 경영의 분리, 대리인 문제도 다르게 나타난다]

제 해결이 필요한 상태가 되었을 거라고 기대된다. 그런데 주주총회를 열어 보니 좀 애매하다. 일반주주들은 주주총회에 잘 참석하지 않아서 많아야 전체의 7~80% 정도가 출석한다. 이사는 주주총회 출석 주식 수의 과반수 찬성으로 뽑으니 전체 주식수로 바꿔 생각하면 40% 정도의 찬성이 필요하다. 재원의 지분율이 30% 정도이기 때문에 나머지가 압도적으로 반대하지 않는 한 재원이 원하는 사람이 이사로 뽑히게 되어 있다. 사장 역시 특별한 사정이 없는 한 재원이 지지하는 우현이가 되는 것이 거의 기정사실이다. 나머지 일반주주들은 아무리 똘똘 뭉쳐도 재원이 지지하는 사람 이외에 다른 사람을 이사회에 넣기가 매우 어렵다[71]. 이해관계가 비슷한 사람들끼리 묶으면 최대주주인 재원, 그리고 투자자들을 포함한 일반주주들로 구분되는 것이다. 이게 주식회사 제도가 원래 생각하던 대리인 문제의 해결일까? 재원과 우현은 한 몸처럼 움직이고, 모으면 절반이 훨씬 넘는 일반주주가 이사회에 한 명의 이사도 뽑을 수 없다. 이것이 소유와 경영의 문제를 해결하기 위한 이사회라고 할 수 있는 것일까?

## 우리가 아직 가지 않은
## 미래의 회사에 맞는 옷

당연히 아니다. 사실 주식회사의 모습은 지금까지 본 3단계 뒤에 하나가 더 있다. 회사가 계속 사업을 하면서 세월이 흐르면 주주들이 주식을 팔기도 하고 죽어서 상속되기도 하면서 재원처럼 30% 정도 갖고 있는 대주주 없이 대부분 일반주주가 되는 시기가 온다. 영국, 미국과 같이 시장경제가 오래된 나라들은 회사의 역사도 그만큼 길고, 따라서 상장회사 대부분에서 10% 이상의 대주주도 찾아보기 어려울 정도로 지분이 분산되어 있다. 바로 이런 경우, 이것을 4단계라고 할 수 있다.

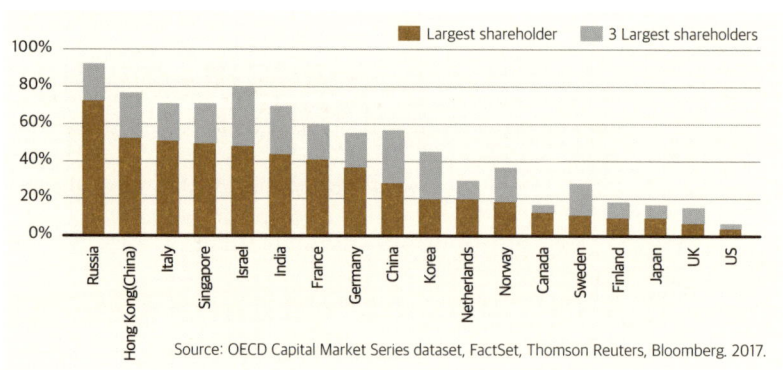

[그림 22. 미국, 영국, 일본은 기업의 주주 분산에서 1, 2, 3등이다]

위 그래프를 보자. 세계 각국 상장회사의 최대주주와 상위 3개 주주의 평균적인 지분율을 그린 것이다. 미국과 영국이 맨 오른쪽에 있고, 최대주주의 평균 지분율이 10%도 되지 않는 것을 볼 수 있다. 일본이 세 번째다. 다만 일본은 최대주주의 지분율이 매우 낮은 대신 금융기관들의 지분율이 높은 특징이 있다[72]. 이러한 미국, 영국, 일본이 바로 4단계의 나라들이다. 하지만 눈을 조금 들어 그림 전체를 보자. 이렇게 주주가 분산되어 있는 나라는 오히려 세계적으로 드물다. 대부분 최대주주의 지분율이 꽤 높다. 우리나라도 최대 주주의 지분율이 20% 정도 되고 상위 3개를 합치면 거의 50%에 육박한다. 우리나라 특성 상 상위 3개 중 많은 부분이 친족이나 계열회사 등 최대주주와 관계 있는 주주일 것이니 실질적인 최대주주의 지분율은 더 높다고 봐도 될 것 같다.

여러분은 무슨 얘기를 하려고 하는지 이미 알아차렸을 것 같다.

우리나라의 주식회사들은 아직 지배주주가 있는 3단계에 있는데, 주식회사 제도는 세계에서 가장 주주가 분산되어 있는 4단계 나라의 것을 가져왔다는 것에 근본적인 문제가 있었다.

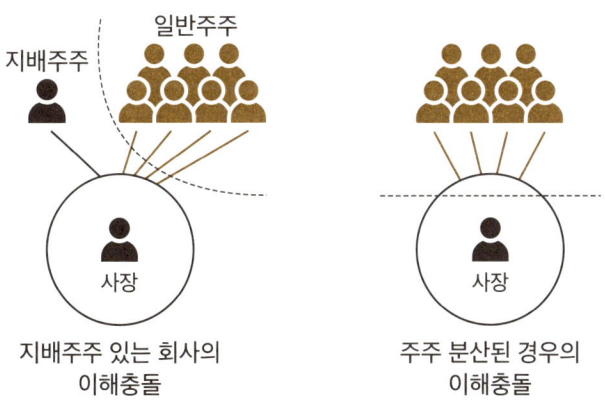

[그림 23. 지배주주가 있는 회사에서는 주주 전체와 경영자 사이가 아니라 지배주주와 나머지 주주들 사이에서 이해관계의 분리가 일어난다]

조금 자세히 역사를 거슬러 올라가 보자. 우리나라 상법 회사편은 1962년에 만들어졌다. 광복 후 어쩔 수 없이 그 전부터 쓰던 일본 회사법을 거의 그대로 가져다 쓴 것이었다. 그런데 당시 우리가 참고한 일본 회사법은 2차 대전 종료 후 미군정 하에서 개정된 것이었다. 전쟁이 끝난 후 미국은 일본의 재벌인 자이바츠財閥, ざいばつ 를 해체하고 주식을 분산시키는 작업을 하면서 독점금지법 등 미국의 법제를 일본에 옮기고 있었다. 그 과정에서 회사법은 당시의 미국의 최신 회사법이던 일리노이Illinois 주 회사법[73]을 많이 참고했다고 한다[74]. 일본 회사법은 1890년에 처음 만들어질 때는 독일식이었는데, 이렇게 개정이 완료된 1950년에는 주주를 중시하는 최신 미국식 법으로 많이 바뀌게 되었던 것이다[75]. 그리고 그 법이 바로 우리 회사법, 1962년 상법 회사편의 모태가 되었다. 최고로 고도화된 미국의 자본주의 시장경제에서 주주가 분산된 주식회사에 적용되던 법이, 막 독립해서 스스로 경제를 힘겹게 꾸리고 있던 세계 최빈국[76] 대한민국에 거의 그대로 왔으니, 잘 맞는 것이 더 이상한 상황이었을 거다. 그리고 두 세대를 지난 60여 년 후, 아직 대부분의 우리나라 주식회사에게는 그 법의 옷이 너무 크다.

## 소유 분산 기업에 맞는 한국 회사법, 한국 회사의 문제 해결에는 약하다

우리 회사법은 이렇게 꼬인 역사를 거쳐 만들어졌다. 우리 경제의 현실과 무관하게, 주주의 지분이 많이 분산되고 특별한 최대주주가 없는 회사에서 주주 전체와 경영자 사이의 대리인 문제를 해결하기 위한 시스템으로 만들어졌다. 영국, 미국이나 일본은 실제로 회사들, 특히 상장회사들의 지분구조가 그렇게 되어 있기 때문에 그런 법이 잘 맞았을 거다. 하지만 우리나라 회사들은 회사법이 처음 만들어지던 1960년대에는 물론 아직도 대부분 꽤 많은 지분을 가진 지배주주가 있다. 이해관계 충돌도 주주 전체 vs 경영자 구도로 되어 있는 것이 아니라 대부분 일반주주 vs 지배주주 및 경영자 사이에서 벌어진다. 이러니 현재 우리의 회사법 시스템이 우리나라 회사의 문제를 제대로 해결하지 못하는 것도 당연하다.

예를 들어, 「법무기」에서 배운 밀어주기, 몰아주기, 끼워넣기를 생각해 보자[77]. 여러분은 이런 '부당거래'를 막기 위해 공정거래법과 세법이 엄청나게 노력했지만 결국 대부분 규제를 빠져나갔다는 사실을 잘 알고 있다. 나아가 이런 거래는 '조건이 불공평하고 다른 사람들을 차별해서 생긴 부당한 일'이 아니라 지배주주와 회사 사이의 '이해상충'의 거래이고 '공사 구별을 하지 않은 것'이 문제라는 점을 알게 되었다. 그런데 이미 상법 회사편에는 이런 이해충돌의 거래를 막기 위한 조항이 있다. 왜 이런 문제가 해결되지 않고 있었던 걸까? 먼저 그 조문을 가져와 보자.

> **상법 제398조(이사 등과 회사 간의 거래)** 다음 각 호의 어느 하나에 해당하는 자가 자기 또는 제3자의 계산으로 회사와 거래를 하기 위하여는 미리 이사회에서 해당 거래에 관한 중요사실을 밝히고 이사회의 승인을 받아야 한다. 이 경우 이사회의 승인은 이사 3분의 2 이상의 수로써 하여야 하고, 그 거래의 내용과 절차는 공정하여야 한다.
> 1. 이사 또는 제542조의8제2항제6호에 따른 주요주주
> 2. (이하 생략)

회사 내에서의 지배주주와 회사 사이의 이해충돌 문제는 원래 이 '자기거래 금지법'으로 해결해야 한다. 그런데 이걸 '부당거래'로 봐서 수십 년 동안 시간을 낭비하는 동안, 이해충돌 거래를 막기 위해 만들어진 이 조항은 왜 아무런 힘이 없었을까? 참고로 이 조항은 1962년 처음 만들어졌을 때 아래와 같이 내용이 조금 달랐다. 위와 같이 개정된 것은 2011년의 일이다.

> **상법 제398조(이사와 회사간의 거래)** 이사는 이사회의 승인이 있는 때에 한하여 자기 또는 제삼자의 계산으로 회사와 거래를 할 수 있다. 이 경우에는 민법 제124조의 규정을 적용하지 아니한다.
>
> > **민법 제124조(자기계약, 쌍방대리)** 대리인은 본인의 허락이 없으면 본인을 위하여 자기와 법률행위를 하거나 동일한 법률행위에 관하여 당사자 쌍방을 대리하지 못한다. 그러나 채무의 이행은 할 수 있다.

1962년 법과 2011년 법은 기본적으로 자기거래, 즉 이해충돌의 거래를 다루는 방법이 같다. '이사회의 승인'을 거치도록 하는 것이다. 다만 1962년 법은 단순히 '승인'이라고 해서 과반수 찬성을 의미했고, 2011년 법은

'3분의 2 이상'으로 이사회 승인을 더 어렵게 만들었다. 그리고 '거래의 중요 사실을 밝혀야 한다', '거래의 내용과 절차는 공정해야 한다'는 두 가지 요건을 추가했다. 그 전의 이사회가 거래가 뭔지도 모른 상태에서 너무 형식적으로 진행되어 왔고, 그 내용과 절차가 공정하지 않은데도 이사들이 막연히 승인하는 경우가 많았다는 점에 대한 솔직한 반성이었다. 그렇다면 1962년, 그리고 개정된 2011년 자기거래 금지법은 회사에서 일어나는 대주주와 회사 사이의 이해상충 거래를 제대로 감독할 수 있었을까? 결론을 먼저 말하면 구조적으로 불가능했다. 승인을 과반수로 하느냐 3분의 2로 하느냐의 문제가 아니었다.

> 지배주주가 이사회를 구성하는 이사를 모두 선임하는데,
> 이사회의 의결 정족수가 무슨 의미가 있었을까?

다시 말하면, 이사들이 모두 지배주주의 지지를 받아 뽑힌 사람들인데 만장일치로 승인을 받아야 한다고 해서 달라졌을까? 이사회 구성원 중 몇 명이라도 지배주주가 아닌 다른 주주들의 지지를 받아 선출되었다면 과반수인지 3분의 2인지가 중요했을지 모른다. 하지만, 우리나라 대부분의 회사에서 이사회는 사내이사, 사외이사 모두 지배주주의 지지를 받은 사람으로 구성되어 왔다. 추천을 누가 하는지가 중요한 것이 아니다. 결국 지배주주가 지지하지 않았는데 선출된 이사가 있는지가 중요하다. 그런 이사가 없다면 의결 정족수를 높인다고 큰 변화가 생기는 것이 아니었다는 얘기다. 자신을 지지하고 선출해 준 주주의 이익에 반대할 수 있는

이사는 거의 없을 것이기 때문이다. 정리하면, 우리나라의 자기거래 금지법은 주주가 분산된 4단계 주식회사의 이사회에서나 통할 제도였기 때문에 30% 정도의 최대주주가 있는 우리나라의 3단계 주식회사에서는 전혀 효과가 없었던 것이다.

조금 더 들어가서 살펴보자. 먼저 4단계 주식회사(주식 분산)와 3단계 주식회사(지배주주 있음)에서의 이해관계 충돌이 어떻게 다른 지에 대해 보았던 그림을 다시 한번 가져와 봤다. 두 구조에서 상법 제398조는 어떻게 회사의 거버넌스를 결정하게 될까?

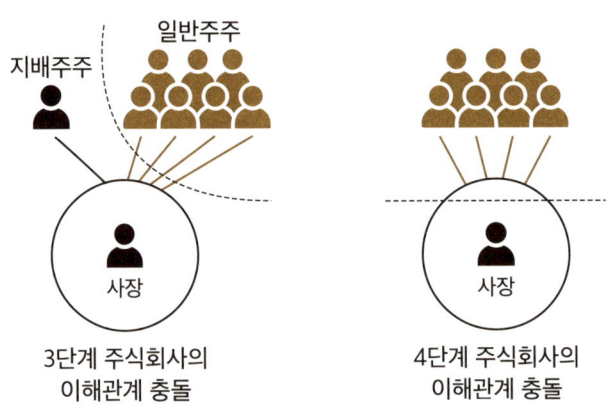

[그림 24. 주주가 분산된 경우와 지배주주가 있는 경우 대리인 문제의 양상]

지분율이 흩어져 있어서 특별한 대주주가 없는 4단계 주식회사를 생각해 보자. 이사회의 구성이 다양해질 수밖에 없다. 주주들이 다양하기 때문에 각자 선호하는 이사 후보가 다를 것이고, 어떤 특정 주주가 지지하는 사람들만으로 이사회가 구성될 수 없다. 그러면 어떤 주주와 회사가 거래를 하려고 할 때 이사회에서 절반이나 3분의 2의 지지를 받는 것이 매우 어려워진다. 만약 5명의 이사로 구성된 이사회가 있는데, 각각의 이사들은 주주총회에서 5% 지분을 가진 주주 A, B, C, D, E의 추천 및 나머지 주주들의 지지를 받아서 선출되었다고 해 보자. 회사가 A 주주와 거래를 하기 위해 승인을 받기 위한 안건을 이사회에 올렸다면, A 주주 추천을 받은 이사 외에 2명 또는 3명의 지지를 이끌어 내야 한다. 다른 이사들은 그 거래가 자신을 추천한 주주에게 손해가 된다면 찬성표를 던지지 않을 것이다. 따라서 자연스럽게 A 주주와 회사 사이의 거래는 그 조건이 다른 주주들에게도, 또 회사에도 이익이 되어야 승인을 기대할 수 있는 구조가 된다.

그렇다면 30% 지분을 가진 대주주가 있는 3단계 주식회사에서는 어떨까? 치킨코리아의 주주총회에서 우현과 영미가 지지하는 사람이 대부분 이사가 될 수밖에 없는 구조에 숫자를 넣어 계산해 보자. 100% 중에서 30%라면 많아 보이지 않지만, 수천 명 이상의 일반주주가 있는 상장회사에서는 주주총회 평균 출석률이 73% 정도여서[78] 그 중 30%라면 회의에서 유효한 의결권으로는 거의 절반에 육박하게 된다 (30 / 73 x 100 = 출석 의결권의 41%). 그러니 나머지 주주들의 의견이 첨예하게 갈려서 절반 (약 22%)만 대주주가 추천하는 이사 후보에 찬성한다고 해도 대주주 지분과 합쳐서 전체의 52%, 출석 의결권의 약 71% (= 52 / 73 x 100)가 된다. 지배주주가 지지하는 후보는 여유 있게 이사로 뽑힌다는 의미다. 혹시나 상황이 지배주주 쪽에 많이 불리해서 나머지 주주들 중 4/5가 대주주 추천자에 대해 반대하는 상황이라면? 그래도 지배주주가 추천한 후보가 과반수로 주주총회를 통과해서 이사로 뽑히게 된다 [= {30% + (1/5 x 43%)} / 73% = 약 53%].

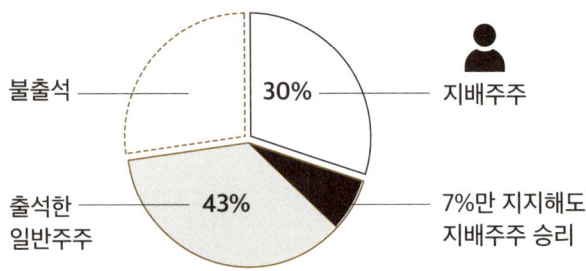

[그림 25. 지배주주 있는 회사에서는 일반주주가 대부분 반대해도 이사가 될 수 있다]

　게다가 주주총회에서는 이사 한 명마다 주주 전체가 투표를 하는 방식으로 이사를 선출한다. 5명의 이사를 뽑는다면 다섯 번 투표를 하는데 그 때마다 최대주주는 모두 30%씩 의결권을 행사할 수 있다. 이 문제는 뒤에서 다시 살펴볼 것인데, 결국 정말 예외적인 상황이 아니면 이사 5명 모두 최대주주가 지지하는 사람이 될 수밖에 없는 구조다. 이렇게 모두 최대주주 편인 사람들이 이사회를 구성했을 때, 최대주주와 회사가 거래를 할 때 이사들이 과연 그 거래를 반대할 수 있을까? 물어보나 마나일 것이다. '거래의 내용과 절차는 공정해야 한다'는 요건이 있지만, 이건 이해충돌의 문제를 다시 부당거래의 문제로 해결하려는 것이니 현실에서 작동하기 어렵다. 「법무기」에서 한참 이야기했으니 이 책에서는 더 이상 하지 않아도 될 것 같다.

　결국 상법 제398조의 자기거래 금지법은 1962년에 처음 만들어졌을 때나 2011년에 요건을 강화했을 때나 우리나라의 주식회사에서는 무력할 수밖에 없었다. 둘 다 주주가 분산된 4단계 주식회사에서 전체 주주와 경영자 사이의 이해충돌을 해결하기 위한 틀이었기 때문이다. 비슷한 이해

> **제397조의2(회사의 기회 및 자산의 유용 금지)** ① 이사는 이사회의 승인 없이 현재 또는 장래에 회사의 이익이 될 수 있는 다음 각 호의 어느 하나에 해당하는 회사의 사업기회를 자기 또는 제3자의 이익을 위하여 이용하여서는 아니 된다. 이 경우 이사회의 승인은 이사 3분의 2 이상의 수로써 하여야 한다.
> 1. 직무를 수행하는 과정에서 알게 되거나 회사의 정보를 이용한 사업기회
> 2. 회사가 수행하고 있거나 수행할 사업과 밀접한 관계가 있는 사업기회
> ② 제1항을 위반하여 회사에 손해를 발생시킨 이사 및 승인한 이사는 연대하여 손해를 배상할 책임이 있으며 이로 인하여 이사 또는 제3자가 얻은 이익은 손해로 추정한다.

충돌의 거래를 막기 위해 만들어졌던 위와 같은 이사의 기회유용 방지법도 마찬가지다. 이 조항은 2011년에 만들어진 후 제대로 적용된 적이 없다.

우리나라에서는 손해배상, 연대책임 등 이해충돌 문제를 아무리 무섭게 규정해도 이사회를 통과하도록 하는 순간 죽은 법이 된다. 모두 우리 회사법이 근본적으로 지분율 30%의 최대주주가 있는 우리나라의 현실을 바탕으로 태어나고 만들어진 것이 아니었기 때문이다. 그러니 계속 뭔가 문제가 생겼고, 회사법이 해결하지 못하는 문제를 이런 저런 법에서 땜빵식으로 해결하려고 시도해 왔던 거다. 이런 내용을 모르면 우리나라의 기업 거버넌스를 이야기하기 어렵다. 「법무기」에서는 그 역사를 '재벌법'이라는 이름으로 다루었고, 너무 복잡하고 얽혀 있는 이 문제를 해결하기 위한 바탕색으로 '총주주' 세 글자의 원칙을 칠하자고 제안했었다. 이제부터 두 장에서는 실타래 같이 얽혀 있는 법 안으로 한 걸음만 더 들어가 볼 것이다. 조금은 이론적인 얘기가 될 것이어서, 읽다가 너무 머리가 아프면 그냥 다음 Level 9로 뛰어 넘어도 좋다.

## 핵심 개념 정리

**주인-대리인 문제(Principal-Agent Problem):** 일이나 물건을 다른 사람에게 맡기면 주인보다 대리인이 더 많은 정보를 갖게 되고 대리인의 이익과 주인의 이익이 엇갈릴 때 대리인이 자신이 이익이 되는 쪽으로 결정하는 문제. 본인-대리인 문제, 또는 그냥 대리인 문제라고도 부른다. 주주와 경영자 사이의 관계를 대표적인 예로 본다.

**이사회(BOD, Board of Directors):** 주식회사에서 일어나는 주주와 경영자 사이의 대리인 문제를 해결하기 위해 만든 기구. 주주가 뽑은 이사들이 모여 경영자를 감시하고 회사의 중요한 문제에 대한 의사를 결정한다. 마치 모래시계의 목처럼 이사회 중심의 회사일수록 이사를 뽑는 방법이 기업 거버넌스의 핵심이 된다.

**주주가 분산된 주식회사 (소유 분산 회사):** 특별한 지배주주 없이 지분이 골고루 분산되어 있는 회사를 말한다. 우리나라에서는 주로 금융지주회사나 과거 공기업이었다가 민영화된 KT, 포스코, KT&G 등이 여기에 해당한다. 이 책에서는 4단계 주식회사로 부르는데, 1962년에 만든 우리나라의 상법은 이런 회사를 염두에 두고 만든 법이다.

**대주주가 있는 주식회사 (소유 집중 회사):** 지배주주가 있어서 이사 선임 등 주주가 할 수 있는 대부분의 회사의 의사 결정이 지배주주 생각대로 되는 회사. 이 책에서는 1~3단계 주식회사가 모두 여기에 해당하고, 특히 상장을 했지만 여전히 지배주주가 있는 3단계 주식회사를 가리키는 말로 사용하는 경우가 많다.

**자기거래 금지법:** 회사와 이사 등과의 거래에 대해 이사회의 승인을 거치도록 한 상법 제398조를 이 책에서 부르는 말. 소유 집중 회사에서 주주총회에서 이사를 한 명씩 다수결로 뽑으면 결국 이사회는 모두 지배주주가 원하는 사람으로 구성될 가능성이 높기 때문에 소유 집중 회사가 많은 우리나라 회사에서 이사회 승인은 회사와 이사 또는 지배주주 등과의 이해충돌 거래를 통제하기 위해 적절한 방식이 아니다.

## 11.
## 공정거래법에서 기업집단을 구출하라!

"나는 너에게 지시를 할 권한이 있어.
왜냐하면 네가 지금 내 지시를 따르고 있기 때문이야."

　마치 어린왕자가 지구로 오는 길에 만난 소행성의 어른들이 하던 말과 같은 순환논리의 궤변, 따를 사람이 있을까? 하지만 우리 법에는 비슷한 내용이 있다. 보통 '○○그룹'으로 불리는 여러 기업들의 연합체, 즉 '기업집단'의 가장 기초적인 정의에 들어 있다. 우선 법령 본문을 보자. 시행령 내용은 너무 길어서 적절히 요약, 생략한 것임을 양해해 주시기 바란다. 원문을 보고 싶은 사람은 언제든 법제처 국가법령정보센터https://law.go.kr/를 찾으면 된다.

> **독점규제 및 공정거래에 관한 법률** 제2조 (정의)
> 11. "기업집단"이란 동일인이 다음 각 목의 구분에 따라 대통령령으로 정하는 기준에 따라 사실상 그 사업내용을 지배하는 회사의 집단을 말한다.
>     가. 동일인이 회사인 경우: 그 동일인과 그 동일인이 지배하는 하나 이상의 회사의 집단
>     나. 동일인이 회사가 아닌 경우: 그 동일인이 지배하는 둘 이상의 회사의 집단
>
> **독점규제 및 공정거래에 관한 법률 시행령** 제4조(기업집단의 범위)
> ① 법 제2조제11호 각 목 외의 부분에서 "대통령령으로 정하는 기준에 따라 사실상 그 사업내용을 지배하는 회사"란 다음 각 호의 회사를 말한다.
> 1. 동일인이 단독으로 또는 동일인관련자와 합하여 해당 회사의 발행주식 총수의 100분의 30 이상을 소유하는 경우로서 최다출자자인 회사
>    가. 친족
>    나. (이하 생략)
> 2. 동일인이 해당 회사의 경영에 대해 지배적인 영향력을 행사하고 있다고 인정되는 회사
>    가. (이하 생략)
>    마. 그 밖에 사회통념상 경제적 동일체로 인정되는 회사
> ② 제1항제1호라목에도 불구하고 동일인과 같은 호 마목의 관계에 있는 자 중 「상법」 제382조제3항에 따른 사외이사가 경영하고 있는 회사로서 제5조제1항제3호 각 목의 요건을 모두 갖춘 회사는 동일인이 지배하는 기업집단의 범위에서 제외한다. <신설 2022. 12. 27.>

## 공정거래법의 기업집단 규제,
## 회사법과 모순이 많다

모두 한글인데 말이 좀 어려우니 먼저 간단히 용어부터 이해해 보자. 우선 '동일인'이라는 단어가 많이 나온다. 이건 말 그대로 '같은 한 사람'이라는 뜻이다. 즉, '동일인이 사실상 그 사업내용을 지배하는 회사의 집단'이란 '어떤 한 사람이 사실상 사업내용을 지배하는 여러 회사들'이라

는 뜻이 된다. 앞에서 '지배구조'라는 용어를 쓰지 말자는 얘기를 했던 것과 같은 의미에서 사업내용을 '지배한다'는 표현은 영 마음에 들지 않으니, 어떤 회사의 '사업상 의사결정을 한다'는 뜻으로 바꿔서 다시 써 보자. 그러면 기업집단이란 이런 의미가 된다.

'어떤 한 사람이 사실상 사업상 의사결정을 하는 여러 회사들'

이렇게 쓰니 더욱 잘 와 닿는다. 그런데 여기에서 가장 중요한 단어는 '사실상'이다. '사실상'을 빼면 이 말은 '어떤 한 사람이 사업상 의사결정을 하는 여러 회사들'이 되는데, 그건 좀 이상하다. 회사법에 따르면 어떤 회사의 사업상 의사결정을 하는 회사는 대표이사다. 그렇다면 여러 회사의 대표이사를 한 사람이 모두 겸직하고 있다는 뜻이어야 하기 때문이다. 테슬라Tesla, Inc.와 스페이스X Space Exploration Technologies Corp.의 CEO를 겸직하고 있는 일론 머스크Elon Musk와 같이 말이다. 하지만 그런 의미는 아니다. 오히려 '사실상'은 원래 그 반대의 뜻이다. 그러니까 구체적으로는 '법적으로는 권한이 없는데 회사의 사업상 의사결정을 한다'는 뜻이다. 즉, '사실상'은 오히려 '대표이사를 겸직하지 않으면서도'라고 풀어 쓸 수 있겠다. 결국 공정거래법의 기업집단 정의는 아래와 같이 조금 더 풀어서 쓸 수도 있다.

'어떤 한 사람이 그 회사의 대표이사가 아니면서도
사업상 의사결정을 하는 여러 회사들'

그런데 이렇게 써 놓고 보니 조금 충격적이다. 공정거래법은 회사법을 위반하는 사람을 보호하려는 법인가? 대표이사가 아니면서 사업상 의사결정을 하는 사람을 법이 인정해 준다는 건가? 불행인지 다행인지 꼭 그런 뜻은 아니다. 대표이사가 아니면서 어떤 회사의 사업상 의사결정을 하는 사람에 대한 이야기는 「법무기」에서 한 적이 있다[79]. 그렇다. '업무집행지시자 등의 책임'을 규정한 상법 제401조의2도 바로 이런 경우에 대해 적용하려던 법이었다. 그런 경우가 있다는 현실은 누구나 알고 있는데, 법에 구멍이 있으니 어떻게든 법의 테두리 안으로 넣으려는 시도를 했던 거다. 1987년에 공정거래법에 들어간 기업집단에 관한 법도 그랬다. 회사의 대표이사가 아니면서도 어떤 공통된 한 사람이 사업상 의사결정을 하는 여러 회사들이 분명히 있고, 그 회사들끼리 서로 밀어주고 돈도 대주면서 너무 커지는데, 이게 독과점과 비슷하니 일단 공정거래법에 넣어서 그 덩치 키우기부터 좀 막아야겠다는 생각에서 시작된 규제였던 것이다.

## 기업 거버넌스의 현실을 드러낸 공정위의 동일인 지침 제정안

그렇다면 그 '한 사람'은 어떤 방법으로 대표이사가 아니면서도 여러 회사들의 사업상 의사결정을 할 수 있었을까? 물론 그 방법은 위에서 본 공정거래법 시행령에도 자세하게 적혀 있다. 그런데 지난 2023년 6월 30일 공정거래위원회가 만들어서 시행하겠다고 예고한 '동일인 판단 기준 및 확인 절차에 관한 지침 제정안'에 더욱 적나라하게 정리되어 있으니 이 제정안을 갖고 얘기해 보자. 공정거래위원회는 이 지침 제정안을 통해 아래와 같은 다섯 가지 중 하나에 해당하는 사람을 '동일인', 즉 '대표이사가 아니면서도 여러 회사의 사업상 의사결정을 하는 공통적인 한 사람'으로 지정하겠다고 했다[80].

(1) 기업집단 최상단회사의 최다출자자
(2) 기업집단의 최고직위자
(3) 기업집단의 경영에 대해 지배적인 영향력을 행사하고 있는 자
(4) 기업집단 내·외부적으로 기업집단을 대표하는 자로 인식되는 자
(5) 기업집단 내 친족 간 합의에 따른 승계 방침이 존재하는 경우 그 방침에 따라 기업집단의 동일인으로 결정된 자

이 지침 제정안은 웃지 못할 대한민국 기업 거버넌스의 현실을 적나라하게 보여 준다. 아직 시장경제나 법치주의가 정착되지 못했던 1980년대 후반, 주식도 계약도 없는 다른 회사의 의사결정을 어떤 한 사람이 좌지우지하는 '사실상'의 현실을 규제하기 위해 그 '사람'을 중심으로 하는 기업집단이라는 개념을 만들어 낸 것은 어쩔 수 없는 일이었다고 치자. 하지만 이후 GDP 규모는 10배 이상 (1987년 1479.8억 달러 → 2022년 1조 6732.6억 달러), 주식시장의 시가총액은 거의 100배 (1987년 약 200억 달러[81] → 2023년 약 1조 8000억 달러)에 가깝게 커지는 등 경제 규모가 세계 10위권의 선진국이 된 2023년의 대한민국 경제에서 아직도 법도 계약도 없이 '사람'을 중심으로 하는 기업집단이라는 개념을 갖고 있는 것 자체가 놀라운

일이 아닌가. 그런데 한 술 더 떠서 2023년에 공정거래위원회가 만든 이 다섯 가지 기준은 많은 사람들로 하여금 더 이상 말을 잇지 못하게 했다.

첫 번째 요건, '기업집단 최상단회사의 최다출자자'는 그나마 법적 근거가 있다고 할 수 있다. '최상단'이란 피라미드와 같은 형태로 짜인 회사들의 관계에서 가장 위에 있는 회사, 즉 우리나라에서 이제 흔하게 볼 수 있게 된 지주회사를 의미하고, 그 회사에서 지분율이 가장 높은 개인은 지주회사의 대표이사를 뽑을 때 가장 큰 영향력이 있음이 분명하다. 앞에서 치킨코리아의 지분 30% 정도만 갖고 있는 재원도 상장회사의 주주총회에서 과반수로 결정하는 안건들을 대부분 통과시킬 수 있다는 얘기를 기억해 보자. 또한 지주회사의 개인 최대주주는 자회사나 손자회사의 대표이사가 아니더라도 그 사업상 의사결정에 간접적인 영향력이 있다. 지주회사의 대표이사는 자회사 대표이사를 뽑을 때, 자회사의 대표이사는 손자회사의 대표이사를 뽑을 때 각각 의결권 행사에 가장 큰 영향력을 가지기 때문이다. 결국 지주회사의 지배주주는 간접적으로 자회사나 손자회사의 대표이사를 뽑을 때 가장 큰 영향력을 행사할 수 있는 사람이다.

사실, 지주회사는 원래 이런 목적을 위해 생긴 회사다. 한 사람이 맨 위에 있는 회사만 다수 지분을 확보하면, 그 다음부터는 회사 돈을 써서 자회사와 손자회사의 사업상 의사결정을 '사실상' 할 수 있게 되기 때문이다. 그래서 이런 지주회사는 예전부터, 그리고 우리나라에서도 원래 금지되었던 것인데 1997년 IMF 위기를 거치면서 허용 및 장려로 180도 정책이 바뀌었다는 이야기는 「법무기」에서도 한 적이 있다[82]. 이미 우리나라 대기업의 대부분이 전환을 마친 이런 지주회사 자체를 어떻게 봐야 하고 어떤 문제가 있는지에 대해서는 뒤에서 더 이야기할 것이다.

그런데 두 번째 요건부터는 고개가 갸웃거려지기 시작한다. '기업집단의 최고직위자'란 무엇을 의미하는지도 명확하지 않고 누가 그런 직위를 주거나 임명하는지도 알 수 없다. 특히 예시된 직위 중 '이사회 의장'은 회사법에서 아무런 특별한 권한도 없고 이사회의 의사 진행을 맡는 사람을 의미할 뿐인데 이것을 최고직위자의 예로 들어 두었다. 세 번째부터는 갈수록 태산이다. '기업집단의 경영에 지배적인 영향력을 행사하고 있는 사람'을 동일인으로 지정하겠다는 말은 동어 반복이다. 앞에서 풀어 쓴 동일인의 정의를 넣어 보자. 이 말은 '기업집단의 경영에 지배적인 영향력을 행사하고 있는 사람은 사실상 그 기업집단의 사업상 의사결정을 하는 사람이다'라는 의미일 뿐이다. 그냥 같은 말을 반복한 거다. 네 번째도 비슷한데 조금 더 슬프다. 이건 '기업집단 내·외부적으로 기업집단을 대표하는 자로 인식되는 자는 동일인이다'라는 말이 되는데, 직위도 영향력도 아니고 그냥 사람들의 '인식'이 요건이 되었다. 사람들이 그렇다고 하면 그렇다는 거다. 이걸 도대체 어떻게 증명할까? 하지만 끝이 아니다. 지침의 요건은 다섯 번째에서 화룡점정畵龍點睛에 이른다. 다섯 번째는 공식적인 직위나 사실상의 영향력 또는 보통 사람들의 인식도 필요 없다. 그냥 기업집단 내 친척들끼리 모여서 '이 사람이 우리 기업집단의 사업상 의사결정을 할 사람이다'라고 합의하면 공정거래위원회가 그걸 인정해 주겠다는 뜻이다. 주주도 아니고, 친척이라니. 어쩌다가 이렇게까지 되었을까? 이 요건이 번역되어 외국에 알려지는 것이 두려울 정도다.

## 이제, 주주를 모르는 공정거래법에서
## 기업집단과 회사를 구출해야 할 때다

지금까지 조금 길게 공정거래법에 들어 있는 '한 사람' 중심의 기업집단과 계열회사의 정의에 대해 봤다. 그런데 아마 눈치가 빠른 사람은 이미 무언가 좀 이상하다는 낌새를 챘을 것이다. 회사 이야기를 하는데 주주와 이사회가 없다. 회사법에서 우리는 주식회사의 가장 중요한 의사결정은 주주들이 하고 조금 덜 중요한 것은 이사회가, 그리고 나머지 일상적인 사업상 의사결정은 대표이사에게 위임되어 있다고 배웠다. 그런데 공정거래법에서는 '사실상의 영향력'이 있는 한 사람이 누구인지 결정되면 그 사람을 중심으로 수많은 회사가 기업집단으로 묶이는데, 각 회사들의 주주도 이사회도 그 과정에서 아무런 힘이 없다. 어떻게 된 일일까? 주주총회도 이사회도 열리기 전에 정부기관이 '너네 회사는 ○○○이라는 사람이 사실상 사업상 의사결정을 하고 있어'라고 정해 둔다면 그 회사의 주주총회나 이사회는 어떤 의미가 있는 것일까? 심지어 그 사람이나 그 사람이 최대주주로 있는 회사의 지분율이 30% 정도 밖에 되지 않고 나머지 70%는 일반주주인 경우가 대부분인데도 말이다. 회사법이든 공정거래법이든 둘 중 하나가 단단히 잘못되어 있어 보인다. 회사법이 몸에 맞지 않는다는 얘기는 앞에서 했다. 우리나라 회사들은 대부분 지배주주가 있는 3단계인데 법은 주주가 분산된 4단계 회사에 맞춰서 만들어져 있다. 아직 아이인데 어른 옷을 입혀 놓은 것과 같다. 그런데 공정거래법에 들어간 기업집단에 관한 법은 마치 그렇게 너무 커다랗게 잘못 재단된 최신 회사법이라는 옷감으로 옛날 관복을 만들어 입혀 놓은 것과 같이 되어 버렸다.

이제 공정거래법의 울타리 안에서 기업집단이라는 미운오리새끼를 구출해 내야 할 때가 된 것 같다. 공정거래법은 회사들을 기업집단이라는 울타리 안에 놓을 뿐, 회사에 돈을 낸 주주도 중요한 의사결정을 하라고 만들어 놓은 이사회도 신경 쓰지 않기 때문이다. 다만 공정거래법은 서로 밀어주는 '부당거래'를 감시하기 위해 회사의 최대주주 지분율이 얼마나 높은지를 본다. 그리고 계열회사를 일사불란하게 이끌 수 있는 지주회사가 자회사와 손자회사에 대한 지분율을 최소한 어느 정도 이상으로 유지해야 한다고 규제하기도 한다. 하지만 공정거래법은, 기업집단 안에 있는 계열회사에 투자한 일반주주들이 그런 일사불란한 '그룹'의 결정에 의해 어떤 이익과 손해를 보는지에 대해서는 생각하지 않는다. 사실상의 의사결정을 하는 사람을 인정하는 것은 이사회의 존재 이유와 부딪친다. 사실 이건 매우 순수한 회사법의 문제이고 그래야 한다. 공정거래법은 독점 회사가 갑질을 하거나 짬짜미(담합)로 가격을 올릴 때 잡는 법이지, 지분으로 연결되어 있는 회사나 주주들 사이의 관계를 정하기 위한 법은 원래부터 아니었기 때문이다.

만약 기업집단의 여러 회사들이 100% 모자회사 관계로 이루어져 있다면, 다시 말해서 어떤 기업집단이 100% 자기자본으로만 구성되어 있다면, 그 기업집단 내에서 어떤 거래를 하던 합병이나 분할을 하던 경제적으로 아무 상관이 없다. 주주들 사이의 이익과 손해의 복잡한 문제는 회사가 '남의 돈'을 받아 사업하기 시작했을 때 발생한다. 어떤 회사 안에 여러 사업부가 있는 경우와 각 사업부가 여러 회사로 쪼개져 있을 때를 비교해 보자.

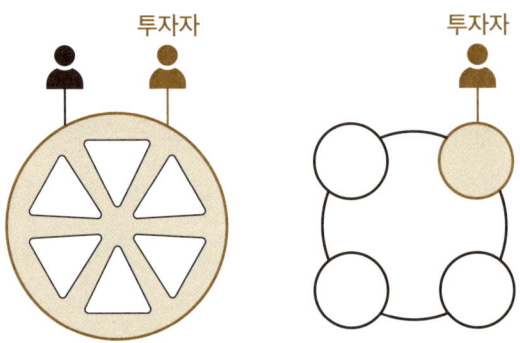

[그림 26. 회사 안의 여러 사업부와 여러 계열회사가 있을 때 외부 투자를 받으면]

하나의 회사 안에서 여러 사업을 할 때 남의 돈을 투자 받으면 그 회사 안에 있는 여러 사업부에 지분율이 골고루 나눠지는 것과 같다. 즉, 여러 사업에 동시에 투자한 것과 같은 효과가 된다. 반면 각 사업이 여러 회사로 쪼개져 있는 기업집단에 대해서는 어느 한 사업, 즉 한 회사에 대해서만 남의 돈을 투자 받는 것이 가능해진다. 오히려 전체 사업에 똑같이 투자를 하는 것이 더 어려워진다. 이렇게 각 회사별로 남의 돈을 받기 시작하면 같은 기업집단이라도 각 사업, 다시 말해 각 회사별로 주주 구성이 달라진다. 그리고 주주들마다 이해관계가 달라진다. 이 부분이 가장 중요한 포인트다. 같은 기업집단 내에 있는 회사들이 공통적인 최대주주에 대해서는 이익이 되는 사업이나 거래를 하더라도, 어떤 회사의 나머지 주주들에게는 손해가 될 수도 있다. 회사별로 주주들 사이에 이익과 손해가 엇갈릴 수 있게 된다.

하지만 공정거래법은 이런 상황을 고려하지 않는다. 공정거래법은 하나의 기업집단 안에 있는 회사들이 어떻게 서로를 밀어주고 '한 사람'을 밀어줘서 이익이 되도록 하는지에 대해, 그리고 그런 거래를 하지 않도록 규제하는 데에만 관심이 있다. 그 과정에서 서로 다른 이해관계를 갖는 각 계열회사의 일반주주가 이익이 되는지 손해가 되는지는 전혀 살펴보지 않는다. 어떤 경우가 있을까? 같은 기업집단 내에서 서로 이익과 손해가 엇갈리는 경우는 주로 합병이나 분할 같이 주주들에 관한 거래 ('자본거래'라고 한다)가 있을 때 발생하지만, 회사의 일상적인 거래에서도 얼마든지 있을 수 있는 일이다.

## 지배주주와 일반주주의 이해가 충돌하는 기업집단 내부거래

치킨코리아가 코리아홀딩스, 버거코리아, 치킨코리아 세 회사로 나누어졌다고 생각해 보자. 코리아홀딩스에는 개인 최대주주 재원이 30% 지분을 갖고 있다. 코리아홀딩스는 버거코리아에 대한 지분율이 30%이고, 재원은 치킨코리아에 개인적으로 50%의 지분을 갖고 있다고 해 보자. 공정거래법은 세 회사를 '코리아 그룹'이라는 기업집단으로 부른다. 그리고 재원이 사실상 세 회사의 사업상 의사결정을 하고 있다고 인정한다. 이 때, 매출 규모나 기업가치가 비슷한 버거코리아와 치킨코리아가 사업상 파산 위기를 맞게 되어 모회사인 코리아홀딩스에게 공정한 이자율로 돈을 빌려 달라고 요청했다. 그런데 코리아홀딩스는 버거코리아 또는 치킨코리아 한 쪽에만 돈을 빌려줄 수 있는 여력이 있다. 이 때 코리아홀딩스의 결정을 따라 세 회사와 코리아홀딩스의 30% 및 치킨코리아의 50% 주주인

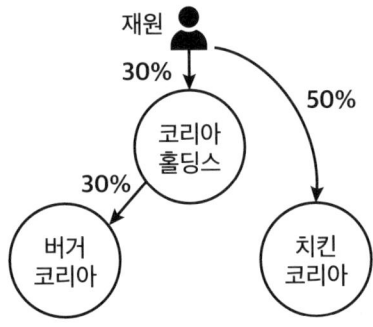

[그림 27. 지주회사 코리아홀딩스와 계열회사인 버거코리아, 치킨코리아]

재원, 영미를 포함한 코리아홀딩스의 70% 일반주주, 버거코리아의 70% 일반주주, 치킨코리아의 50% 일반주주는 각각 어떤 이익과 손해가 있을까? 그리고 회사법과 공정거래법은 각각 이 상황을 어떻게 보게 될까?

  돈을 빌려주는 코리아홀딩스라는 회사의 관점에서 먼저 보자. 버거코리아와 치킨코리아의 기업가치가 같으니 코리아홀딩스는 지분을 갖고 있는 버거코리아에게 빌려주는 것이 이익이다. 회사가 망하면 지분 가치는 0이 되고 돈을 전혀 돌려받지 못한다고 가정할 때, 치킨코리아가 망하면 돈만 못 받는 것이지만 버거코리아가 망하면 돈도 못 돌려받고 지분 가치도 없어져 손해가 더 크기 때문이다. 망해가는 버거코리아로서는 돈을 빌리는 것이 무조건 좋으니, 회사로서의 코리아홀딩스와 버거코리아의 이해관계는 같다고 볼 수 있다. 버거코리아의 나머지 70% 일반주주도 같다.

  그런데 재원의 관점에서는 다를 수 있다. 자신의 개인 지분이 있는 치킨코리아가 망하지 않는 것이 더 중요하다. 버거코리아가 살아 남아도 치킨코리아가 망하면 재원 개인적으로 더 손해이기 때문이다. 여기에서 회

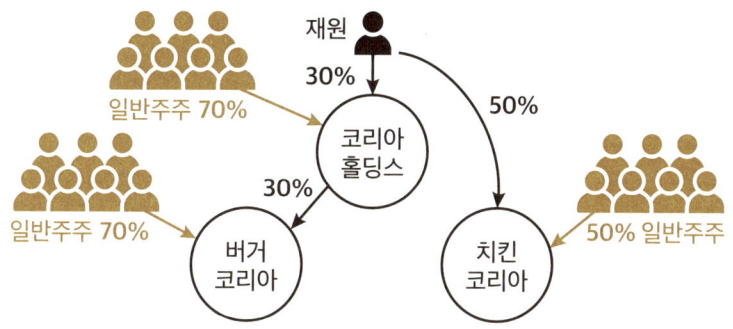

[그림 28. 코리아홀딩스는 누구에게 돈을 빌려줘야 할까]

사 코리아홀딩스와 그 주주인 재원 사이에는 이익과 손해가 엇갈린다. 영미와 같은 코리아홀딩스의 나머지 70% 일반주주는 어떨까? 이들은 치킨코리아에 개인적인 지분이 없기 때문에 코리아홀딩스라는 회사의 지분가치를 최대한 보존하는 것이 좋다. 즉, 버거코리아에게 돈을 빌려주는 것이 더 이익이다. 여기까지 각 사람들의 이익과 손해를 위 그림을 보며 생각해 보자.

　이 때 재원의 지지를 받아 선출된 코리아홀딩스의 이사들이 자회사 버거코리아가 아닌 치킨코리아에게 돈을 빌려주기로 결정했다면 어떨까? 이런 코리아홀딩스의 결정에는 아무런 문제가 없는 것일까? 여러분이 세 회사 중 하나의 일반주주라고 차례로 생각해 보자. 버거코리아의 일반주주라면 돈을 빌릴 수 있어 기쁠 것이다. 치킨코리아의 일반주주라면 돈을 빌리지 못해 슬프지만 뭐라고 할 수는 없다. 영미와 같은 코리아홀딩스의 일반주주라면 어떨까? 일단 지분도 없는 회사에 돈을 빌려줘서 코리아홀딩스에게 손해가 나니 화가 날 것 같다. 재원도 코리아홀딩스의 주주, 여러분도 주주인데 재원의 이익을 위해 코리아홀딩스가 치킨코리아에게 돈을 빌려주도록 결정한 것에 대해 화가 난 여러분은 어떻게 할 수 있을까?

공정거래위원회에 '이런 거래는 불공정하다'고 신고할 수 있을까? 안타깝게도 공정거래법은 공정한 이자율로 돈을 빌려주는 이상 기본적으로 별 관심이 없다. 그러면 재원이 기업집단의 '동일인'인데 자신에게 유리한 거래를 했으니 불법이라고 신고할 수 있을까? 이런 경우에 적용되는 복잡한 법이 있지만[83] 그것도 기본적으로 이자율이 다른 회사에 적용되는 것과 별 차이가 없다면 뭐라고 할 수가 없다. 신고해도 헛품만 팔게 될 거다. 왜 이런 걸까? 「법무기」에서도 많이 이야기했듯이, 이건 '불공정'이나 '부당'한 거래가 아니기 때문이다! 주주들 사이의 '이해상충' 또는 '이익충돌', 다시 말하면 사람들 사이에 이익과 손해가 엇갈리는 상황에 관한 문제이기 때문이다. 영어 선생님한테 수학 문제를 아무리 물어봐도 제대로 된 설명을 들을 수 없는 것과 같은 상황인 거다.

그렇다면 이해상충을 해결해야 하는 상법의 자기거래 금지법에 따라 해결을 시도해 보자. 일단 이사회에서 2/3 이상 찬성을 받아 통과된 상황인데, 그 거래의 내용과 절차가 공정하지 않았다는 이유로 주주가 찬성한 이사들에 대해서 손해배상을 청구할 수 있을까? 아주 어렵다. 절차는 특별히 잘못된 것이 없고, '내용'이 '공정'하지 않다고 주장하기 어렵기 때문이다. 다시 위와 같은 불공정과 부당의 문제로 돌아가는 것이다. 법에서 만약 거래의 내용이 '전체 주주에게 공평해야 한다'라고 썼다면 확실히 해결될 수 있었을 것이다. 하지만 거래의 내용이 공정한지 아닌지를 보도록 되어 있으니 이런 이익충돌의 상황을 해결할 수 없게 된 것이다.

현실로 돌아와 한국 상위 대기업집단의 주주구성을 한 번 보자[84].

| | 기업집단 | 최상위회사 | 동일인 지분율 | 일반주주 지분율 (특수관계인 제외) |
|---|---|---|---|---|
| 1 | 삼성 | 삼성물산 | 17.97% | 66.53% |
| 2 | SK | 에스케이 | 17.50% | 74.01% |
| 3 | 현대차 | 현대자동차 | 2.0% | 70.62% |
| 4 | LG | 엘지 | 15.7% | 58.30% |
| 5 | 롯데 | 롯데지주 | 13.0% | 58.30% |
| 6 | 포스코 | 포스코홀딩스 | - | 100% |
| 7 | 한화 | 한화 | 22.65% | 56.39% |
| 8 | GS | 지에스 | 4.7% | 48.08% |
| 9 | 현대중공업 | HD현대 | 26.60% | 63.67% |
| 10 | 농협 | 농협금융지주 | 100% | - |
| 11 | 신세계 | 신세계 | 10.0% | 71.44% |
| 11 | 신세계 | 이마트 | 10.0% | 71.44% |
| 12 | KT | 케이티 | - | 100% |
| 13 | CJ | 씨제이 | 42.07% | 52.20% |
| 14 | 한진 | 한진칼 | 5.78% | 80.21% |
| 15 | 카카오 | 카카오 | 13.27% | 75.86% |

<표 07. 2023년 기준 우리나라 상위 15개 기업집단 최상위회사 지분 구성>

농협, 포스코나 KT와 같이 공기업에서 출발한 경우를 빼면, 우리나라 기업집단 중 절반은 최상위회사에 일반주주들이 상법상 (대표)이사 해임까지 가능한 2/3 이상의 지분율을 보유하고 있다. 나머지도 대부분 과반수가 일반주주들이다. 이런 회사들에서 모두 수많은 내부거래가 일상적으로 일어나고 있다. 게다가 자회사나 계열회사 중에 상장회사가 여럿 있어서 각각의 주주들이 모두 다르다. 정말 복잡하다! 그런데 공정거래법은 이렇게 복잡한 사람들 사이의 관계 중에서 '동일인'이라는 한 사람의 문제만 다루고 나머지는 모르쇠로 입을 꾹 닫고 있다. 사실 공정거래법은 원래 담합이나 독과점 같은 문제를 다루는 선생님이었으니, 주주 문제를 안 풀어준다고 뭐라고 할 수는 없다. 사실 다른 곳에 주주 문제를 풀어줘야 하는 선생님이 분명히 있다. 문제는 이 선생님이 최신 문제를 잘 풀지 못한다는 거다. 최신 트렌드를 따라가지 못해서 자꾸 실력에 의문이 생기는 이 선생님, 이 분에 대해서는 다음 장에서 조금 더 얘기해 보기로 하자.

## 핵심 개념 정리

**기업집단:** 지분관계 등으로 엮여 같은 경제적 이해관계를 갖는 여러 회사들을 말한다. 기업집단은 주로 회사의 사업이 늘어나면서 별도의 회사로 분할되거나 새로운 사업을 인수하는 방식으로 만들어진다. 기업집단 안에 있는 회사들을 서로 계열회사(affiliates)라고 하는데, 우리나라는 특이하게 사람을 기준으로 기업집단을 정의한다.

**동일인:** 우리나라에서 기업집단의 중심에 있는 한 사람을 공정거래법에서 부르는 말. 일반적으로는 '총수', '오너'와 같은 단어를 더 많이 쓰는데, 총수는 주로 군대와 같은 수직적 조직에서 쓰는 말이고, 오너는 지분이 100%가 아닌 주식회사에서 적절하지 않은 용어이니 일반주주에 대응하는 단어로 '지배주주'라고 정확히 쓰자. 여기에서의 '지배'는 control, 즉 실제로 주주총회에서 상당한 영향력을 행사할 수 있다는 의미이다.

**내부거래:** 기업집단 안에 있는 계열회사 또는 지배주주와 같은 특수관계인 사이의 거래. 주식시장에서 회사의 내부 정보를 알고 있는 사람이 주식을 사고 파는 것을 의미하는 '내부자거래'와 혼동하지 말자. 내부거래는 계열회사 사이에 서로 가격을 제대로 매기지 않아서 문제이기도 하지만, 거래에 따라 동일인과 같은 지배주주와 각 계열회사의 일반주주 사이에 이익과 손해가 충돌하는 문제가 더욱 크다.

## 12.
## 회사법의 3대 구멍, 이제 좀 그만!

그 선생님의 이름은 '회사법'이다. 최신 트렌드를 잘 따라가지 못하는 옛날 사람. 앞에서도 몇 번 썼지만 사실 정식 이름은 아니다. 정확히 우리나라 법전에 회사법이라는 이름은 없고, 상법의 한 부분인 회사편[85]을 보통 회사법이라고 부른다. 상장회사는 주식이라는 증권을 찍어서 대중에게 판 사람, 즉 발행인issuer으로서 자본시장법[86] 중 일부[87]가 적용되기 때문에 이 책에서는 이런 자본시장법의 일부까지 포함하는 뜻으로 회사법이라고 부르겠다.

'회사법' 선생님은 예전부터 구멍이 여러 개 난 옷을 입고 다녔다. 사실 다른 법 선생님들의 옷에도 구멍이 많지만, 특히 회사법 선생님의 옷에는 눈에 띄는 커다란 구멍이 세 개 있다. 예전부터 좀 꿰매 입으라는 얘기를 귀에 못이 박히게 들어왔는데, 무슨 고집인지 절대 꿰매지 않고 있는 그런 구멍들이 있다. 너무 흉하기도 하지만 뚫린 구멍으로 바람이 너무 많이 들어와서 이제 선생님이 큰 병에 걸릴 것 같다. 그래서 여기에서는 이 구멍 세 개를 여러분에게 정확히 알려 드리고 직접 가서 좀 꿰매 달라고 부탁드리려고 한다.

## 상장회사 합병에 쓰이는 한 달 평균법, 가장 크고 오래된 첫 번째 구멍

첫 번째 구멍은 허리에 있다. 뚫린 지 30년 정도 되었다. 사실 30년 전 '작은 구멍'이 났던 부분에 싸구려 패치를 적당히 붙여 놓았는데, 패치가 뜯어지면서 구멍이 훨씬 더 커져 버렸다. 그렇게 뜯어져 버린 구멍을 아무도 다시 꿰매거나 새로 천을 덧붙일 생각을 하지 않고 있다. 이 구멍은 이름도 있다. '한 달 평균법'이다. 「법무기」를 읽은 사람이라면 기억할 지도 모르겠다. 고급 1단계에서 쓰인 그 방법이다[88]. 이 책에서는 이제 한 걸음 더 들어가서 살펴보려고 한다. 먼저 이 구멍의 실제 모습을 한 번 살펴보자.

> **자본시장법 제165조의4(합병 등의 특례)**
> ① 주권상장법인은 다음 각 호의 어느 하나에 해당하는 행위(이하 이 조에서 "합병 등"이라 한다)를 하려면 대통령령으로 정하는 요건·방법 등의 기준에 따라야 한다.
> 1. 다른 법인과의 합병
> 2. 대통령령으로 정하는 중요한 영업 또는 자산의 양수 또는 양도
> 3. 주식의 포괄적 교환 또는 포괄적 이전
> 4. 분할 또는 분할합병

> **자본시장법 시행령 제176조의5(합병의 요건·방법 등)**
> ① 주권상장법인이 다른 법인과 합병하려는 경우에는 다음 각 호의 방법에 따라 산정한 합병가액에 따라야 한다. (생략)
> 1. 주권상장법인 간 합병의 경우에는 합병을 위한 이사회 결의일과 합병계약을 체결한 날 중 앞서는 날의 전일을 기산일로 한 다음 각 목의 종가를 산술평균한 가액("기준시가")을 기준으로 100분의 30(계열회사 간 합병의 경우에는 100분의 10)의 범위에서 할인 또는 할증한 가액. 이 경우 가목 및 나목의 평균종가는 종가를 거래량으로 가중산술평균하여 산정한다.
> 가. 최근 1개월간 평균종가. 다만, (이하 생략)
> 나. 최근 1주일간 평균종가
> 다. 최근일의 종가

다시 봐도 참 쉬운 방법이다. 합병을 결정한 날을 기준으로 ①전날의 종가, ②그 전 1주일 동안의 거래량 가중평균 주가, ③그 전 한 달 동안의 거래량 가중평균 주가를 합쳐서 3으로 나누고, 회사가 발행한 주식 전체의 수를 곱하면 합병에 필요한 그 회사의 가치가 나온다. 시장 주가에 대한 이렇게 강한 믿음이 있을까? 하지만 「법무기」를 읽은 여러분은 이미 주식시장의 주가가 그 기업의 실제 가치를 정확히 알려주지 않는다는 사실을 잘 알고 있다. 불공정거래나 주가조작(시세조종) 같은 불법이 오가는 혼탁한 시장이기 때문이라는 얘기는 아니다. 수박 하나와 한 조각의 예 말이다.

잠깐 수박의 예를 다시 생각해 보자. 여러분은 마트에서 속을 알 수 없는 수박이 맛있는지 판단하기 위해 여러가지 시도를 한다. 수박 꼭지의 모양을 보기도 하고, 두드려 보기도 하고, 모양이나 줄무늬를 보기도 한다. 물론 가게 주인에게 물어보기도 하지만 당연히 맛있다는 답이 나올 것이기 때문에 큰 도움은 되지 않을 것 같다. 어쨌든 확신이 들면 여러분은 수박을 산다. 이건 여러분이 주식을 사기 전에 하는 행동과 아주 비슷하다. 주식을 사기 전에 그 회사의 사업보고서 같은 공시 자료를 보고, 언론 기사를 살펴보고, 그 회사나 같은 업계의 회사에 다니는 친구에게 물어보기도 한다. 확신이 들면 여러분은 그 회사의 주식을 사게 될 것이다.

그런데 수박과 주식에 중요한 다른 점이 있다. 여러분이 수박은 한 통을 다 살 수 있지만 회사는 전체를 다 살 수 없다는 거다. 그러니 여러분이 주식을 사는 것은 언제나 수박 전체가 아니라 수박 한 조각을 사는 것과 같다. 문제는 회사는 좋지만 주식은 좋지 않을 수 있다는 것에 있다. 그렇기 때문에 여러분은 회사를 공부하고 분석하는 만큼, 회사의 주식도 분석하고 공부해야 한다! 회사는 돈을 잘 벌지만 주식을 가진 사람, 즉 주주에게는 돈을 많이 나눠주지 않을 수 있으니 말이다. 과일가게 사장님이 수박 한 조각을 잘라서 팔기 전에 단물을 쪽 뺐다면 큰 일이 생길텐데, 주식은 별 일이 생기지 않으니 잘 알아보는 수 밖에 없다.

[그림 29. 수박 한 통이 맛있어도 수박 한 조각은 맛없을 수 있는 것이 현실]

하지만 '한 달 평균법'은 수박 한 조각의 맛이 한 통의 맛과 같을 것이라고 철석같이 믿고 만든 법이다. 이 법은 두 회사가 합병을 할 때, 합병과 비슷하지만 법인을 합치지는 않는 포괄적 주식교환이라는 것을 할 때 모두 똑같이 적용된다. 그리고 여러분 중에는 '주식매수청구권'이라는 것이 있다는 사실을 아는 사람도 있을 것이다. 합병 같은 것을 할 때 반대하는 주주에게는 회사가 그 주식을 사 주도록 하는 제도다. 이 때 얼마에 주식을 사 주는지 결정할 때도 한 달 평균법이 적용될까? 아니다. 이 때는 '두 달 평균법'이다[89]. 두 달 평균법은 한 달 평균법과 계산 기간이 다른 것 외에도, 주주가 마음에 들지 않으면 법원에 다시 계산해 달라고 신청할 수 있는 정식 절차가 있다는 점에서 다르다. 지난 2015년 삼성물산과 제일모직의 합병 건에 관해서 2022년 대법원이 삼성물산의 반대주주 일부에게 회사에서 제시한 57,234원에서 66,602원으로 조금 가격을 올려 받도록 결정했는데[90], 바로 이런 차이 때문에 가능했다.

## 30년 전과 너무나 달라진 자본시장, 이제는 공정가치로 바꿔야

그런데, 한 달 평균법이든 두 달 평균법이든, 이건 너무나 쉽게 악용될 수 있는 커다란 법의 구멍이 되고 말았다. 두 회사가 합병할 때 주가로 기업가치를 결정하도록 한 이 방법이 30년 전에 왜 만들어졌는지는 「법무기」에서도 간단히 얘기한 적이 있다. 주식시장의 규모가 지금의 1/100 정도 밖에 되지 않고 회계나 기업 평가가 완벽하지 못했던 1990년대, 합병할 때 공정하고 투명하게 기업가치를 평가할 만한 여건이 되지 않는다는 '작은 구멍'이 있었다. 그래서 어쩔 수 없이 한 달이나 두 달 정도의 기간 동안의 주식시장의 가격으로 평가한다는 작은 천을 덧대어 만들었던 임시 패치가 바로 이 법이다.

하지만, 나에게 이익이 되는 행동을 하지 못하게 하는 법이 생기면 사람은 누구나 어떻게 할까? 불법이 아닌 한 그 법을 피해서 계속 이익을 내려고 할 것이다. 이건 인지상정人之常情이다! 그리고 그런 행동을 효과적으로 막는 것은 법을 만드는 사람의 몫이지 이익을 내려는 사람을 비난할 문제가 아니다. 「법무기」에서도 계속 강조하던 얘기다. 기업가치 평가를 하는 전문가에게 이렇게 저렇게 부탁을 해서 자신에게 유리한 평가 결과를 내도록 해 오던 사람들이 '한 달 평균법' 때문에 그렇게 하지 못하게 된 상황에서는 어떤 일이 벌어졌을까? 사람들은, 그 한 달 동안의 주가를 자신에게 유리하게 만드는 방법을 궁리하기 시작했다. 물론 시세조종이라는 불법이 아닌 한도에서 말이다. 그 중 가장 대표적인 방법은 '좋은 때'를 보는 것이었다.

코리아홀딩스와 버거코리아, 치킨코리아를 다시 생각해 보자. 코리아홀딩스의 버거코리아 지분은 30%, 코리아홀딩스의 30% 최대주주인 재원이 치킨코리아에 개인적으로 50% 지분을 갖고 있는 상황을 다시 기억해 보자. 버거코리아와 치킨코리아는 모두 100억 원으로 기업가치가 같다고 했지만, 주가가 항상 똑같이 움직이는 것은 아니다. 한 달 평균법에 의해 두 회사 중 어느 쪽의 주가가 더 높게 계산되면 누구에게 이익이 될까? 비슷한 계산을 「법무기」에서도 해 본 적이 있으니 숫자로 된 이익과 손해가 궁금한 사람은 그 부분을 참고해 보자[91]. 그 때는 예를 단순하게 하기 위해 배당을 많이 주면 기업가치가 높아진다는 가정을 했었다.

하지만 현실은 당연히 항상 그런 건 아니다. 회사의 경영 상황과 전망 이외에도 세계 경제와 우리나라의 경제 상황은 물론 회사나 경영 자체에 관한 것이 아닌 다른 수많은 요소에 의해 주가는 움직인다. 따라서 이런저런 이유로 버거코리아의 주가가 낮고 치킨코리아의 주가가 높은 때 두 회사가 합병을 하면 치킨코리아에 개인지분 50%를 갖고 있는 재원에게 이익이 된다. 이건 재원은 물론 누구나 쉽게 계산할 수 있다. 합병을 결정하는 것은 버거코리아의 사장과 치킨코리아의 사장이지만, 앞에서 보았듯이 두 회사는 모두 '코리아 그룹'의 계열회사, 즉 모두 재원이 '사실상' 의사결정을 하는 회사들이다. 즉, 두 회사의 합병 역시 재원이 사실상 결정할 수 있다. 그러면 재원은 '언제' 두 회사의 합병을 결정하려고 할까?

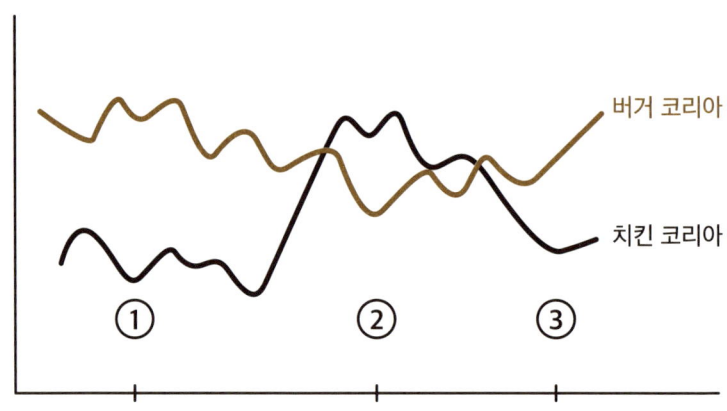

[그림 30. 재원은 버거코리아와 치킨코리아가 언제 합병하는 것을 원할까?]

간단한 문제다. 재원은 자신에게 가장 유리한, 즉 가장 이익이 되는 시기에 하고 싶어할 것이다. 다시 말하면 버거코리아의 주가에 비해 상대적으로 치킨코리아의 주가가 가장 높은 시기에 합병을 하려고 할 것이다. 합병 시기를 마음대로 결정하면 안 된다는 법이 없다면 말이다. 잘 상상이 안될 수도 있으니, 조금 극단적인 다른 예로 바꿔 보자. 코리아 그룹에 수영복 코리아와 패딩 코리아라는 두 계열회사가 있고 패딩 코리아에 재원의 개인 지분이 있다면, 재원은 누구나 패딩 코리아의 주가가 높아질 것으로 예상하는 겨울에 맞춰 두 회사를 합병하면 안 되는 걸까? 아니면 두 회사는 반드시 봄이나 가을에 합병해야 하는 것일까? 그런 법은, 당연히 어디에도 없다. 그러니 사람들은 '좋은 때'를 찾기 시작했다. 적당히 붙여 놓았던 임시 패치 옆으로 더 큰 구멍이 생기기 시작한 것이다. 너무 커져서 손도 대기 어려워진 이 구멍의 이름은 이렇다.

'상장해서 주가가 나에게 가장 이익이 될 때 합병하면 유효하다. 게다가 법원이 강력하게 보호도 해 준다.'

한 달 평균법 역시, 서로 공통 이해관계 있는 대주주가 없고 주주가 분산된 4단계 주식회사끼리 합병하는 경우였다면 별 문제가 없었을 것이다. 하지만 우리나라 회사는 대부분 지배주주가 있는 3단계에 있다. 게다가 지배주주가 같은 계열회사 사이에서 합병하는 것이 절대 다수다. 그러니 지배주주 역시 당연히 자신에게 가장 이익이 되는 비율로 합병하려는 유인이 있는데, 이것을 법이 막지 않고 있는 것뿐이다.

## 두 번째 구멍, 거래의 상대방도
## 우리 회사에서 투표할 수 있다니

두 번째 구멍으로 넘어가 보자. 이 구멍은 겉으로 보아서는 잘 보이지 않는다. 분명히 외투를 입었는데 찬 바람이 어디서 술술 들어오나 했더니 멀쩡해 보이는 주머니 속에 구멍이 뚫려 있는 걸 알아차렸다. 위치는 첫 번째 구멍 바로 옆이다.

앞에서는 버거코리아와 치킨코리아, 즉 자회사끼리의 합병을 생각해 봤는데, 여기에서는 모회사인 코리아홀딩스와 자회사인 버거코리아가 합병하는 상황을 생각해 보자. 버거코리아의 최대주주는 재원이 개인 최대주주로 있는 코리아홀딩스이니, 역시 재원이 코리아홀딩스와 버거코리아의 합병을 사실상 결정하는 사람이다. 재원은 '한 달 평균법'에 따라 코리아홀딩스와 버거코리아의 주가에 따른 합병 비율을 매일 계산해 보다가 자신에게 가장 이익이 되는 '시기', 즉 버거코리아의 주가가 상대적으로 많이 떨어졌을 때 두 회사를 합병하자는 안건을 코리아홀딩스와 버거코리아의 이사회에 올려서 통과시켰다. 그리고 최종 승인을 받기 위해 주주총회에 올렸다. 상법에 따라 두 회사 모두 주주총회 출석 지분의 2/3 이상(그리고 전체 지분의 1/3 이상) 찬성을 받아야 하는 상황이다.

쉬운 쪽부터 보자. 코리아홀딩스는 재원의 지분율이 30% 밖에 되지 않지만 이렇게 주가가 높은 시기에 합병한다면 재원을 포함한 모든 주주가 이익이다. 합병된 회사에서 버거코리아 주주들보다 많은 지분을 갖게 되기 때문이다. 이번 합병 건은 주주총회에서 압도적인 찬성을 받게 될 거

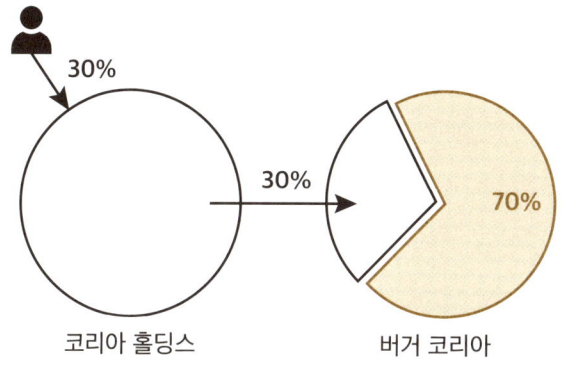

[그림 31. 지주회사 코리아홀딩스와 자회사 버거코리아의 합병]

다. 다음으로 자회사인 버거코리아를 보자. 버거코리아 주주라면 누구나 버거코리아의 주가가 코리아홀딩스보다 상대적으로 낮을 때 합병한다는 것이 어떤 의미인지 잘 알고 있다. 합병한 후 지분율 손해를 본다는 뜻이다! 여기에 찬성할 리가 없다. 하지만 버거코리아의 주주 중 코리아홀딩스는 다르다. 스스로 합병되는 회사이니 다른 주주들과 이해관계가 다르다. 다른 주주들이 손해를 볼 때 코리아홀딩스는 이익을 본다. 따라서 코리아홀딩스는 찬성표를 던질 것이다.

그런데 버거코리아에 대한 코리아홀딩스의 지분율이 30% 밖에 되지 않으니 좀 아슬아슬하다. 주주총회에 전체 지분 중 73%가 출석한다면 아직 출석 지분의 2/3 (49%)까지는 19%나 더 필요하다. 만약 일반주주들이 주주총회에 더 많이 출석한다면 더욱 어려워진다. 주주총회 출석률이 85%까지 올라가면 출석 지분의 2/3 (57%)까지 무려 27%의 주주가 더 동의해 줘야 한다. 그런데, 앞에서 얘기한 것처럼 버거코리아의 주주총회에서는 모회사 코리아홀딩스와 다른 일반주주 사이에 이익과 손해가 엇갈리는 상황이다. 따라서 버거코리아 주주총회에서는 이 '시기'에 치킨코리아와 합병하자는 안건이 통과될 지 장담할 수 없다. 그런데 조금 이상하다. 합병을 결정하는 버거코리아의 주주총회에 합병하면 바로 이익이 되는 합병 상대방이 들어와서 투표를 해도 되는 건가? 마침 우리 상법에는 이런 상황에 적용될 법한 조항이 하나 있다.

> **상법 제368조(총회의 결의방법과 의결권의 행사)**
> ③총회의 결의에 관하여 **특별한 이해관계**가 있는 자는 의결권을 행사하지 못한다.
>
> ----------
>
> **상법 제391조(이사회의 결의방법)**
> ③**제368조제3항** 및 제371조제2항의 규정은 제1항의 경우에 이를 준용한다.

앞의 것은 주주총회에 관한 것이고, 뒤는 이사회의 결의에 적용되는 것이다. '준용'이라는 말은 하이퍼링크가 없고 종이를 아껴야 하던 시절에 법이 같은 말을 반복하지 않기 위해 쓰던 용어다. 앞에 나온 내용을 여기에 똑같이 적용하라는 뜻이다. 즉, '특별한 이해관계' 있는 사람은 주주총회에서나 이사회에서나 의결권을 행사할 수 없다는 거다. 자, 여기에서 도대체 '특별한 이해관계'란 뭘까? 일단 우리가 아는 범위에서 바라보면, 이런 조항은 회사에서 '이해상충', 즉 이익의 충돌, 더 쉽게 말하면 이익과 손해가 엇갈리는 상황에서 필요할 것 같다는 생각이 든다. '특별한 이해관계'라는 문구도 왠지 그래 보인다. 과연 그럴까?

## 이해충돌 있는 주주나 이사는
## 투표하지 못하는 것이 맞다

아주 짧게 이론적인 논의를 소개해 본다. 학설이란 어려운 말을 더 어려운 말로 풀이하는 재주가 있다는 점, 미리 양해를 구한다. 첫 번째 견해는, 특별한 이해관계란 법률상 이해관계를 말하는 것이라고 한다. 그러면 법률상 이해관계란 또 뭐냐는 의문이 생기는데, 그건 주주총회 결의로 바로 권리나 의무가 생기는 경우를 말한다고 한다. 두 번째 견해는, 특별한 이해관계란 특정 주주에 대한 개인적 이해관계라고 한다. 이 견해에 따르면 또다시 개인적 이해관계가 뭔지 설명되어야 하는데, 친절하게 설명해 주는 책은 없고 보통 그냥 개인적인 이익이면 다 해당한다고 보는 것 같다. 세 번째 견해도 있다. 개인적 이해관계, 즉 개인적 이익 중에서도 회사의 주주로서 갖는 이익은 빼고 진짜 순수한 개인적인 이익만 여기에서의 특별한 이해관계라고 본다는 의견이다. 정리하면 아래와 같다.

- 주주가 투표하지 못하는 '특별한 이해관계'란?
    1. 개인에게 권리나 의무가 생기는 경우는 모두
    2. 개인적 이익이 생기는 경우
    3. 개인적 이익 중 주주로서의 이익은 빼고

자, 여러분은 이 세 가지 의견 중에 어떤 것이 가장 끌리는가? 첫 번째가 가장 넓게 보는 것이고 두 번째, 세 번째로 갈 수록 주주나 이사가 의결권을 행사하지 못하게 하는 범위가 좁아지는 것이다. 여러분은 어떤 경우까지 주주총회에서 주주가 한 표를 행사하지 못하도록 해야 한다고 생각하는가?

우리가 여기에서 학술적 논의를 하자는 것은 아니니, 조금 쉽게 생각해 보자. 학교 때 회장 선거를 떠올려 보자. 후보로 나선 학생도 분명히 한 표를 행사했다. 자신이 가장 회장을 잘 할 수 있다며 회장 후보로 나온 것이니 투표를 하지 않는 것이 더 이상하다. 좋은 사람이 회장이 되는 것은 모두에게 좋은 일이고, 이익과 손해가 엇갈리는 투표는 아니다. 이번엔 어떤 학교가 폐교를 하고 다른 학교와 합치는 안건에 대해 폐교 대상 학생 전체가 투표를 하게 되었다고 생각해 보자. 그런데 학생들 중 몇 명은 통합과 무관하게 이미 합쳐지는 학교로 전학이 확정되어 있었다. 그 학생들도 폐교 안건에 대해 투표를 하도록 하는 것이 맞을까? 또는 어떤 학생에게만 급식에 더 좋은 반찬을 내도록 하는 안건에 대해 대상 학생이 투표를 하는 경우는 어떤가?

| 사안 | 이해관계 | 투표 금지 여부 |
|---|---|---|
| 학급 회장 선출 | 회장 후보자 | 허용 |
| 폐교 후 A학교와 통합 | A학교로 전학 확정된 학생 | ? |
| B 학생에게 더 좋은 급식 | B 학생 자신 | ? |

<표 08. 안건과 이해관계에 따라 투표할 수 있는지 생각해 보자>

특별한 이해관계인지, 법률상 이해관계인지, 아니면 개인적 이해관계인지, 회사나 학교와 무관한 개인적 이해관계인지 비슷비슷한 용어들을 따

지는 것은 쉽지 않다. 하지만 기준을 조금 바꿔 보면 꽤 쉬워진다. 회사나 학교의 이익과 그 사람의 이익이 같은가, 다른가? 또는 그 사람과 회사나 학교에 속해 있는 다른 사람들이 공통으로 이익이 되는 안건인가, 아니면 그 사람만 이익이 되고 다른 사람은 전혀 이익이 없거나 또는 손해가 되는 안건인가? 이렇게 바꿔서 생각해 보면 은근히 쉽다. 앞에서 생각해 본 문제들을 하나하나 맞춰 보자.

먼저 폐교 투표 사례. 이미 합칠 학교로 전학하기로 확정되어 있는 학생들은 폐교 결정 중인 학교에 남은 학생들과 이익이 다르다. 이미 합칠 학교 쪽으로 이사를 했을 수도 있고, 다른 준비를 마쳤을 수도 있다. 그러니 폐교 투표에서는 빠지는 것이 맞다. 한 학생에게 더 좋은 급식을 줄 지를 결정하는 안건이라면 더 명확하다. 혼자만 이익을 받는 그 학생은 투표에서 빠져야 한다. 물론 그 안건이 통과되도록 다른 학생들을 설득하기 위한 주장은 할 수 있을 것이다. 부모가 학교에 기부를 했다던지, 집안 사정이 어려워 집에서는 식사를 제대로 할 수 없어서 학교에서 잘 먹어야 한다던지 하는 사정이 있을 수 있으니 말이다.

그러면 이제 현실 회사의 주주총회에서 결정하는 안건으로 돌아와 보자. 가장 쉬운 것부터, 주주인데 이사 후보가 된 사람이 있는 경우를 생각해 보자. 학교 회장 후보의 예와 비슷하다. 이 사람은 주주총회에서 자기가 갖고 있는 지분만큼 의결권을 행사해도 될까? 아무 문제가 없을 것이다. 이사가 되는 것이 개인적 이익을 위한 것은 아니고, 누가 이사가 되는 일 자체가 회사나 다른 주주에게 손해가 되는 일은 아니기 때문이다. 조금 난이도를 올려 보자. 이렇게 이사가 된 주주가 주주총회에서 자신이

| 사안 | 이해관계 | 투표 금지 여부 |
|---|---|---|
| 학급 회장 선출 | 회장 후보자 | 허용 |
| 폐교 후 A학교와 통합 | A학교로 전학 확정된 학생 | 금지 |
| B 학생에게 더 좋은 급식 | B 학생 자신 | 금지 |

<표 09. 이해관계가 충돌할 때에는 권리 행사를 할 수 없는 것이 맞다>

포함된 이사 보수 한도를 정하는데 의결권을 행사할 수 있을까? 학교에서 B 학생에게 더 좋은 급식을 줄 지의 문제와 비슷하다. 깊게 생각해 볼 필요도 없이 의결권을 행사할 수 없어야 한다. 그런데 최근 한 연구에 따르면 지난 2020년부터 2023년까지 상장회사의 주주총회에서 이사 보수 한도 안건이 722번 있었는데 스스로 이사인 주주의 의결권을 제한한 경우는 고작 네 번 뿐이었다고 한다[92]. 사실 현실은 이렇다.

그러면 다음 문제다. 회사가 다른 사람에게 회사의 중요한 사업을 팔려고 하는데 팔려는 상대방이 회사의 주주다. 그렇다면 그 주주는 회사가 사업을 팔 지를 결정하는 주주총회에서 의결권을 행사해도 괜찮을까? 물론 회사가 비싸게 팔면 좋은 것이고 싸게 팔면 상대방이 좋은 일이라고 할 수도 있겠지만, 일단 물건을 사고 파는데 양쪽 협상에 모두 들어간다는 것 자체가 좀 이상하다. 이런 것을 '영업양도'라고 하는데, 이 때는 사업을 사려고 하는 주주는 주주총회에서 의결권을 행사할 수 없도록 하는 것이 맞을 것 같다. 학계에서도 대부분 그렇게 본다. 거래라는 것은 이익과 손해가 엇갈리기 쉬운 것인데 사는 사람이 파는 사람 쪽에서도 결정권을 갖고 있을 수는 없는 것이니 상식에 맞는다.

| 사안 | 이해관계 | 투표 금지 여부 |
|---|---|---|
| 이사 선출 | 주주가 이사 후보가 됨 | 허용 |
| 이사 보수 한도 결정 | 이사로 선출된 주주 | 금지 |
| 영업양도 | 주주가 영업양도의 상대방 | 금지 |

<표 10. 주주총회에서 주주의 의결권 행사가 금지되는 이해관계는?>

## 모회사와 자회사 사이의 합병에서 모회사도 의결권을 행사한다

여기까지 오느라 수고가 많았다. 이제 난이도를 약간만 더 올려서 이제 실제 현실에서 문제가 되는 두 번째 구멍에 관한 문제를 풀어 보자. 사실 이 문제를 생각해 보기 위해 지금껏 길게 얘기를 했다. 문제 나간다. 버거코리아가 자신의 30% 주주인 코리아홀딩스와 합병을 할 지 말 지 결정할 때, 코리아홀딩스는 버거코리아의 주주총회에 출석해서 의결권을 행사할 수 있을까? 바로 앞에서 본 '영업양도'와 비슷한 것 같다. 합병은 보통 돈을 받는 것이 아니라 버거코리아의 주주들이 주식을 코리아홀딩스 주식으로 바꿔서 받는 것이 다를 뿐 버거코리아의 사업 전체를 파는 것과 비슷하다. 방법이야 어찌 되었든 버거코리아 전체를 사기로 결정한 코리아홀딩스이니 상대방인 버거코리아의 주주총회에 참석한다면 당연히 찬성표를 던지지 않을까? 마치 폐교 후 다른 학교와 합칠 것인지 결정하는 학생들 중 몇 명은 이미 그 학교로 전학이 확정되어 있는 경우와 같다. 이미 옮기기로 정해져서 마음은 그 학교에 가 있는 사람과 남아 있는 사람 사이에는 이익과 손해가 엇갈린다. 이해관계가 다르다. 이익충돌이 생긴다.

회사의 합병도 마찬가지다. 30% 지분을 가진 코리아홀딩스가 버거코리아의 주주총회에서 의결권을 행사할 수 있느냐 없느냐의 문제는 아주 크다. 코리아홀딩스의 의결권이 없다고 본다면 나머지 주주들 중 출석 지분의 2/3 이상이 찬성해야 한다. 평균 73% 출석하는 상장회사의 주주총회라면 코리아홀딩스를 뺀 나머지 일반주주 29%가 찬성해야만 통과된다. 앞에서 코리아홀딩스를 포함해서 계산할 때는 일반주주 19%만 동의하면 합병 안건이 통과될 수 있었던 것과 비교해 보자. 주주총회에서 10% 찬성을 추가로 받는 일은 결코 쉬운 일이 아니다. 특히 코리아홀딩스의 주가가 높고 버거코리아의 주가가 낮은 상태라면 버거코리아의 일반주주는 합병을 통해 아주 좋은 일 (보통 '시너지'라고 한다)이 생기지 않는 한 찬성할 이유가 없기 때문이다. 하지만, 이제 집중하자. 왜 여기가 구멍인지 알려 드린다. 우리나라의 법 해석으로는 합병할 때는 합병 상대방인 주주도 주주총회에서 의결권을 행사할 수 있다. 이상하지만 영업양도할 때와는 다르게 보는 것이 다수의 견해이고 실제 우리나라의 모든 주식회사에서 이루어지고 있는 실무다.

| 사안 | 이해관계 | 투표 금지 여부 |
|---|---|---|
| 이사 선출 | 주주가 이사 후보가 됨 | 허용 |
| 이사 보수 한도 결정 | 이사로 선출된 주주 | 금지 |
| 영업양도 | 주주가 영업양도의 상대방 | 금지 |
| 합병 | 주주가 합병의 상대방 | **허용** |

<표 11. 합병 주주총회에서 상대방의 의결권 행사가 허용되어야 하나?>

그렇다면, 두 번째 구멍의 모습은 아래와 같이 정리할 수 있다. 특히 이 두 번째 구멍은 첫 번째 구멍과 합쳐졌을 때 문제가 더욱 심각해진다 (옷이 아예 찢어질 것 같다)[93].

'합병을 결정할 때 상대방 회사가 주주인 경우
그 합병 상대방 회사도 주주총회에서 의결권을 행사한다.'

이런 두 번째 구멍과 같이 너무 분명한 이해충돌이 있을 때, 외국에서는 MoM Majority of Minority이라는 방식으로 결정하곤 한다. 이것은 소수주주의 다수결이라는 뜻으로써, 합병을 하면 당연히 좋은 이해관계가 있는 주주들은 주주총회 결의에서 빠지는 방식이다. 그리고 이해관계가 없는 나머지 주주들이 합병을 할 지에 대해 결의를 해 줘야 합병할 수 있게 해 주는 것이다.

## 자기주식을 자산으로 활용,
## 최악의 세 번째 구멍

자, 이제 세 번째 구멍이다. 이 구멍은 보이지 않는다. 유령 같다. 분명히 찬 바람이 숭숭 들어오고 있는데 옷에는 어디에도 구멍이 없어 보인다. 법 문구에는 별 얘기가 없고 해석과 판례로 생기는 구멍이어서 이렇게 비유해 봤다. 「법무기」 중급 2단계[94]에서 보았던 '자기주식'에 관한 이야기다. 그 때는 자기주식을 갖고 있다가 백기사 white night로 불리는 친구에게 넘겨서 경영권 방어를 하는 방법[95], 인적분할로 지주회사를 만들 때 자기주식을 한 쪽에 몰아서 (자기주식에도 분할되는 회사가 새로 발행하는 주식을 배정해서) 지주회사 전환 후 지배주주의 영향력을 높이는 소위 '자사주의 마법'[96] 등에서 자기주식이 활용되었다는 이야기를 한 적이 있다.

여기에서는 한 걸음 더 들어가서, 분명히 '회사 돈'으로 산 자기주식이 어떻게 이렇게 지배주주의 이익을 위해 쓰일 수 있게 되었는지에 대한 근본적인 이야기를 하려고 한다. 어떤 사람은 시급히 막아야 하는 구멍이라고 하지만, 또 어떤 사람은 한국의 현실에서 회사라는 몸이 숨을 쉬려면 이 정도의 공기 통로는 있어야 한다고 말하기도 한다. 법과 회계가 오가는 문제여서 조금 어려울 수 있지만 끝까지 따라가 보자.

증권과 자기주식의 기초를 복습하면서 시작해 보자. 주식은 증권이고, 증권은 종이에 권리와 의무를 적어 두고 그 종이를 갖고 있는 사람이 그 권리와 의무를 갖게 해 둔 제도다. 증권을 처음으로 만들어 판 사람이 다시 그 증권을 갖게 되어도 자동으로 권리와 의무가 사라지지 않지만, 증권을 찢어 버리면 (소각하면) 없어진다. 주식은 조금 복잡한 종합 상품권이라고 할 수 있는데, 주식을 발행한 회사가 다시 주식을 갖게 되면 이런 저런 문제가 있어서 주식에 적힌 가장 대표적인 권리인 '의결권'과 '배당권'은 물론 모든 권리를 정지시킨다. 주식을 냉동실에 넣어 놓았다고 생각하면 편하다. 여기까지가 법에 적혀 있는 자기주식에 대한 내용이다.

하지만 법에는 이렇게 다시 사들인 자기주식을 어떻게 취급할 것인지에 대해 나와 있지 않다. 여기에 대해서 크게 두 가지 이론적 견해가 있다. 첫 번째는 자기주식도 회사가 돈을 받고 다른 사람에게 팔았던 다른 물건과 같다고 생각하는 것이다. 업무용 책상을 중고로 팔았다가 다시 어찌 저찌하여 그 책상을 다시 사 왔다면, 그걸 다시 팔 때도 그냥 사장이 알아서 팔면 된다. 자기주식도 기본적으로 같다고 보는 이런 생각을 '자산설'이라고 한다. 두 번째로는 주식이란 것은 회사가 갖고 있던 물건이 아니라 자본금, 즉 다시는 돌려주지 않기로 약속하고 받았던 돈에 대한 증표로 적어 줬던 것인데 예외적으로 다시 돌려주면서 그 증표도 다시 돌려받은 것이니 다른 물건과는 다르고 그만큼 자본금이 없어진 것으로 취급해야 한다는 생각이다. 이건 '미발행주식설'이라고 한다.

뭐가 맞을까? 우리나라는 물론 세계적으로 회계 원칙은 2번 미발행주식설이다. 회사가 자기주식을 사오면 자본에서 뺀다. 그런데 우리나라의 법원은 1번 자산설을 전제로 판결을 내려 왔다. 이게 무슨 얘긴가! 머리가 점점 복잡해지는 김에 어려운 얘기를 좀 더 해 보자. 자기주식을 사들이면 회사 밖으로 돈이 나가는데, 회계에서는 물건이 아니라 자본금이 빠져나간 것이니 자본 계정에서 사들인 자기주식 액수 만큼을 빼라고 한다. 법은 물건과 같다고 하니 다른 주식들 같이 자산 계정에 넣어야 할 것 같은데 회사의 재무제표에는 자기주식을 넣을 계정이 없다. 사실 그 밖에도 재무에서도 세무에서도 자기주식은 맞지 않는 것 투성이다.

어떻게 같은 사실을 이렇게까지 다르게 볼 수 있을까? 법과 회계가 따로 놀 수 있는 건가? 아니다. 사실 대부분의 사람들은 두 번째 '미발행주식설'이 이치에 맞는다는 사실을 잘 알고 있다. 회사가 발행한 주식이란 그 회사의 자본금을 받고 대신 써 준 증서일 뿐이고 그 증서가 다시 회사로 돌아오는 대가로 준 돈은 당연히 자본금에서 빼는 것이 맞다. 그런데 왜 이런 자기주식을 다른 물건과 같이 취급해야 한다는 의견이 있는 걸까? 자산설의 지지자들은 자기주식이 실제로 물건과 같은 자산의 성격이 있다는 근거를 잘 말하지 않는다. 자기주식을 경영권 방어에 쓸 수 있도록 해 줘야 한다는 정책적 이유를 주로 내세운다[97]. 그런데 오히려 그런 이유라면 정말 그런지 잘 생각해 볼 필요가 있다. 실제로 돈의 세계는 큰 놈이 많이 유리하다. 프로 스포츠에서는 스몰 마켓 팀이 가끔 우승하는 경우가 있지만, 회사를 두고 경쟁이 붙었을 때 몇 배, 몇 십 배 많은 돈을 가진 공격자를 이길 수 있는 경우는 매우 드물다. 그리고 돈 싸움이라면 우리나라 자본이 불리한 것도 사실이다. 자본주의를 시작한 지 얼마 되지 않는 우리나라보다 자본 축적의 역사가 오래된 미국이나 유럽에 쌓여 있는 돈이 훨씬 많기 때문이다. 또 회사를 인수해서 배당이나 감자 (자본감소) 등을 통해 돈을 가져간 후 되팔아서 큰 수익을 내는 투자 기법도 흔히 볼 수 있는 것이 맞다. 그렇다면 이제 생각할 문제는 이거다. 이런 사실들 때문에 주주들 사이에 지분 경쟁을 하게 되었을 때 현재의 최대주주에게 자기주식이라는 덤을 얹어 주는 것이 맞다고 할 수 있을까? 더 쉽게, 회사 돈으로 방어자에게 어드밴티지를 줘도 괜찮은 걸까?

## 이론은 어렵지만 회사 돈으로
## 샀다는 것만 잊지 말자

2024년 1월 30일, 정부가 자기주식 문제에 대한 대책을 내어 놓았다[98]. 회사가 인적분할할 때 자기주식에 신주를 배정하는 문제에 대해서만 콕 집어서 금지하는 방안이었다. 하지만 자기주식을 그대로 갖고 있는 것, 회계 원칙과 맞지 않는 것, 무엇보다도 제3자에게 팔거나 다른 주식과 바꾸는 방식으로 기존 지배주주가 자신의 돈을 들이지 않고 지분율을 올리는 효과를 거두는 것과 같이 더 중요한 문제에 대해서는 공시 이외의 대책이 없었다. 공시는 시장에 맡기겠다는 의미다. 하지만 이런 자사주 활용과 같은 문제에 시장이 반응한 것이 저평가이고 코리아 디스카운트다. 불완전한 시장에서 공시는 일반주주를 보호하고 밸류업하는 방법이 아니다.

그러는 와중에 우리나라 상장회사들의 자기주식 보유는 계속 증가하고 있다. 전경련 2023년 5월 조사에 따르면 코스피 상장사들은 평균 4.36%의 자기주식을 보유하고 있고, 매출 상위 100개 기업 보유 비율은 이보다 높은 평균 4.96%라고 한다. 무려 30% 이상의 자기주식을 보유한 회사도 많다.

자기주식 문제는 우리나라 기업 거버넌스에 관한 거의 모든 문제가 얽혀 있다고 보아도 과언이 아닐 만큼 복잡하다. 법과 회계의 불일치, 경영권 방어의 필요성과 수단, 거수기 이사회, 시가총액 과대평가, M&A의 순기능과 역기능 등 자기주식이라는 판도라의 상자를 여는 순간 왠만한 전문성이 없으면 손도 대지 못할 경영학, 법학, 경제학의 난제들이 정신 없이 튀어 나온다. 게다가 이런 문제들은 대부분 전세계에서 대한민국에만 특이하게 있는 것이어서 외국의 이론과 사례로 해결하기 어렵다.

다만 한 가지 쉽고 확실한 것이 있으니, 자기주식은 바로 '회사 돈'이 들어간 것이라는 사실이다. 회사 돈이 들어간 어떤 것을 - 그게 자본 차감이든 자산 취득이든 - 특정 주주의 경영권 방어를 위해 쓸 수는 없다. 이것

하나만은 전세계 어느 나라에서도 예외 없이 공통일 것이다.

우리 정부와 법원은 1997년 IMF 외환위기와 2008년 글로벌 금융위기를 거치며 지배주주에게 경영권 방어를 위한 '덤'을 허용해 왔다. 법원은 자기주식을 회사의 다른 자산처럼 처분할 수 있다고 보아 왔고, 2010년 대법원도 이런 법리를 전제로 판결했다. 2011년 개정 상법에서는 자기주식을 처분할 때 신주 발행과 같은 일반주주 보호 절차를 추가하는 내용이 생략되었다. 이러한 정부와 법원의 정책에는 일종의 두려움이 깔려 있었던 것 같다. IMF 직후인 1999년, 준비 없이 완전 개방된 주식시장에 대규모 외국 자본이 들어와 자본주의 역사가 오래된 선진국과 같은 원칙적인 기업 거버넌스를 주장했을 때, 그리고 2008년 리먼 사태 당시 글로벌 시장경제의 붕괴가 우려되었을 때, 규모가 작고 개방성이 높은 우리 경제를 보호하기 위해 정부가 우리 기업의 지배주주들에게 어느 정도의 '당부'를 하는 손짓으로 이러한 '덤'을 준 것을 이해하지 못할 바는 아니다.

하지만 2024년이 된 지금, 대한민국은 IMF 때의 개발도상국이 아니다. 2008년 글로벌 금융위기 때에도 이미 주식시장을 통한 눈에 띄는 외국 자본의 공격은 없었다. 지금 우리 경제와 자본시장의 규모는 선진국으로 인정받고 있으며, 대등한 당사자로서 경쟁과 거래가 이루어지고 있음을 누구나 알고 있다. 한편 지난 25년 동안 한국 대기업은 대부분 지주회사로 전환하였고, 지배주주들은 지주회사에 대해서 평균 40% 넘는 지분을 보유하고 있다. 비지주회사를 포함한 그룹 전체에 대한 평균 내부 지분율은 이미 60%를 넘었다. 이 정도의 높은 지분율이라면 누구나 현실에 안주하고 독단에 빠지기 쉽다. 오히려 기업이 활력을 유지하기 위해 지분 경쟁을 촉진시켜야 하는 구조와 상황일 수 있는데, 계속 지배주주에게 회사 돈으로 취득한 '덤'을 추가로 인정해야 할 지에 대해서는 진지하게 생각해 봐야 할 일이다.

이런 문제들에 대한 해결 방법은 뒤에서 다시 이야기할 것이니, 일단 이 세 번째 구멍의 모습을 아래와 같이 정리해 보자.

'지분율이 낮아 불안하면 회사 돈으로 자기주식을 취득하라. 사실상의 지분율을 높이는 효과도 있고, 유사시에 나를 지지하는 제3자에게 팔아 활용할 수도 있다. 의무소각은 아직 한국에서 수용하기 어려울 것이다.'

여기까지 우리 회사법에서 건강한 기업 거버넌스의 발전을 가로막고 있는 대표적인 문제적 법규인 합병 한 달 평균법, 특별한 이해관계법, 그리고 자기주식법에 대해 조금 길게 살펴보았다. 회사법의 3대 구멍이라 이름 붙인 이 세 가지에는 공통점이 있다. 합리적인 토론을 막는다는 거다. 이런 법들 때문에 합병하는 두 회사의 가치에 대한 토론, 이해충돌 상황에서의 주주들 사이에서의 토론, 주주들 사이에서 경쟁이 벌어졌을 때 누가 회사를 더 잘 경영할 것인지에 대한 일반주주들 사이의 치열한 토론을 할 수가 없다. 토론이 없으니 법의 발전도 없고, 법의 발전이 없으니 문제가 해결되지 않는 악순환, 이제는 좀 끊어야 하지 않을까?

어린이 도서 중 '살아남기' 시리즈라는 것이 있다. 무인도에서 살아남기, 공룡세계에서 살아남기 등 만화로 어린이들에게 재미있게 과학 상식을 설명해 주는 베스트셀러다. 이제 1400만 명이 넘은 우리나라의 일반주주, 개인투자자들, 심지어 기관투자자들도 우리 주식시장에서 잘 살아남고 있을까? 회사 실적과 시장 공부하기도 바쁜데 지뢰밭 같이 여기 저기에 거버넌스 폭탄이 숨겨져 있는 대한민국의 주식시장에서 살아남기란 정말 쉽지 않다. 오죽하면 700조 원이 넘는 돈을 굴리는 영국 기관 투자자의 아시아 담당자가 한국의 기업 거버넌스에 대해서 "한국, 이제 좀 그만 South Korea - Enough Is Enough!"이라고 절규했을까[99].

지금까지 코리아 프리미엄으로 가는 길에 있는 가장 험한 언덕 세 개를 넘느라 수고하셨다. 마음이 좀 답답하겠지만, 언젠가는 해결될 수밖에 없는 문제다. 한 칼에 해결될 수도 있다. 사실 황금 열쇠가 있으니 이제 마음을 좀 편하게 갖자. 다음 Level부터는 다가올 코리아 프리미엄 시대를 미리 여행할 것이기 때문이다. 각자 어떻게 준비해야 할지 즐거운 상상을 해 보자. 이제 때가 오고 있다.

## 핵심 개념 정리

- **우리 회사법의 3대 구멍**

1. **합병할 때 한 달 평균법으로 기업가치 계산하기:** 30년 전 객관적인 기업평가가 어려웠을 때 생긴 법이지만, 계열회사 사이의 합병이 절대 다수인 한국의 현실에서는 오히려 상장회사에서 특정 주주에게 유리하게 합병하는 사례가 빈번하게 발생하고 있다. 이제 다양한 방법으로 공정한 가치를 찾도록 해야 할 때다.

2. **의결권 행사 못하는 특별이해관계자를 아주 좁게 보기** (이해충돌 있는 주주도 의결권 행사할 수 있게 하기): 계열회사 사이의 합병이나 내부거래, 보수 한도 등은 지배주주가 사실상 결정하는 사안이고 일반주주와 이해관계가 충돌함에도 불구하고 지배주주가 주주총회에서 의결권을 행사할 수 있게 하고 있어 일반주주가 손해를 보는 경우가 많다. 이해충돌이 있으면 의결권 행사는 하지 못하도록 하는 것이 맞다.

3. **자기주식을 자산으로 보기:** 자기주식(자사주)은 의결권과 배당권이 없음은 물론 주주로서 아무런 권리가 없는 주식이다. 그런데 회사 돈이 들어간 자기주식(자사주)를 자산으로 보아 지주회사를 만들면서 인적분할시 분할되는 회사의 신주를 배정하거나, 회사의 다른 자산과 똑같이 보아 이사회가 임의로 제3자에게 물건처럼 처분하면서 기존 주주의 비례적 권리를 보장하고 있는 회사법의 규제를 피해 왔다.

Level 9.

# 금세 다가올
# 코리아 프리미엄 시대

# 13.
# 일본이 날아간다

2024년 1월, 한 해를 여는 한국과 일본의 대표적인 주가지수, KOSPI와 NIKKEI가 마치 악어처럼 입을 크게 벌렸다.

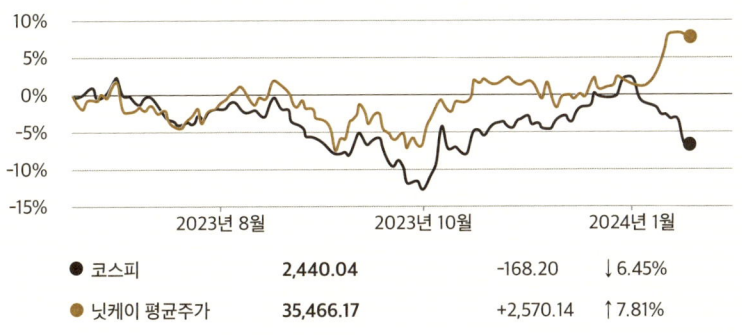

[그림 32. 지난 6개월 동안 한국과 일본의 주가 흐름]

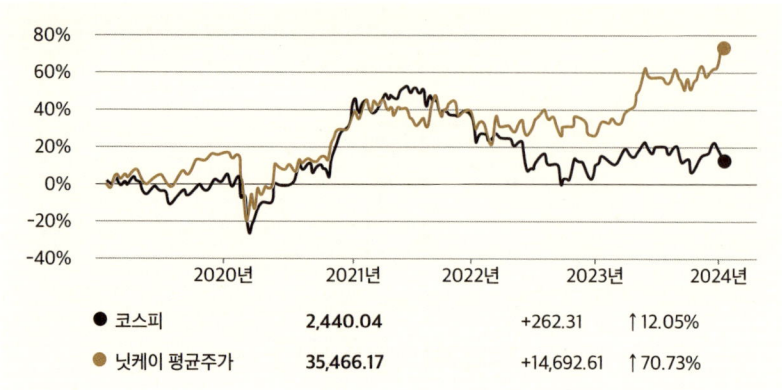

[그림 33. 지난 5년 동안 한국과 일본의 주가 흐름]

물론 여러분이 이 책을 읽을 시점에서는 다시 비슷하게 움직이고 있을지 모르지만, 지난 몇 년 동안 이렇게까지 두 나라의 주가지수가 정반대로 움직인 2주는 없었다. 그 전에는 두 나라의 주식시장이 아주 비슷하게 움직였다. 물론 코스피가 서서히 가라앉는 동안 니케이는 하늘로 날아가고 있었다. 최근 5년의 그래프를 보자. 격차가 점점 벌어지는 것이 보여 마음이 아프다.

## 절치부심 일본, 기업 거버넌스 개혁으로 10년만에 날아가고 있다

코로나19 기간이 끝나면서 한국과 일본의 주가는 확실히 다른 길을 가고 있다. 5년 전 한국 주식을 산 사람의 평균 수익률은 12%, 일본 주식을 산 사람은 70%가 넘는다. 무려 여섯 배나 되는 이 차이는 어디에서 오는 걸까? 시간을 조금 더 거슬러 올라가야 알 수 있다. 사실, 일본은 이미 10년 전부터 이런 날을 준비하고 있었다.

거품 경제 붕괴 이후 잃어버린 20년을 지낸 일본이 2010년 대부터 경제 활성화를 위해 제로 금리를 통해 시중에 돈을 엄청나게 풀었다는 대부분 알고 있을 것이다. 그리고 최근 정부의 기업 밸류업 프로그램 때문에 2023년 일본 도쿄 증권거래소가 실시한 PBR 개혁에 대해서 알고 있는 사람들은 꽤 있을 것 같다. 그런데 일본 정부가 주식시장의 활력과 기업가치 상승을 위해 보다 근본적으로 어떤 정책을 펼쳤는지는 잘 알려져 있지 않다. 이미 지금으로부터 10여년 전, 잃어버린 20년을 지낸 일본 정부는 장기적인 대책을 준비했다. 일본 경제와 자본시장이 활기를 잃은 원인이 일본 상장회사들의 거버넌스에 있다는 보고서를 공표하고, 이를 토대로 기업 거버넌스 코드 コーポレートガバナンス・コード, Corporate Governance Code를 만들어서 도쿄 증권거래소의 모든 상장회사가 지키도록 했다[100].

'지속 가능한 기업의 성장과 중장기적 기업 가치 향상의 추구 Seeking Sustainable Corporate Growth and Increased Corporate Value over the Mid- to Long-Term'라는 부제를 달고 있는 이 일본의 상장회사 기업 거버넌스 규정은 기본적으로 기업의 거버넌스에서 '주주'를 중심에 두었다는 가장 큰 특징이 있다. 규정의 주요 내용은 아래와 같다.

1. 주주의 권리와 동등한 대우 보장
   Securing the Rights and Equal Treatment of Shareholders

2. 주주 이외의 이해관계자와의 적절한 협력

   Appropriate Cooperation with Stakeholders Other Than Shareholders

3. 적절한 정보 공개와 투명성 확보

   Ensuring Appropriate Information Disclosure and Transparency

4. 이사회의 책임: 주주에 대한 수탁자 책임과 설명 책임을 기초로

   Responsibilities of the Board: Given its fiduciary responsibility and accountability to shareholders

5. 주주와의 대화: 주주총회 이외에도 주주와 건설적인 대화를 해야 함

   Dialogue with Shareholders: Should engage in constructive dialogue with shareholders even outside the general shareholder meeting

'주주'라는 단어가 정말 많이 보이지 않는가? 일본의 상장회사는 주주의 권리와 동등한 대우를 보장해야 하고, 이사회는 주주에 대한 수탁자 책임과 설명 책임을 다해야 하며, 주주총회 말고도 주주들과 대화를 많이 해야 한다는 내용이다. 구체적인 내용을 다 이야기하기는 너무 복잡하지만 딱 한 가지만 알고 넘어가자. 조금 진지하고 지루할 수 있다. 하지만 참고 끝까지 가 보자. 위 내용 중 4번에서 이사회는 주주에 대한 '수탁자 책임'과 '설명 책임'이 있다고 하는데 이 말은 과연 뭘 의미하는 걸까? 법은 원래 단어 하나에 좀 집착을 해야 한다. 그 안에 많은 것이 숨어 있고 많은 것이 바뀐다. 일본어 원문은 受託者責任·説明責任이라고 되어 있는 말이다. 이 내용이 무엇인지 알아야 일본 상장회사에 적용되는 이사회와 주주의 관계를 정확히 이해할 수 있다.

## 주주에 대한 이사회의
## 수탁자 책임을 명시

영어로 fiduciary responsibility와 accountability로 번역되어 있는 것을 보니 '수탁자 책임 受託者責任'은 미국의 fiduciary duty에서 나온 말 같다. Fiduciary duty는 미국의 회사에서 이사회가 주주에 대해 갖는 기본적인 의무다. 이사회와 주주 사이에만 있는 의무는 아니다. 기본적으로 어떤 물건을 맡아 보관하는 사람은 맡긴 사람에 대해 믿음을 줘야 한다는 의무가 fiduciary duty다. 우리 말로는 '신인 의무'나 '수탁자 의무'라고도 하는데 잘 와닿지 않으니 영어 공부도 할 겸 단어를 살짝 바꿔 보자. Fiduciary는 미국 사람들에게도 쉬운 단어는 아닌데 fidelity와 어원이 같다. Fidelity는 부부 사이에서 지켜야 할 믿음에 대한 의무를 말한다. Fiduciary도 기본적으로 비슷한 뜻이다. 일이나 물건을 맡긴 사람에게 믿음을 주어야 할 의무가 있다는 의미다.

미국에서는 보통 이런 fiduciary duty 안에 두 가지 의무가 있는 걸로 본다. Duty of care와 duty of loyalty란 것이다. 앞의 것은 우리나라 법에서는 '선량한 관리자의 주의의무', 줄여서 '선관주의의무'라고 하는 것과 거의 같다. 선량한 관리자? 착해져야 하나? 여전히 어려우니 딱 맞는 예를 하나 들어 보자. 여러분이 강아지 모찌를 키우는데 친구가 해외여행을 가면서 사료 값을 줄 테니 자기 강아지 초코를 잠시 맡아 달라고 부탁했다. 초코가 여러분의 집에 1주일 동안 살게 되었다. 여러분은 모찌가 더 신경 쓰일까, 아니면 초코가 더 신경 쓰일까? 대부분은 초코가 더 신경 쓰일 것이다. 우리집 모찌는 잠깐 없어져도 어디서 자고 있겠거니 하겠지만 친구네 초코는 눈에 안 보이면 걱정되고 조금이라도 더 신경 써 줘야 할 것 같다. 이유는 혹시라도 친구가 여행에서 돌아왔을 때 초코가 아프거나 해서 친구에게 오해를 사면 안 되기 때문일 거다. 이게 '선량한 관리자의 주의의무'다. Duty of 'care'다. 다른 사람의 일이나 물건을 맡은 사람은 손해가 나지 않도록 내 일이나 물건보다 더 신경 써서 관리하라는 의무다. 비교되는 개념으로는 '자기 재산과 동일한 주의의무'가 있다. 바로 여러분이 모찌를 관리하는 정도를 말한다. 법적으로는 대가를 받지 않고 타인의 물건을 맡은 사람에게도 적용된다. 생활의 팁으로 알아 두자.

Duty of loyalty는 조금 다르다. 일을 할 때 맡긴 사람 일을 자기 집안일보다 조금 더 신경 쓰라는 것이 아니다. Conflict of interest, 즉 우리말로 '이해상충' 또는 '이익충돌'의 상황, 즉 어떤 결정에 따라 자기와 일을 맡긴 사람의 이익과 손해가 엇갈릴 때 어떻게 해야 하는지에 대한 지침이다. 이 의무는, 자기에게 이익이 되지만 일을 맡긴 사람은 손해가 될 때, 또는 일을 맡긴 사람이 이익이면 자기가 손해가 될 때, 일을 맡긴 사람이 이익인 쪽을 선택하라는 의무다. 다시 말하면 자기가 손해 보는 쪽을 선택하라는 규범이다. 우리나라에서도 보통 '충실의무'라고 직역한 용어를 쓴다. 이사회가 주주에 대해서 충실의무를 진다면 이사회는 자신은 이익이지만 주주가 손해를 입는 결정을 할 수 없다. 충실의무의 대상이 회사라면 이사회는 자신과 회사의 이익과 손해가 엇갈릴 때 회사의 이익을 택해야 한다. 이렇게 자신보다 자신이 아닌 맡긴 사람의 이익을 우선해야 한다는 의무가 바로 duty of loyalty다.

두 번째 단어인 accountability는 보통 그냥 '책임'이라고 번역되는데, 구체적으로는 무언가를 설명하고 해명해야 하는 책임이라는 뜻이다. 회사의 결정에 어떤 의문이 있을 때 답변을 해야 하는 주체가 바로 이사회라는 뜻이 된다. Fiduciary responsibility와 accountability, 모두 기업 거버넌스를 바꾸지 않으면 경제를 살릴 수 없는 것을 깨달은 일본의 고민이 녹아 있는 용어가 아니었을까?

## 지난 15년, 일본 증시는 4배 상승
## 한국 증시는 제자리 걸음

이렇게 상장회사를 상대로 '이사회는 주주의 수탁자'라는 사실을 명확히 인지시키고 이사회가 주주의 권리를 보호할 책임이 있다는 명시적 규정을 만들어 시행한 이후, 엄청난 효과가 일어났다.

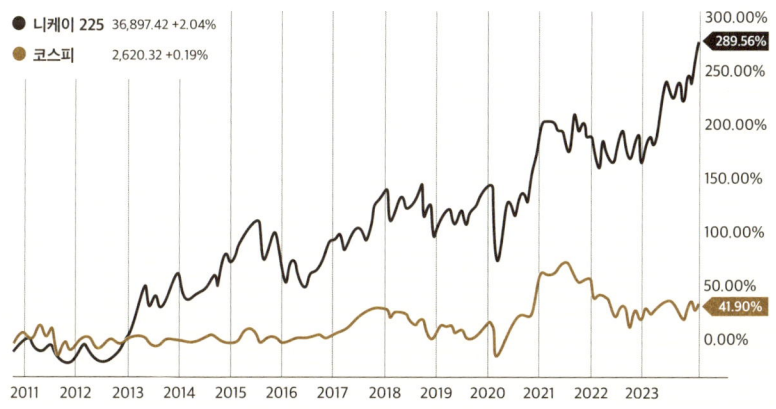

<그림 34. 2011년부터 최근까지 일본과 한국의 주가지수 변동>

거품 경제 시대 4만 가까이 올랐지만 (역사상 최고치 1989년 38,957.44) 붕괴하면서 1만 선 아래까지 내려갔던 니케이 지수. 하지만 2010년 이후 여러 다른 정책과 함께 상장회사의 기업 거버넌스에 대한 개혁까지 이루어지자, 일본 증시는 훈풍에 돛을 단 배처럼 점차 활력을 찾기 시작했다. 외국인들이 일본 회사의 주식을 사기 시작했고, 기업들도 금융기관이 아닌 주주 중심의 정책과 자본 효율화를 위해 노력하기 시작한 것이다. 성과가 최근 1~2년 동안 눈에 띄게 보이고 있지만, 오랫동안 차근차근 준비한 결과다. 2023년 말 기준으로 니케이 지수의 상승 폭은 2010년 대비 거의 4배 수준이다. 코스피는, 코로나19 이후 전세계적 돈풀기로 잠깐 오버슈팅했지만 이후 다시 가라앉아 2010년과 큰 차이가 없다.

2023년 4월에는 일본 도쿄 증권거래소가 시가총액이 너무 낮은 (소위 PBR 1 미만인) 회사들에 대해서 주가 상승 개선안을 마련하도록 요구하기도 했다. 주주에 대한 이사회의 수탁자책임과 설명책임을 명시한 기업 거버넌스 코드와 같은 규정이 제도적 기초가 되었음은 두말할 필요가 없다. 법이 있으니 법을 지키라고 하는 말을 쉽게 할 수 있게 된 것이고, 일회성 행정지도가 아니라 지속 가능한 제도가 될 수 있었던 것이다. 2024년 2월, 니케이 지수는 드디어 1989년의 사상 최고치를 돌파했다. 우리 정부도 '기업 밸류업 프로그램' 등으로 비슷한 요구를 할 예정이라고 하지만, 확실히 해야 하는 것이 있다. 일본의 성과는 단순히 정부가 기업을 지도하거나 압박하고 있기 때문이 아니다. 주주를 보호하고 자본을 효율적으로 쓰는 회사를 우대하는 제도가 탄탄히 뒷받침되고 있기 때문이다.

'잃어버린 20년'. 일본이 1990년대 거품 경제 붕괴 이후 20년 동안 장기 침체를 겪은 현상을 부르는 말이다. 우리나라에서는 '일본은 이제 끝났다'는 승리의 뉘앙스로 많이 쓰이는 것 같다. 실제로 이 기간 동안 일본의 1인당 GDP가 4만 달러 수준에서 정체하는 동안 한국이 결국 일본을 따라잡고 말았다. 이 기간 동안 한국이 잘한 것도 맞지만, 일본 경제가 거의 성장을 못했다. 물론, 한국만 따라잡은 것은 아니다. 대만이 같이 따라잡았고, 요즘은 3국이 거의 비슷해졌다.

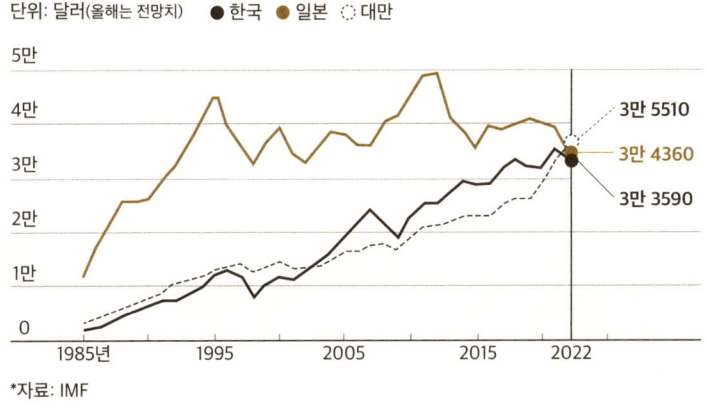

<그림 35. 한국, 일본, 대만의 1인당 GDP 추이>

하지만 2023년에는 25년만에 일본의 경제성장률이 한국을 앞지를 전망이라고 한다[101]. 일본은 외국인 투자가 증가하고, 제조업도 살아날 조짐을 보이고 있다[102]. 지난 10년 동안의 자본시장 개혁을 바탕으로 일본

이 돌아오고 있는 것이다. 한국은 어떤가? 20년 전의 일본과 무엇이 같고 무엇이 다른가? 한국 회사의 주식이 헐값에 거래되고 외면되는 현실을 언제까지 그냥 놔 둘 것인가? 이제 한국은 예외를 인정받을 수 있는 개발도상국이 아니다.

## 핵심 개념 정리

**기업 거버넌스 코드 (Corporate Governance Code):** 일본 도쿄증권거래소가 2015년 만들어 시행하고 있는 일본 상장회사에 대한 기업 거버넌스 규범. '코드'라고 한 것은 법이나 시행령이 아닌 거래소의 자율적 규칙이라는 의미다. 하지만 상장을 유지하기 위해서 지켜야 하는 규칙이므로 상장회사에 대해서는 상당한 강제력을 갖게 된다.

**수탁자 의무 (fiduciary duty):** 일을 맡은 사람이 맡긴 사람을 위해 지켜야 하는 의무. 회사에서는 보통 이사회가 주주로부터 수탁자 의무를 부담하는 주체가 되는데, 우리 상법으로는 주주가 이사를 뽑긴 하지만 이사가 주주에 대해 어떤 의무도 부담하지 않는 것으로 규정되어 있고 그렇게 해석된다. 수탁자 의무는 선관주의의무와 충실의무로 구성된다.

**선관주의의무 (duty of care):** 일을 맡은 사람이 자신의 일보다 더 신경 써서 맡긴 사람의 일을 해야 한다는 의무. 선량한 관리자의 주의의무를 줄인 말이다. 위임 관계가 있는 경우에는 언제나 인정되며, 우리 상법으로도 이사는 회사에 대해서 선관주의의무를 부담한다. 언제든 회사의 이익을 위해서 최선을 다해 성실하게 일하면 되는 의무다.

**충실의무 (duty of loyalty):** 일을 맡긴 사람과 자신의 이익이 충돌할 때 일을 맡긴 사람의 이익을 우선하라는 의무. 미국이나 영국의 회사에서는 이사회가 주주에 대해, 독일에서는 대주주가 다른 주주에 대해 충실의무를 부담한다. 우리 상법에서는 이사가 회사에 대해 충실의무를 부담한다고 규정하는데, 회사의 이익과 무관한 주주 사이의 거래일 때에는 이사가 누구에게 충실의무를 부담하는 것인지에 대해 여러 의견이 있다. 해석이 분명하지 않다면 법을 정확히 쓰면 된다. 이사가 전체 주주에 대해 충실의무를 부담하도록 명시하는 상법 개정안이 두 개 나와 있다 (부록 1 참조).

# 14.
# 정부가 움직인다

    2024년 1월 24일, 정부는 '기업 밸류업 프로그램' 도입을 예고했다. 그 주요 내용은, PBR (주가순자산비율)이 낮은 상장회사에 기업가치 향상을 위한 계획을 공시하도록 하고, 주주가치가 높은 코리아 프리미엄 지수를 개발해 상장한다는 것이다. 일본의 도쿄증권거래소의 정책을 많이 참고한 것으로 보인다. 하지만 며칠만에 급하게 나온 정책은 아니다. Level 7에서 보았던 지난 3년 동안 자본시장에서 있었던 여러 사건들을 계기로 근본적인 연구와 개선 방안에 대한 논의가 있어 왔다. 정부는 코리아 디스카운트의 원인에 대해 제대로 인식하게 된 것으로 보이고, 올해 그 움직임이 시작되고 있는 것이다.

    Korea Discount. 한국 할인. 한글로 바꿔 말해 보면 기분이 확실히 더 나빠지는 것을 느낄 수 있다. 우리의 자존감을 낮춘다. 한국이 뭐가 안 팔려서 떨이를 하고 있는 건가? 요즘 한류가 전세계를 휩쓸고 K- 자만 붙이면 외국에서 다들 좋아한다는데 그냥 옛날에 하던 말 아닌가? 라고 생각하는 사람도 있겠지만, 안타깝게도 전혀 그렇지 않다. 분명히 한국의 무엇인가가 헐값에 팔리고 있는 것이다. 코리아 디스카운트의 실체는 도대체 뭔가? 금융위원회에서 코리아 디스카운트에 대한 공식적인 정의를 내려 주었으니 일단 이것을 가지고 얘기를 시작해 보자.

'우리나라 기업이 수익성이나 자산가치가 유사한 외국 기업에 비해
낮은 평가를 받는 현상을 일반적으로 통칭하는 개념'

여기서 꼭 알고 넘어가야 하는 것이 있다. 코리아 디스카운트는 우리나라 기업이 외국 기업보다 규모가 작거나 돈을 못 번다는 얘기가 아니라는 점이다. 한국 회사들이 외국 회사들과 돈을 비슷하게 벌거나 덩치가 비슷한데 그에 대한 '평가'가 낮다는 것이 코리아 디스카운트 현상의 핵심이다.

## 코리아 디스카운트란 사업이 아니라
## 평가에 문제가 있다는 의미

기업으로 생각하면 잘 와닿지 않을 수 있으니 여러분 앞에 마치 비트코인 채굴기처럼 돈을 찍어 내는 기계가 하나 있다고 상상해 보자. 기계

설명서에는 '하루에 만 원씩 동전을 만들어 낼 수 있는 기계'라고 적혀 있다. 여러분이 이 기계를 1년 렌탈할 수 있다면 얼마까지 낼 의향이 있을까? 기계가 1년 동안 만들 수 있는 돈은 365만 원이니, 364만 원까지는 이익이다. 1년에 만 원 버는 것은 너무 적으니 300만 원을 내고 65만 원 수익을 기대하며 이 기계를 빌렸다고 하자.

그런데, 이 기계 좀 이상하다. 분명히 오백 원 짜리 동전을 스무 개씩 하루에 만 원을 째깍째깍 만들어 내고 있다. 그런데 돈이 밖으로 나오지 않고 투명한 유리 상자 안에 그냥 쌓여 있다. 외국 오락실에서 흔히 볼 수 있는 동전 게임기처럼 말이다. 가운데에서 기다란 막대가 한 번씩 나와서 쌓여 있는 동전을 밀어서 아래로 떨어뜨려야 내가 가질 수 있는데, 어렵다. 그게 보통 하루에 두세 개, 많아야 대여섯 개 밖에 안된다. 한 개도 나오지 않는 날도 있다! 망했다. 이렇게 1년을 돌려서 내가 실제로 얻은 동전을 세어 보니 고작 100만 원이라면, 여러분은 다음 해에도 300만 원을 내고 이 기계를 렌탈하겠는가? 300만 원은 커녕 90만 원도 어려울 것 같다. 매일 나오는 동전 개수가 들쭉날쭉해서 내년에 100만 원이 나올 거라는 보장도 없기 때문이다.

이게 코리아 디스카운트다.

회사는 일종의 돈 만들어 내는 기계다. 돈을 잘 만들어 내긴 하는데 나에게 떨어지는 것이 없다면 비싸게 살 이유가 없다. 한국 회사들이 그렇다는 거다. 똑같은 영업이익을 내고 똑같은 자산규모를 갖고 있는 회사인데,

한국 회사들은 대부분 주식을 갖고 있는 사람에게 돈을 잘 나눠주지 않는다. 주주에게 배당을 아주 조금 준다. 자사주도 회사 돈으로 사들여서 그대로 갖고 있고 소각하지 않는다. 분모가 줄어드는 효과가 없음은 물론, 심지어 다른 사람에게 갑자기 처분해서 지분율이 갑자기 내려가기도 한다. 이러니 사람들이 한국 회사의 주식은 값을 쳐 주지 않는다는 거다.

여기서, '한국 회사들의 값을 쳐 주지 않는다'고 하면 틀린 말이 된다. 잘 이해되지 않는 사람은 「법무기」 Level 4. 고급편[103]을 다시 넘겨보자. 수박 한 통의 맛과 한 조각의 맛이 다를 수 있다는 것, 회사의 가치와 주식의 가치는 다를 수 있다는 것이 핵심이다. 코리아 디스카운트는, 한국 회사들이 능력에 비해 대우를 받지 못하고 있다는 뜻이 아니다. 회사가 아니라 한국 회사들의 '주식'이 제 값을 받지 못하고 있는 현상을 말하는 거다. 가장 기본적인 이유는 회사가 아무리 좋아도 회사가 발행한 주식을 갖고 있는 사람에게는 이익이 별로 없기 때문이다.

지난 2022년 9월 15일, 금융위원회는 <코리아 디스카운트 해소를 위한 정책 세미나>를 개최했다. 금융위원회 세미나에서는 수없이 반복되어 온 코리아 디스카운트의 원인에 대한 보고가 있었다. 여느 때와 비슷하게, 첫번째 요인은 기업 거버넌스 (140개국 중 100~116위), 두번째 요인으로는 배당 등 주주환원 부족 (45개국 중 27~45위)이 원인으로 지목되었다. 그 밖에 예전부터 지적되어 온 회계 투명성은 꾸준히 개선되었지만, 투자자들의 강한 단기투자 성향은 여전히 문제로 지적되었다[104].

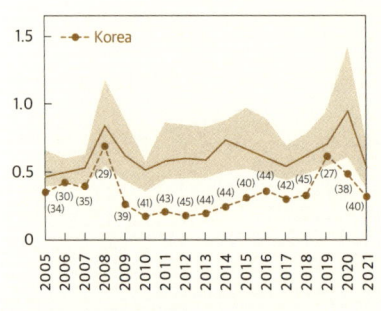
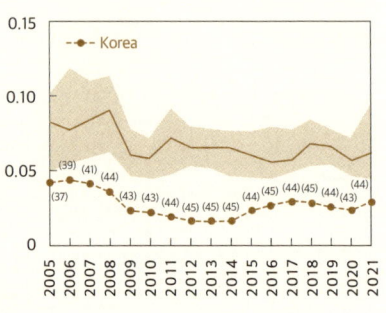

<그림 36. 한국 회사들의 순이익 및 총자본 대비 주주환원 순위>

위 그래프는 '코리아 디스카운트'로 검색하면 수없이 쏟아지는 한국 회사들의 낮은 주주환원에 관한 또 하나의 그림이다. 많이들 쓰는 '주주 환원'이라는 단어는 약간 오해가 있을 수 있다. 환원은 돌려준다는 뜻인데, 주주가 자본금으로 낸 돈을 회사가 돌려줄 의무가 있는 것은 아니기 때문이다. 주주는 회사의 위험을 끝까지 같이 하는 자본 공급자이고, 일반주주는 시장에서 주식을 팔아 쉽게 현금화할 수는 있지만 역시 그 기간 동안 주가의 등락이라는 위험을 감수한 투자자라고 할 수 있다. 그리고 앞에서 살펴본 바와 같이 이러한 일반주주들도 전체적으로 자본시장의 참여자로서 회사가 주식시장에서 공개적으로 자본을 조달할 수 있도록 하는 핵심적인 역할을 하고 있는 것은 잊지 말자.

어쨌든 배당은 주주에게 받은 돈을 돌려준다기보다는 임직원에게 이익의 일부를 상여금으로 주듯[105] 이익의 일부를 주주에게 나눠주는 것으로 생각하면 조금 더 편할 것 같다. 회사의 이익이 났을 때 노동을 제공해 준 임직원에게는 상여로, 자본 조달을 담당한 주주에게는 배당이라는 이름으로 나눠주는 거다. 상장 후 주식을 사고 파는 일반주주도 자본 조달에 직접적 기여를 한 주체와 같으니 일반주주도 당연히 자본 기여로 배당을 받을 권리가 있다. 자기주식 매입 및 소각도 배당과 큰 차이는 없다. 지분율과 주가를 올려 배당에 대한 소득세 없이 주주에게 이익을 나눠주는 방식이다. 어쨌든 '주주 환원'은 마치 직접 회사에 돈을 낸 주주에게만 적용될 것 같은 오해의 소지가 있을 수 있어서 이 책에서는 되도록이면 그냥 '이익을 나눠 준다'는 직관적인 표현을 쓰려고 한다. 그 방법이 배당이 아니라 자기주식 매입 및 소각인 경우도 있지만, 자사주 매입도 배당할 수 있는 이익이 있을 때 그 범위에서 가능한 것이니 결국 이익을 나눠 주는 방법의 차이일 뿐이다.

## 한국 회사는 돈을 벌어도
## 주주에게 이익을 거의 나누어 주지 않는다

그렇다면 한국 회사들은 이익 중 얼마를 주주에게 나누어 줄까? 보통 20% 미만이다. 위 그래프와 아래 표에서 2019년과 2020년은 예외로 보아야 한다. 우리나라 상장회사 배당 총액의 30% 가까이를 책임져 온 삼성전자가 2019년에는 2018년의 두 배인 9조 6천억 원을, 2020년에는 특별배당까지 추가해서 또 그 두 배가 넘는 20조 3천억 원을 배당한 결과 나온 숫자이기 때문이다[106]. 2020년에는 우리나라 상장회사 배당 총액이 약 43조 1천억 원이었는데, 그 중 거의 절반에 가까운 47.1%인 20조 3천억 원이 삼성전자의 배당금이었다[107]. 2021년에는 삼성전자가 다시 예전으로 돌아갔고, 우리나라의 순위로 다시 45개국 중 40위권으로 내려갔다. 아래 표를 보며 다른 나라의 숫자와 비교도 해 보자. 미국과 유럽의 회사들은 보통 이익의 절반 이상, 중국과 일본 회사들도 보통 30% 이상은 주주에게 나눠 준다.

| 연도 | 한국 | 미국 | 영국 | 독일 | 프랑스 | 일본 | 중국 | 대만 | 홍콩 |
| --- | --- | --- | --- | --- | --- | --- | --- | --- | --- |
| 2017 | 15.51 | 54.24 | 80.73 | 41.46 | 50.2 | 27.01 | 34.72 | 63.01 | 44.91 |
| 2018 | 21.85 | 47.61 | 73.79 | 54.44 | 58.63 | 32.71 | 34.47 | 61.85 | 38.82 |
| 2019 | 34.56 | 52.5 | 89.75 | 44.25 | 66.99 | 39.71 | 39.15 | 64.26 | 61.37 |
| 2020 | 40.40 | 84.56 | 162.88 | 92.42 | 78.4 | 43.17 | 34.63 | 59.63 | 41.03 |
| 2021 | 19.14 | 37.27 | 48.23 | 41.14 | 39.17 | 27.73 | 35.01 | 54.85 | 35.91 |

*배당성향: 배당금/당기순이익, 자료: MSCI·한국거래소

<표 12. 한국과 주요 각국 회사들의 배당성향 비교>[108]

이렇게 주주들에게 배당을 너무 적게 하니 우리나라에는 배당을 보고 투자하는 사람이 드물다. 앞에서도 나왔듯 우리나라 회사들의 배당금은 보통 주가의 2% 내외이기 때문에, 이것만 생각하면 그냥 은행에 예금하는 것이 낫다. 그리고 매년 배당이 일정하지도 않다. 그러니 주가 상승과 하락에 더욱 민감하게 반응한다. 우리나라 주주들의 단기 투자 성향이 높은 것도 결국 안정적인 배당을 주는 회사가 적다는 이유가 크다.

이게 하루 이틀 일도 아닌데[109], 왜 바뀌지 않았던 걸까? 우선 아무리

금융위원회라고 해도 회사들에게 얼마 이상 배당을 하라고 할 권한은 없다. 그러면 주주들이 '제발 배당 좀 해 주세요' 하고 계속 애원해야 할 문제였을까? '배당 안 하면 세무조사 신고하겠다! 소송하겠다!'라고 협박이라도 해야 했을까? 사실 일반주주의 관점에서는 배당하지 않는 회사의 주식은 '안 사!' 하고 외면하는 것 이외에 뾰족한 수는 없었다[110]. 그러니 그렇게 사고 싶은 사람이 적은 회사의 주가는 낮았던 거고, 그런 회사들이 모여 있는 한국의 주식시장은 저평가되어 있었던 거다. 모두 쉬운 이치다. 하지만 이제 어떻게 바뀌고 있다는 걸까?

## 아무런 법적 의무도 책임도 없는데 주주에게 이익을 많이 나눠줄까?

상장회사 치킨코리아의 재원, 영미, 우현이 갖고 있던 3인 3색 동상이몽을 다시 생각해 보자. 지분율이 중요하지만 주가는 별로 신경 쓰지 않으며 오히려 낮으면 여러 모로 좋다고 생각하는 재원, 이유는 어떻든 주가가 오르면 좋고 지분율은 별로 상관없는 영미, 상장 이후 주가나 수많은 일반주주가 신경 쓰이지만 여전히 최대주주 재원이 중요하다고 생각하는 우현이다. 한국의 법과 제도 하에서 누구나 그 자리에 있으면 그런 생각을 하게 된다. 그런 생각을 하게 하는 법과 제도가 수십년 동안 별로 바뀌지 않았기 때문에 한국의 주식시장은 낮은 곳에서 제자리 걸음을 걸어왔다. 가장 큰 이유는 간단히 「법무기」에서 말했던 '총주주' 세 글자가 법에 없기 때문이다. 조금 풀어서 말하면 회사의 사장은 물론 누구도 주주에 대해서 아무런 의무가 없었기 때문이다. 또 상장을 해서 일반주주들로부터 많은 돈을 받게 된 후에도 똑같이 일반주주의 이익을 보호할 의무를 부담하지 않았기 때문이다.

'주주에 대한 의무가 없기 때문'

코리아 디스카운트의 가장 중요한 이유다. 놀라운 건 시장경제를 한다고 하는 전세계의 선진국 중에서 사장 (또는 이사회)이 주주에 대한 의무를 갖지 않고 있는 나라가 거의 없다는 점이다. 독일은 심지어 대주주도 일반주주(소수주주)에 대해 충실의무Treuepflicht를 부담한다[111]. 앞에서 살펴본 바와 같이 일본도 의무 대신 책임이라는 말로 조금 바꾸긴 했지만 적어도 이사회가 주주에게 직접 책임을 지고 있다는 점을 분명히 했다. 그런데 이걸 뒤집어 보면 코리아 프리미엄으로 가는 가장 중요한 길이 된다. 주주에 대한 이사의 의무와 책임을 인정하게 되면 바로 그게 코리아 프리미엄의 가장 확실한 신호가 된다! 그렇다면 한국에서도 사장(이사)이 주주에 대한 의무를 갖게 되나? 그런 움직임이 있나? 당연히 있다. 대표적으로 2024년 1월 2일, 새해를 시작하는 대통령의 입에서도 나왔다[112].

> "이사회가 의사결정 과정에서 소액주주(일반주주)의 이익을
> 책임 있게 반영할 수 있도록 하는 상법 개정 역시 추진하겠다."

물론 대통령의 한 마디에 바로 상법에 이사의 주주에 대한 의무가 들어가는 것은 아니다. 다양한 이해관계자들의 토론과 연구가 이어질 것이다. 당연히 그래야 한다. 그 결과가 이사의 주주에 대한 충실의무가 될 지, 보호의무가 될 지, 아니면 다른 모습이 될 지는 아무도 모른다. 하지만, 분명한 것은 하나 있다. 엄청나게 규모가 커진 한국 경제와 회사들, 1400만 이상의 개인 투자자는 물론 국민연금이 엄청나게 투자하고 있는 한국 기업들의 의사결정을 창업자나 가족의 역량에 오로지 맡겨 둘 수 없다는 사실에 대해서 더 많은 사람들이 동의하게 되었다는 점이다. 더 많은 주주들이 회사의 의사결정에 참여하고 이익을 나눠야 기업과 경제의 지속가능성이 생기고 그런 나라만이 선진국으로 남을 수 있다는 사실에 대부분 고개를 끄덕이고 있다는 사실이다.

## 핵심 개념 정리

**코리아 디스카운트 (Korea discount):** 한국 회사의 주식이 비슷한 영업 실적을 내는 다른 나라 회사의 주식보다 낮은 가격으로 거래되는 현상. PBR이나 PER 중 어떤 기준으로 보아도 여전히 한국 회사의 주식은 싸다. 하지만 더 오르지 않고 지난 40년 동안 그렇게 싼 채로 제자리 걸음을 하고 있다.

**주주환원 (shareholder return):** 주주에게 직접 배당하거나 주식을 다시 매입해서 소각하는 방법으로 1주당 지분율과 함께 주가를 올려 이익을 돌려주는 것. 회사가 사업에 필요한 돈을 만들기 위해 은행에서 돈을 빌리면 이자를 내고, 자본시장에서 주식을 발행하면 매우 낮은 비용으로 자금을 조달할 수 있는 대신 이익이 나면 주주에게 충분히 환원해서 유리한 자금 조달이 계속되도록 할 필요가 있다.

**자기주식(자사주) 소각:** 회사가 발행한 주식을 주주들로부터 다시 사들여서 없애는 것. 기업의 가치는 그대로인 상태에서 발행한 주식 전체의 수가 줄어들기 때문에 1주의 가치는 올라간다. 주주의 관점에서 현금으로 배당 받을 경우 바로 소득세를 내야 하지만, 자사주 소각의 방법으로 1주의 가치가 올라가면 세금 없이 이익을 볼 수 있어 더 선호되는 주주환원의 방법이다.

## 15.
## 기업 거버넌스가 바뀐다

    앞으로 우리나라의 기업 거버넌스에 대한 법과 제도는 어떻게 바뀔까? 기업의 모습과 현실, 그리고 그 문화는 나라마다 너무나 달라서 외국의 사례를 안다고 우리나라의 몇 년 후 모습을 알 수는 없다. 미국은 대부분 대주주 없이 수많은 일반주주와 투자자들이 이사회를 중심으로 상장회사의 경영에 참여하고 있다. 영국은 기관 투자자들이, 일본은 금융기관이, 독일, 프랑스, 이탈리아와 같은 유럽 나라들은 아직 지분율이 상당히 높은 최대주주가 상장회사의 경영을 주도해 왔다. 한국은 어떤가? 창업 가족을 중심으로 하는 최대주주가 아직 경영을 주도하는 회사가 대부분이지만, 수십년 동안 급속히 규모가 커지다 보니 지분율이 높지 않다. 그리고 지주회사와 자회사가 동시에 상장된 경우가 매우 많다. 이렇게 한국에

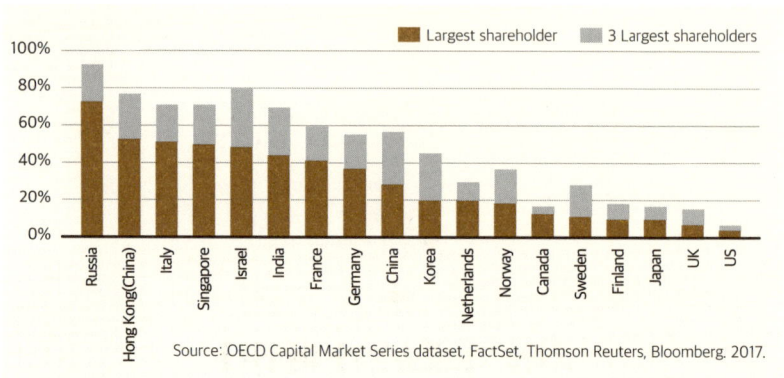

[그림 37. 한국과 각국의 상장회사 평균 최대주주 지분율]

만 해당하는 독특한 현실과 현상이 있기 때문에, 어떤 쪽으로 사회적 합의가 이루어질지는 지금 알기 어렵다.

## 선진국 한국, 공통의 기업 거버넌스 갖추지 않으면 소외된다

하지만 인종이 다르고 성별이 달라도 사람이라면 누구나 가지는 공통적인 특징이 있듯이, 자본주의 시장경제를 운영하는 나라라면, 그리고 OECD에 가입한 나라라면 공통적으로 가져야 할 일종의 모범 규준이 이미 있다. 후발주자인 우리는 일단 이것을 열심히 공부해서 잘 적용해야 하는 것 아닐까? 그 모범 규준은 G20/OECD 기업 거버넌스 원칙 Principles of Corporate Governance이다[113].

2015년에 처음 작성된 후 최근 2023년에도 개정된 이 원칙은 물론 회원국에 법적 구속력이 있는 것은 아니다. 하지만 OECD의 공식 권고 사항이며 (OECD/LEGAL/0413), 각국의 이행 상황을 정기적으로 점검해서 공개하고 있어서 한국이 선진국으로 완전히 인정받기 위해서는 반드시 적용해야 할 내용이라고 할 수 있다. 일단 그 주요 내용을 살펴 보자.

1. 효과적인 기업 거버넌스의 틀을 위한 기반 확보

    Ensuring the basis for an effective corporate governance framework

2. 주주 및 핵심 소유기능의 권리와 공평한 대우

    The rights and equitable treatment of shareholders and key ownership functions

3. 기관 투자자, 주식 시장 기타 중개인: 좋은 기업 거버넌스에 기여할 동기 부여가 필요

    Institutional investors, stock markets, and other intermediaries: Should provide sound incentives ⋯ contributes to good corporate governance

4. 적절한 정보 공개와 투명성 확보

    Disclosure and transparency

5. 이사회의 책임: 회사의 전략적 지침, 이사회의 효과적인 경영진 감독, 회사와 주주에 대한 이사회의 책임

    The responsibilities of the board: Should ensure the strategic guidance of the company, the effective monitoring of management by the board, and the board's accountability to the company and the shareholders

6. 지속가능성과 회복탄력성

    Sustainability and resilience

이거 어디서 많이 본 것 같지 않은가? 그렇다. 일본 기업 거버넌스 코드와 겹치는 내용이 매우 많다. G20/OECD 기업 거버넌스 원칙은 각국 정부에게 기업 거버넌스 관련 제도를 정비할 때 보고 참고하라는 용도여서 회원국 정부가 제도를 설계할 때 이렇게 하라는 취지로 적혀 있고, 일본 기업 거버넌스 코드는 일본 거래소가 상장회사에게 직접 적용하는 규정이어서 각 회사들이 어떻게 하라는 내용으로 작성된 것이 다를 뿐이다. 주주의 권리 보장과 공평한 대우 (일본 코드 1번, OECD 원칙 2번), 적절한 정보 공개와 투명성 (일본 코드 3번, OECD 원칙 4번), 이사회의 주주에 대한 책임 (일본 코드 4번, OECD 원칙 5번. 단, OECD 원칙은 주주와 함께 회사에 대한 책임도 명시)은 항목과 내용이 거의 비슷하고, OECD 원칙 6번의 지속가능성과 회복탄력성 항목은 세부 내용이 일본 코드 2번과 5번에 반영되어 있다.

왜 이렇게 비슷할까? 당연히 일본이 기업 거버넌스 코드를 만들 때 OECD의 원칙을 참고했기 때문일 것이다. 우리 정부도 이미 기업지배구조보고서 등을 제정할 때 일본과 함께 OECD 원칙을 참고한다고 명시한 바 있다[114]. 정부는 이미 그 내용을 잘 알고 있다는 얘기다. 다만 조심스럽게 우리 현실에 맞는 것부터 적용하고 있다는 것이고, 분위기가 성숙되면 점차 그 내용을 하나하나 가져올 것이 분명하다. 학창시절 정답을 보면서 수학 문제를 풀어 본 기억이 있는가? 우리 기업 거버넌스의 미래가 그렇다. 이미 답이 나와 있는 것과 같다. 자, 그러면 우리의 미래를 보여줄 G20/OECD 기업 거버넌스 원칙을 하나하나 열어 보도록 하자.

## 기업 거버넌스를 잘 설계하는 것은
## 왜 중요한가?

G20/OECD 기업 거버넌스 원칙은 먼저 회원국이 기업 거버넌스를 잘 설계하는 것이 왜 중요한지의 문제부터 설명한다. 첫째, 자본 조달에 유리해지기 때문이다. 특히, 국제적인 장기 투자자들의 자금을 유치할 수 있다[115]. 둘째, 직간접적으로 주식에 투자하고 있는 모든 국민에게 이익을 주기 때문이다[116]. 셋째, 기업의 지속가능성을 높여 경제 전체의 안정성을 높일 수 있기 때문이다[117]. 원칙이 서문에서 말하는 이 세 가지 이유는 사실 우리에게 너무 절실한 목표다. 한국은 경제 규모로는 이미 선진국으로 인정받고 있지만, 자본시장의 제도는 아직 취약하다. 여러 이유로 MCSI 선진국 지수에 포함되지 못하고 있기도 하다. 국제적인 장기 투자자들은 기업 거버넌스의 안정성이 무엇보다도 중요하다. 예측할 수 없는 정책이 계속되는 나라와 회사에 장기적인 투자를 할 수 없는 것은 너무나 당연한 일이다. 한국은 단기 투자가 아니라 오랫동안 한국 기업에 투자할 안정적인 외국인 투자가 필요하다. 외국인 뿐만 아니라 1400만 개인 투자자와 국민연금의 장기적인 수익을 위해서도 기업 거버넌스의 확립이 중요하다. 이렇게 안정적이고 장기적인 투자가 계속되면 기업의 자금 조달이 쉬워지고 지속 가능성이 높아지는 것은 자명한 일이다.

이러한 세 가지에 하나만 덧붙이자면, 이미 선진국으로 인정받고 있는 한국이 경제와 시장에 대해서 자꾸 다른 선진국과 다른 문법과 언어로 말을 하면 홀로 소외될 수밖에 없다는 문제도 크다. 갈라파고스 같이 동떨어지고 뒤떨어질 수 있다. 개발도상국일 때에는 여러 제도나 관행에 있어서 예외를 인정받을 수 있었지만, 이제 한국도 소위 '글로벌 스탠다드global standard'에 맞는 기본적인 제도를 가져야 한다. 다른 나라와 똑같은 제도를 가져야 하는 것이 아니라 최소한의 공통 요소를 갖는 것이 중요하다. 기업 거버넌스에 있어서 OECD 원칙은 바로 그런 공통 부분이다. OECD 원칙 역시 그러한 점을 인정한다. 원칙은, '하나의 좋은 기업 거버넌스 모델이 있는 것이 아니지만, 결과적으로 좋았던 기업 거버넌스가 갖고 있는 공통 요소를 제시한다.'고 말하고 있다[118]. 기업의 성장 단계, 규모와 복잡성은 나라마다 모두 다르기 때문이다. 어쨌든, OECD 원칙을 하나하나 살펴보는 것은 그런 공통적인 기업 거버넌스의 내용을 공부하는 것과 함께 우리에게 다가올 미래를 예측하고 준비하기 위한 가장 첫 걸음이다.

## 효과적인 기업 거버넌스를 위한 기반은 투명성, 공정성, 집행 가능성

OECD 원칙은 가장 먼저 투명하고 공정한 시장과 효율적인 자원 배분을 강조한다. 나아가 법치주의에 맞고 효과적인 감독과 집행을 지원하는 기업 거버넌스 관련 제도가 필요하다는 점을 가장 먼저 내세운다[119]. 이것이 OECD 원칙이 제1장 가장 앞에서 말하는 내용이다. 사람이 바뀌어도 내용이 크게 달라지지 않는 것, 이것은 장기적인 계획을 세우는 데에 가장 기본적인 전제다. 법치주의가 바로 그 얘기다. 어떤 제도가 되었든 법이 글자로 씌어 있고 그렇게 적혀 있는 대로 실제로 모두에게 적용되는 것이 기초 중에 기초다. 이런 기본 전제가 없으면 그 법을 믿을 수 없게 되고, 외국인은 물론 자국민도 자기 돈을 투자하기 꺼려질 것이다.

OECD 원칙은 이런 투명성, 공정성 및 집행가능성을 강조한다. 실행 방법에 있어서는 정부기관과 민간조직 사이의 명확한 권한과 책임 분배, 특히 증권 거래소 규정의 중요성을 언급하고 있으며, 기업집단 내 상장회사에 대한 명확한 규제 프레임워크의 중요성도 강조하고 있다. 사실 모두 공자님 말씀 같은 내용이긴 하지만, 한 가지 확실히 눈에 띄는 부분이 있다. 거래소 규정의 중요성을 언급한 대목이다. 일본이 도쿄 증권 거래소의 기업 거버넌스 코드를 통해 상장회사의 기업 거버넌스를 개선하고 있는 방식을 취하고 있는 것이 OECD 원칙에 중요하게 포함되어 있는 것은 우연이 아닐 것이다. 이런 방식은 확실히 장점이 있다.

먼저, 기업 거버넌스의 문제는 상장 관련 규범을 만들고 집행하는 증권 거래소가 직접 규제를 담당하는 것이 가장 효율적이다. 물론 비상장회사에도 있는 문제이지만 수많은 일반주주가 있는 상장회사에서 훨씬 중요하기 때문이다. 법이나 시행령은 국회나 정부의 복잡한 절차를 거쳐야 개정되고 정치적 영향을 받을 수밖에 없지만, 증권 거래소는 하나의 사기업으로서 대부분의 내부 규정을 자체적으로 빠르게 개정하고 보완하며 또 바로 집행할 수 있는 시스템을 갖추고 있다. 이러한 OECD 원칙과 다른 선진국의 사례를 고려할 때 우리나라도 상장 및 공시에 관한 거래소 규정의 개정으로 기업 거버넌스의 개선을 도모할 가능성이 높아 보인다.

## 기업지배구조 보고서로는
## 턱없이 많이 부족하다

물론 우리나라 거래소가 기업 거버넌스에 관한 자율적인 규범을 전혀 갖고 있지 않은 것은 아니다. 2019년 자산총액 2조 원 이상의 코스피 상장사를 대상으로 하는 의무 공시로 도입된 '기업지배구조 보고서'가 있다. 2024년부터는 자산총액 5천억 원 이상으로, 2026년부터는 전체 코스피 상장사로 의무가 확대된다. 하지만 안타깝게도 여러분은 이런 것이 있는지 잘 몰랐을 것이다. 이 공시는 회사가 핵심원칙을 준수한 사실을 알리고 준수하지 못했을 때에는 그 사유를 설명해서 자율적인 경영 투명성 개선을 유도하는 소위 Comply or Explain 원칙에 따르는 제도라고 설명되지만, 시장에서는 거의 작동하지 않고 있는 것으로 보이기 때문이다. 이유는 어렵지 않다. 1년에 한 번 DART에만 사후적으로 공시되어 일반인들이 거의 관심을 갖지 못하고, 구체적인 내용 없이 대부분 소위 '좋은 말'로 채워져 있어서 재미도 없기 때문이다. 시의성도 없고 언론에서 관심 가질 내용도 없다.

우리나라의 기업지배구조 보고서의 구성은 일본 기업 거버넌스 코드나 OECD 원칙과 비슷하다. 다만 78쪽에 달하는 가이드라인[120] 항목이 너무 세분화되어 있고 형식적 기재사항이 너무 많다. 실제 중요한 내용을 찾아보기 힘들다. 우리나라의 현실에서 가장 중요한 배당, 일반주주 보호 등에 관해서도 추상적 기재만 하는 것이 문제다. 참고로 2024년 기준 우리나라의 기업지배구조 보고서의 주요 목차는 다음과 같다.

Ⅰ. 기업 개요 (지배구조 핵심지표 준수 현황표)

Ⅱ. 기업지배구조 현황

  1. 기업지배구조 일반정책

  2. 주주

    • 핵심원칙 1. 주주의 권리

    • 핵심원칙 2. 주주의 공평한 대우

  3. 이사회

    • 핵심원칙 3. 이사회 기능

    • 핵심원칙 4. 이사회 구성

    • 핵심원칙 5. 사외이사의 책임

    • 핵심원칙 6. 사외이사 활동의 평가

    • 핵심원칙 7. 이사회 운영

    • 핵심원칙 8. 이사회 내 위원회

  4. 감사기구

    • 핵심원칙 9. 내부감사기구

    • 핵심원칙 10. 외부감사인

  5. 기타사항

물론 세부원칙 중에는 구체적인 것도 있고, 2022년과 2023년 개정에서 들어온 새로운 내용, 즉 주주간 이해관계를 달리하는 기업의 소유구조 등 변경 또는 자본조달시 주주보호 방안 (세부원칙 2-3) 등 일반주주 이익 침해에 관한 항목도 있다. 하지만 질문이 구체적이어도 답변은 대부분 추상적이고 형식적으로 기재되고 있다. 예를 들어, 아래와 같은 식이다.

> (세부원칙 2-③) 기업은 합병, 영업양수도, 분할, 주식의 포괄적 교환 및 이전 등과 같은 기업의 소유구조 또는 주요 사업의 변동에 있어 소액주주 의견수렴, 반대주주 권리보호 등 주주보호 방안을 강구하여야 한다.
>
> ▶ 소액주주 보호방안
>
>    당사는 사업부문에 집중할 수 있는 환경을 구축하고 지배구조 변경을 통한 기업가치 및 주주가치 제고를 위하여 20xx년 x월 x일부 인적분할을 실시하였습니다. 분할 과정은 관계 법령에 따라 적법하게 진행되었으며 임시주주총회에서 주주들의 승인을 통해 결의되었습니다. 현재 기업의 소유구조 및 주요 사업의 변동에 있어 소액주주 의견수렴, 반대주주 권리보호 절차 등에 대한 문서화된 규정이나 정책을 수립하지 않았으나 주식회사로서 주주와 시장의 의견을 경청하도록 하겠습니다. 또한 향후 기업의 소유구조 또는 주요 사업에 중대한 변화를 초래하는 변경이 있을 경우 주주의 권리를 보호할 수 있는 정책 수립을 검토하겠습니다.

'경청하도록 하겠습니다', '검토하겠습니다'. 이렇게 Explain하는 것을 기대한 제도는 당연히 아닐 것이다. 질문도 추상적이지만 보고서 내용의 구체성이나 진실성에 대해 검증하거나 제재할 수 있는 절차나 구조가 전혀 없기 때문에 이런 일이 생긴다. 이런 형태의 보고서 공시로 OECD 원칙에서 강조하는 투명성이나 집행 가능성이 갖춰졌다고 하기는 어려워 보인다. 추상적이거나 확인이 어려운 내용을 누구나 볼 수 있도록 공시했다고 해서 투명성이 있다고 할 수는 없고, 공시가 잘못되거나 부족했을 때 제재할 수 있는 실질적인 방안도 없어 보이기 때문이다. 정정공시요구나 불성실공시법인 지정 등은 너무나 약한 조치다. 이런 현실은 기업지배구조 보고서가 채택하고 있는 Comply or Explain 원칙의 한계인 것 같다. 이 원칙은 영국이나 독일 등 외국에서 기업 거버넌스 개선의 방법으로 널리 쓰이고 있는 것으로 보인다. 스스로 떳떳하지 못한 사항에 대해 공시하면서 자발적으로 개선을 약속하는 방식이지만, 우리나라의 자본시장이나 기업문화에는 또 하나의 맞지 않는 옷인 것 같다.

## 기업 밸류업 프로그램은
## 단지 그 시작이 될 것

   금융위원회가 상장회사, 코리아 디스카운트 해소를 위해 도입하겠다고 예고한 '기업 밸류업 프로그램'으로 다시 돌아가 보자[121]. PBR (주가순자산가치)이 낮은 회사에 대해 주주가치를 높일 방안을 공시하도록 하는 등 일본 정책을 그대로 참고한 것으로 보이지만, 어쨌든 발등에 불이 떨어진 것처럼 정부가 빠르게 움직이고 있는 것은 고무적이다. 시장도 조금 반응하고 있다. 일본에는 질 수 없다는 라이벌 의식이 가장 중요했던 것일까? 역시 경쟁은 좋은 것인가보다.

   하지만 기대와 함께 걱정도 많다. 이 책이 나올 때 즈음이면 이미 기업 밸류업 프로그램의 실체가 나온 시점일 것이다. 과연 근본적인 대책이 나왔을까? 아니면 지난 30년 동안 그랬듯이 땜질식으로 지금 당장 문제가 되는 딱 그것만 고치는 식의 정책이 나왔을까? 「법무기」에서 쫓고 쫓기는 게임처럼 그렸던 것처럼 계열회사들 사이에 밀어주기가 문제되니 밀어주기를 피해 몰아주기를 만들고, 몰아주기를 규제하니 통행세 거래로 피해

갔던 역사가 반복될까? 2024년 1월 30일에 발표된 금융위원회의 자기주식 관련 대책[122]을 보면 만시지탄晩時之歎이라는 생각과 그나마 다행이라는 생각이 교차하면서도 기업 밸류업 프로그램은 그렇게 되지 않기를 바라는 마음이 굴뚝같다. 자기주식에 관해서 지난 30여년 동안 있었던 수많은 문제 중 인적분할시 신주배정과 같은 특정 쟁점에 대해서는 대책을 내어 놓았지만, 앞으로 새로 생길 문제를 근본적으로 막을 원칙 - 자사주가 회사의 자산이 아니라 마이너스 자본이라는 점을 명확히 하는 것 - 은 빠져 있었기 때문이다.

사실, 한국의 경제나 기업 상황과 일본은 너무나 다르기 때문에 일본에서 통한 정책이 한국에서도 잘 먹힐 것이라고 생각하기는 어렵다. 따라서 우리 정부가 지속 가능한 기업가치 향상을 기대한다면 아래와 같이 일본과 한국의 현실이 많이 다르다는 점을 꼭 참고하고 꾸준히 정책을 개발해야 한다.

① 일본은 지배주주 없는 소유 분산 기업이 대부분이고, 한국은 명확한 지배주주가 있는 창업 가족 중심의 기업 대다수임

② 일본은 금융회사와 상호주에 의해 지배되어 보수적이고 현상 유지적인 기업 문화가 팽배했기 때문에 저평가되었던 것이지만, 한국은 주가 상승에 대한 지배주주와 일반주주와의 이해상충 때문에 저평가되어왔던 것 (지배주주는 지분율이 중요, 일반주주는 주가가 중요)

③ 따라서 일본의 정책은 주로 외국인 투자자를 통해 상장회사에 활력을 불어넣고 정체된 기업 문화를 역동적으로 만들려는 것에 있지만, 한국은 지배주주와 일반주주 사이의 심각한 불평등 해소와 일반주주 보호에 초점을 맞추는 것이 바람직할 것

그래도 이번에 처음 나올 기업 밸류업 프로그램을 기대하며 5~6월에 완성될 내용에 들어갈 최소한의 첫 그림을 예상해 본다.

- 동일인(지배주주)과 이사회가 책임지고 시장의 평가 올릴 것
- 구체적인 방법으로,
    - √ 과다한 자기주식은 10% 이내로 소각할 것
    - √ 배당가능이익의 30% 이상 꾸준히 배당할 것
    - √ 모든 자본거래와 계열회사 내부거래에 관한 일반주주 영향 및 보상 필요한 경우 보상 방안에 대해 사전 공시하고 실행할 것 (연간 기업지배구조보고서 기재가 아님)
    - √ 주요 공시 사항에 대해 DART에 게시하는 것 이외에 회사 홈페이지에서 쉽고 자세하게 목적과 일반주주에 대한 영향에 대해 설명하고 영어로도 동시에 게시할 것
    - √ 이사 선임에 있어서 집중투표제 또는 일반주주가 최소한 1명 (지배주주 지분율 50% 초과인 경우), 또는 2명 이상 (지배주주 지분율 50% 이하인 경우) 이사를 선임할 수 있는 방식으로 정관 개정할 것
- 위와 같은 기준 충족하는 회사로서 일정한 시가총액 기준 이상인 회사

100개로 코리아 프리미엄 지수를 구성할 것이며, 매 분기마다 재평가하여 지수 포함 및 탈락 여부 결정함

물론, 처음 나오는 정책이기 때문에 이와 같은 내용이 모두 담길 것이라고 기대하지는 않는다. 당장은 시장이 실망할 정책이 나올 수도 있다. 하지만 큰 그림을 보자. 앞으로 5년, 10년을 내다보면 이 길은 가지 않을 수 없는 길이다. 한국은 이미 선진국이고 다른 선진국의 공통적인 규범을 따라가지 않을 수 없다. 한국 회사들은 대부분 창업자와 그 가족들이 아직은 최대주주이지만 그 지분율은 높지 않다. 실제로는 일반주주가 다수다. 1400만 일반주주와 150조 원 넘게 국내 주식에 투자하고 있는 국민연금을 보호하는 쪽으로 시스템이 바뀌지 않을 수가 없다. 큰 변화가 꿈틀거리고 있다. 과연 어떻게 더 바뀔까? 이제, 다가올 코리아 프리미엄의 세계로 한 걸음 더 들어가자. 그 길을 같이 걸으면서 어떻게 준비할지 같이 생각해 보자.

## 핵심 개념 정리

**G20/OECD 기업 거버넌스 원칙 (Principles of Corporate Governance):** OECD에서 각 회원국들의 기업 거버넌스 관련 제도 중 좋은 결과를 가져온 것을 모아 정리한 것. 주주에 대한 공평한 대우와 이사회의 회사와 전체 주주에 대한 의무 및 책임을 명시하고 있다. 일본의 기업 거버넌스 코드는 이 원칙을 상당 부분 따른 것으로 보인다.

**기업지배구조보고서:** 2019년부터 일정 규모의 회사가 의무적으로 공시해야 하는 기업 거버넌스에 관한 내용이 담긴 보고서. 2026년에는 코스피 전체 회사로 공시 의무가 확대되는데, 작성을 전적으로 자율에 맡겨 놓고 1년에 한 번 사후적으로 작성하다 보니 추상적이고 형식적인 내용으로 공시되는 실효성 없는 보고서가 되고 말았다.

**기업 밸류업 프로그램:** 2024년 1월 우리 정부가 코리아 디스카운트 해소를 위해 도입하겠다고 예고한 정책. 금융위원회와 한국거래소가 주축이 되어서 주식이 저평가된 회사에 대해 기업가치 향상을 위한 계획을 요구할 것으로 예상되고 있다. 주로 일본 도쿄증권거래소의 정책을 참고할 것으로 보이는데, 다만 일본 거래소는 2015년 이후 기업 거버넌스 코드 제정 등 기초적인 제도를 정비한 후 이를 기초로 시행하고 있는 정책이라는 점에서 한국에서 제대로 정착될 것인지에 대한 우려도 있다.

# 16.
# 미리 보는 코리아 프리미엄 시대의 모습

코리아 프리미엄 시대에는 어떤 일이 있을까? 사실 G20/OECD 기업 거버넌스 원칙에서 아주 많이 엿볼 수 있다. 한국이 진작부터 도입해야 했는데 하지 않고 있는 내용이기 때문이다. 원칙은 두 번째부터 여섯 번째 항목까지 구체적으로 어떤 원칙들이 각 회원국의 제도에 포함되어야 하는지에 대해 상세히 설명한다. 이 중에는 우리나라에 이미 들어와 있는 제도도 있지만 없는 내용이 더 많다. 특히 이사회의 주주에 대한 의무에 관한 내용은 확연히 다르다. 이렇게 다른 내용이 바로 한국과 다른 선진국의 차이인 것이고, 그만큼 코리아 디스카운트가 생기는 것이다. 하지만 동시에 우리나라에 들어오면 빠르게 프리미엄으로 바뀔 수 있는 중요한 신호이자 핵심 내용이 되는 것들이다. 자, 그러면 이제 G20/OECD 기업 거버넌스 원칙이 알려주는 코리아 프리미엄 시대의 모습에 대해 미리 차근차근 살펴보자.

## 이해충돌 해결을 위한 핵심적 방법은 회사와 주주에 대한 충실의무

OECD 원칙은 주주와 같은 회사의 주요한 소유 기능에 대한 권리 보장과 공평한 대우에 대해 설명한다. 여기에는 여러분이 대부분 알고 있는 주주의 기본 권리, 즉 주주총회에 참석하고 투표할 권리, 이사를 선출하고 해임할 권리, 회사에 대한 충분한 정보를 적시에 제공받을 권리 등이 나열되어 있다. 한국의 현실과 관련해서 특별히 눈에 띄는 부분은 바로 기업집단 내에서의 특수관계자 거래에 관한 부분이다 (II. F항 및 G항).

II. F항에서는 특수관계자 거래가 '이해충돌' 때문에 문제가 된다는 점을 명확히 밝히고, 특히 기업집단이 많고 기업의 소유권이 집중되어 있는 (분명한 대주주가 있는 경우) 내부거래의 악용 가능성을 해결하는 것이 중요한 정책 과제임을 분명히 한다. 나아가 OECD 원칙은 II. G항에서 소수주주가 지배주주의 어떤 행위로부터 보호받아야 한다는 점을 선언한다. 영어 공부하는 셈치고 이 부분의 원문을 보면 아래와 같다.

> II. G. Minority shareholders should be protected from abusive actions by, or in the interest of, controlling shareholders acting either directly or indirectly, and should have effective means of redress. Abusive self-dealing should be prohibited.

직역하면, '소수주주들은 직접 또는 간접적으로 지배주주에 의하거나 그 이익을 위해 이루어지는 abusive 행위로부터 보호받아야 하며, 이를 시정할 수 있는 효과적인 수단을 가져야 한다. abusive한 자기거래는 금지되어야 한다.' 정도로 해석될 수 있을 것 같다. 그런데 여기에서 'abuse' 또는 'abusive'는 한글로 옮기기가 좀 어렵다. 이 단어 자체의 뜻은, 사람이나 동물을 함부로 대하는 것(학대), 해를 입히거나 잘못된 방식으로 이용하는 것(남용, 오용, 악용) 또는 부패하거나 나쁜 관행이나 습관(악폐, 폐해, 악습) 등인데, 이 상황에서는 딱 들어 맞는 한글 단어가 없다. 아쉽지만 이 맥락에서 가장 근접한 한글 단어는 abuse의 경우 '악용하다', abusive의 경우 '악용하는' 인 것 같으니, 이 단어를 넣어 다시 해석해 보자. OECD 원칙은 이렇게 선언하고 있는 것이다.

II. G. 소수주주들은 직접 또는 간접적으로 지배주주에 의하거나 그 이익을 위해 이루어지는 (권한을) 악용하는 행위로부터 보호받아야 하며, 이를 시정할 수 있는 효과적인 수단을 가져야 한다. (권한을) 악용하는 자기거래는 금지되어야 한다.

영어 학습서도 아닌데 이 부분을 좀 길게 살펴본 이유는, 여기가 지금까지 살펴본 코리아 디스카운트의 모습, 그리고 뒤집어 앞으로 다가올 코리아 프리미엄 시대의 모습을 아주 잘 보여주고 있기 때문이다. 그러면 II. G항의 내용을 조금 더 한글로 읽어보자.

많은 상장회사에는 지배주주가 있다. 지배주주가 있으면 경영진에 대한 면밀한 감독을 통해 대리인 문제를 줄일 수 있지만, 법과 규제의 체계가 취약하면 다른 주주들에 대한 악용행위가 발생할 수 있다. 자기거래를 통한 악용은 지배주주를 포함하여 회사와 밀접한 관계가 있는 사람이 그러한 관계를 부당하게 이용하여 회사와 투자자에게 피해를 발생시키는 경우 발생한다.

약간 소름이다. 마치 현실을 미리 예측하고 있었던 것 같은 내용이기 때문이다. 지배주주와 일반주주 사이에서 벌어지는 상황은 비단 한국에서만 있는 일은 아니었나보다.

### 지배주주와 기업집단이 많은 경우 법과 규제 체계가 특히 중요

이 내용은 앞에서 살펴보았던 3단계 주식회사와 4단계 주식회사의 얘기와 일맥상통한다. 지배주주가 있는 3단계 주식회사에서는 지배주주가 이사를 거의 모두 선임할 수 있기 때문에 경영진에 대한 사실상 직접 통제가 가능하다. 그렇기 때문에 주주가 분산된 4단계 주식회사에서 문제되는 주주 전체와 사장(경영진) 사이의 대리인 문제를 많이 해결할 수 있다. 사장이 주주의 이익이 아닌 자신의 이익을 위해 경영하는 문제는 적다는 얘기다. 하지만, 법과 규제의 체계가 취약하면 지배주주가 아닌 '다른 주주', 즉 일반주주에 대한 악용행위가 발생할 수 있다는 점을 이미 OECD 원칙은 잘 인식하고 이를 경고하고 있다. 그리고 지배주주가 회사와 자신

또는 밀접한 관계에 있는 사람과의 거래를 통해 자신에게 이익이 되도록 하는 거래를 대표적인 예로 들면서, 이는 회사와 투자자(주주)에게 피해를 발생시키는 행위라는 점을 명확히 설명한다. 바로 자기거래는 공정 불공정이 문제되는 행위가 아니라 주주들 사이의 이해충돌 문제라는 얘기를 하고 있는 것이다. 나아가 OECD 원칙은 이러한 소수주주에 대한 지배주주의 악용행위를 아래와 같이 조금 더 구체적으로 설명한다.

소유와 지배를 분리하는 법적 수단을 이용하여 지배주주가 자신이 소유자로서 부담해야 하는 위험의 수준에 맞지 않는 지배력을 행사하는 것을 법 제도가 허용하고 시장이 용인하는 경우 악용행위의 가능성이 뚜렷이 드러난다. 이러한 악용행위는 가족 및 관계자 직원에 대한 높은 급여나 상여를 통한 직접적인 사적 이익 추구, 부적절한 특수관계자 거래, 조직적이고 편향된 사업상 결정, 지배주주에게 유리한 특별한 주식의 발행을 통한 자본 구조 변경 등 다양한 방법으로 벌어질 수 있다.

놀라움의 연속이다. 하지만 조금 어렵게 쓰여 있어 쉽게 풀어 설명해야 할 것 같다. 먼저 '소유와 지배를 분리하는 법적 수단'이란 전체를 소유하지 않아도 의사결정의 대부분을 독점할 수 있는 회사나 법인의 구조, 즉 지주회사나 기업집단 구조를 의미한다. '지배주주가 자신이 소유자로서 부담해야 하는 위험의 수준에 맞지 않는 지배력을 행사하는 것'이란 낮은 지분율에 비해 과도한 의사결정 권한을 갖는다는 뜻이다. 다시 말하면 지주회사나 기업집단 구조를 통해 하나의 회사에서만 일정한 소유권을 확보해도 나머지 회사들에 대한 의사결정을 대부분 독점할 수 있다는 것이다.

조금 어려운 말로 이것을 '의결권 승수' 또는 '소유지배 괴리도'라고도 한다. 우리나라의 대기업 집단은 2006년에 개인 최대주주 가족이 평균 9.17%의 지분율로 기업집단 전체에 대해 약 39.71%의 의결권을 행사할 수 있는 것으로 파악되었다. 따라서 의결권 승수가 약 6.71배였다[123]. 이 수치는 대기업 집단이 대부분 지주회사 구조로 변경된 후 더욱 증가했다. 2023년 공정거래위원회 발표에 따르면 우리나라의 공시대상기업집단(상위 82개 기업집단) 중 개인 최대주주가 있는 72개 기업집단의 최대주주 가족이 보유한 지분율은 평균 3.6%이지만, 계열회사 등을 포함하여 기업집단 전체에 대해서는 61.2%의 의결권을 행사할 수 있는 것으로 조사되었다. 이제 의결권 승수는 17배에 달하게 된 것이다[124].

우리나라의 법과 제도는 이러한 높은 소유와 지배의 괴리를 허용하고 있다고 볼 수 있다. 공정거래법 상 지주회사는 상장된 자회사의 지분율을 30% 이상으로만 유지하면 되고, 자회사도 손자회사의 지분을 30% 이상만 갖고 있으면 되며, 이렇게 지주회사로 인정받으면 자회사가 지주회사에게 지급하는 배당에 대한 소득세(법인세)를 80~100% 감면해 주기 때문이다[125].

OECD 원칙은 이런 제도 하에서 가족 및 관계자 직원에 대한 높은 급여나 상여를 통한 직접적인 사적 이익 추구, 부적절한 특수관계자 거래, 조직적이고 지배주주에게 편향된 사업상 결정, 그리고 지배주주에게 유리한 특별한 주식의 발행을 통한 자본 구조 변경 등의 악용행위가 나타날 가능성이 높다고 설명한다. 우리나라 기업집단에 관해서 지속적으로 제기되고 있는 문제와 판박이다. 「법무기」에서 모두 배웠던 방법이기도 하다. 근본적으로 이러한 문제들이 거래의 가격이나 물량이 유리한 '부당거래'의 문제가 아니라, 지배주주와 소수주주 사이의 이익과 손해가 엇갈리면서 나오는 '이익충돌'에서 나오는 문제이기 때문에 공정거래법이 아니라 회사법에서 해결해야 한다는 점에 대해 얘기한 적이 있었는데[126], OECD 원칙도 역시 같은 관점에서 설명하고 있다. 다음 내용을 계속 보자.

공시에 더하여, 이러한 악용행위의 가능성을 잘 처리하기 위한 핵심적 방안은 회사와 모든 주주에 대한 이사회 구성원의 충실의무를 명확히 규정하는 것이다. 사실, 소수주주에 대한 악용행위는 이러한 측면의 법규 체계가 취약한 나라에서 가장 두드러지게 나타난다. 기업집단이 많고 이사의 충실의무가 애매모호하거나 심지어 기업집단에 대한 것으로 해석될 수도 있는 몇몇 나라에서는 특히 문제가 발생한다. 이러한 경우, 몇몇 나라는 어떤 다른 계열회사에게 유리한 거래를 하면 다른 계열회사로부터 그에 맞는 이익을 받아 이를 상쇄하는 방식으로 부정적 효과를 통제하기 위한 일련의 규칙을 발전시켜 왔다. 기업집단 구조 하에서 일하는 이사들을 위한 핵심 근본 원칙은 어떤 회사가 다른 회사에 의해 지배된다고 해도 그 이사의 충실의무는 자신의 회사와 모든 주주에 대한 것이지 기업집단의 지배회사에 대해 있는 것이 아니라는 점이다.

이 내용은 너무나 뼈아프다. 「법무기」에서 세상을 바꾸는 세 글자 '총주주'에 대해 말했던 것과 같이, 우리 법제 (상법 제382조의3)에서는 이사에게 회사에 대한 충실의무만 인정하고 있으며 해석상으로도 주주에 대한 충실의무는 없는 것으로 보는 것이 다수설이다. 합병과 같이 회사와 무관하게 주주 사이에 거래가 있는 경우(자본거래)에도 그렇다. 게다가 우리나라는 대부분의 대기업이 여러가지 사업을 함께 영위하는 기업집단으로 구성되어 있다. 그리고, 개별 회사의 이사가 그 회사가 아닌 기업집단 전체의 이익을 위해 일했다는 항변을 이사의 배임죄 판단에 고려한 듯한 판결도 있다[127]. 현실적으로는 개별 회사의 이사들이 기업집단 전체의 이익이라는 모호한 개념을 염두에 두는 경우가 상당히 많아 보인다. OECD 원칙은 이렇게 기업집단이 많으면서 이사회의 회사와 주주 전체에 대한 충실의무가 명확히 규정되지 않은 나라에서 소수주주에 대한 악용행위가 나타날 가능성이 높다고 경고하는데, 이러한 문제를 해결하기 위해서 공시disclosure 에만 의존하면 안 되고 회사와 모든 주주에 대한 이사회 구성원의 충실의무duty of loyalty를 명확히 규정하는 것이 핵심적 방안이라는 점을 강조한다.

'총주주', 즉 주주 전체에 대한 충실의무를 어디엔가 규정하는 것은 - 법이든, 거래소 규정이든, 상장회사의 정관이든 - 가장 확실하고 근본적인 코리아 디스카운트 해소의 시작이다. 코리아 디스카운트의 해결이 절실해지면 질수록 이런 근본적 변화가 해결방법으로 선택될 가능성이 높아질 것이다. 그리고, 그것이 바로 코리아 프리미엄으로 상황이 뒤집히는 가장 중요한 신호다. 계속 가 보자.

소수주주를 보호하기 위해 효과적인 것으로 증명된 다른 일반적인 규정으로는 신주에 대한 우선 배정권, 일정한 주주 결정 사항에 있어서의 적격다수결qualified majority, 이사 선출에 있어서 집중투표제 등이 있다. 몇몇 기업집단의 구조는 비율에 맞지 않는 불투명한 지배로 이어질 수 있으며, 이로 인해 발생하는 비지배주주들의 권리에 발생할 수 있는 위험을 고려하여 몇몇 나라에서는 상호주 보유와 같은 기업집단 구조를 제한하고 있다. 어떤 환경 하에서는, 몇몇 나라는 지배주주가 독립적인 평가를 통해 산정된 가격으로 나머지 주주들의 주식을 모두 사들이도록 요구하거나 허용한다. 이는 특히 지배주주가 회사를 상장폐지하기로 결정할 때 중요하다. 소수주주 권리를 향상시키기 위한 다른 수단으로는 대표소송과 집단소송이 있다. 대부분의 규제기관은 주주로부터 불만을 접수하고 조사하는 체계를 갖추고 있고, 몇몇은 관련 정보의 공개 (내부자 고발 포함) 및 자금지원을 통해 소송을 지원할 수 있다. 시장 신뢰도 향상이라는 공통의 목표가 있지만, 소수주주를 보호하기 위한 규정 선택과 궁극적인 설계는 전반적인 규제 체계와 국가의 법률 체계에 따라 달라질 수밖에 없다.

OECD 원칙은 II. G항에서 마지막으로 그 밖에 소수주주 보호에 효과가 있는 방법 몇 가지를 나열하며 각국 정부에 조언을 한다. 신주에 대한 우선 배정권은 우리 상법에도 적용되어 있는 신주인수권을 말한다[128]. 하지만 이러한 주주의 비례적 권리 보호는 우리나라에서 많이 손상되어 있다. 앞에서 보았듯이 자기주식을 회사의 다른 자산과 똑같이 보고 이사회가 제3자에게 처분하는 것을 허용한 대법원 판례가 있기 때문이다. 일정한 주주 결정 사항에 대한 적격 다수결qualified majority이란 EU에서 쓰는 방식으로서 전체 의결권의 55%, 65% 또는 72%와 같이 전체 의결권의 비율로 의결 정족수를 규정하는 방식을 말한다[129]. 우리 상법에도 영업양도나 합병과 같은 중요한 사안에 대해서 출석 주식수의 3분의 2가 찬성하는 특별결의를 하도록 정해져 있는 것이 비슷하지만, 우리 상법의 특별결의는 그와 동시에 전체 주식수의 3분의 1 이상이기만 하면 되어서 약간 다르다. 적격 다수결이 훨씬 강한 방식이다. 그 밖의 제도 중에 우리나라에 적용되어 있는 것도 많지만, 이러한 세부적인 제도는 OECD 원칙도 언급하고 있듯 각국의 법체계에 따라 달라지는 것이고, 무엇보다 중요한 것은 회사와 모든 주주에 대한 이사회의 충실의무를 명확히 규정하는 것이 될 것이다.

OECD 원칙은 이어 III장에서 기관투자자, 주식시장 기타 중개인에 대한 내용, IV장에서 공개 및 투명성의 원칙에 대해 세부적인 내용을 규정하고, V장에서는 구체적인 이사회 구성의 원칙에 대해 상세히 다룬다. 이는 II장에서 다루었던 이사회의 회사 및 주주에 대한 의무를 현실적으로 구현하기 위한 방안인데, 구체적으로 이사의 의무를 수탁자 의무fiduciary duty에 포함되는 두 가지 의무인 선관주의의무duty of care와 충실의무duty of loyalty로 나누어 설명한다. 이는 일본 기업 거버넌스 코드에 관해서 살펴보았던 것과 거의 같은데, OECD 원칙의 주요 내용을 다시 살펴보면 아래와 같다.

## V. 이사회의 책임

기업 거버넌스 체계에는 회사의 전략적 지침, 효과적인 이사회의 경영진 감독, 회사와 주주에 대한 이사회의 책임이 반드시 있어야 한다.

(중략)

V.A. 이사회 구성원은 완전한 정보 하에, 선의로, 상당한 주의를 다하여, 회사와 주주의 최선의 이익을 위하여 행동해야 하고, 이해관계자의 이익을 고려해야 한다.

이 원칙은 이사회 구성원의 수탁자 의무에 관한 두 가지 핵심 요소를 규정한다: 선관주의의무 duty of care와 충실의무 duty of loyalty. 선관주의의무는 완전한 정보 하에, 선의로, 상당한 주의를 다하여 행동할 것을 요구한다. 몇몇 나라에서는 유사한 상황에서 합리적으로 신중한 사람이 취해야 할 행동에 대한 참고 기준이 있다. 모범 실무례에 따르면 완전한 정보 하에 행동해야 한다는 것은 이사회 구성원이 회사의 핵심 정보와 법규 준수 시스템이 근본적으로 건전하다는 점과 원칙이 지지하는 이사회의 핵심적 감독 역할 지원에 만족해야 한다는 것을 의미한다. 많은 나라에서 이러한 의미가 이미 선관주의의무에 포함되어 있는 것으로 여겨지며, 그 밖의 나라에서도 증권 관련 규제나 회계 기준에 의해 요구된다.

충실의무는 무엇보다 가장 중요한데, 이 의무가 예를 들어 주주에 대한 공평한 대우, 특수관계자 거래에 대한 감독이나 핵심 경영진 및 이사회 구성원에 대한 보상 정책의 수립 등에 관한 다른 원칙에 대한 효과적인 이행을 뒷받침하기 때문이다. 이는 또한 기업집단 구조 하에서 일하는 이사회 구성원의 핵심 원칙이기도 한데, 그 회사가 다른 회사에 의해 지배된다고 하여도 이사회 구성원이 부담하는 회사에 대한 충실의무는 기업집단의 지배회사가 아니라 그 회사 및 모든 주주에 대한 것이다.

(후략)

OECD 원칙의 이 부분 내용을 보면 이사회의 의무에 대한 내용이 보다 명확해진다. 회사와 모든 주주에 대한 충실의무가 없다면 주주 평등이나 특수관계자 거래와 같은 다른 중요한 이해충돌 상황에서 문제를 해결할 기준이 없어진다. 이해충돌이란 둘 중 하나의 이익은 다른 하나의 손해라는 뜻인데, 기준과 원칙 없이는 선택을 할 수가 없다. 원칙은 나아가 특히 이사회 구성원이 어떤 주주의 지지를 받아 선출되었는 지와 관계없이 모든 주주를 공평하게 대하여야 한다고 하고, 이러한 내용은 이사회 구성원 다수 또는 전부를 선출할 수 있는 지배주주가 있는 경우 특히 중요하다고 강조한다 (V.B항).

## OECD가 친절하게 가르쳐 주는 그대로만 하면 된다

OECD 기업 거버넌스 원칙은 마지막으로 지속 가능성과 회복 탄력성(VI)을 강조하는데, 이는 앞에서 살펴본 II부터 V까지의 요소를 기업이 갖춰야 하는 이유가 된다. 효과적인 기업 거버넌스 체계는 주주를 공평하게 대하며, 정보가 투명하게 공개되고, 이사회가 회사와 주주에 대해 선관주의의무와 충실의무를 성실하게 이행하는 법과 제도를 의미하고, 이러한 기반이 있어야 기업이 오랫동안 성장할 수 있고 위기를 겪더라도 빠르게 회복할 수 있는 것이다. 자, 코리아 프리미엄이란 멀리 있는 것이 아니다. 우리가 이미 30년 전에 가입한 OECD가 친절하게 가르쳐 주는 대로, 중요한 것부터 하나하나 이행하기만 하면 된다.

그러면 OECD 원칙이 우리나라에 들어오면 어떤 일이 생길까? 이사회가 회사 뿐만 아니라 주주에 대해서도 충실의무를 갖게 되면 어떻게 될까? 회사에 대한 의무와 주주에 대한 의무가 충돌하는 것을 걱정하는 사람도 있다. 회사가 경영 판단을 할 때 항상 일반주주의 의견을 반영할 수는 없다고 난색을 표하는 의견도 있다. 하지만 그럴 일은 전혀 없다. 이사회와 경영진은 평소에는 그냥 회사를 위해 최선을 다해 경영 판단을 하면 된다. 일반적인 사업상 판단에서는 회사의 이익이 곧 주주 전체의 이익이다. 회사의 성과에 대해서 지배주주나 소수주주나 모두 같이 지분율에 비례해서 이익을 나눠 갖게 되는 것이다. 주주 중 누구에게만 배당을 하거나 누구의 주식만 매입해서 소각할 수는 없고, 누구의 주가만 오르는 것이 아니기 때문이다.

주주들 사이에 이익과 손해가 엇갈리는 경우에만 전체 주주에 대한 충실의무가 문제된다. 회사가 지배주주 (또는 어떤 일반주주)와 거래하거나 또는 다른 사람과 거래하지만 지배주주 (또는 어떤 일반주주) 에게만 이익이 되는 거래를 할 때, 양쪽에 모두 지분이 있는 주주와 관계된 합병이나 일부 주주에게 불리한 방식으로 분할을 할 때, 지배주주가 경영진이나 이사 등으로 직접 일하는 경우 그에 대한 보수를 정할 때와 같이 일부 주주에게만 이익이 되는 거래가 있을 때만 주주에 대한 충실의무를 생각하면 된다. 요약하면, 계열회사간 내부거래, 주주간의 자본거래, 이해상충 거래에 대해서만 주주에 대한 충실의무를 걱정하면 된다. 이런 때에는 이익을 보는 주주를 제외한 나머지 주주들이 다수결로 그 거래를 승인하도록 한다던지, 피해를 보는 주주들에 대한 적절한 보상안을 결정하는 등의 방법으로 충실의무를 준수할 수 있을 것이다.

 OECD의 다른 기업 거버넌스 원칙들도 이미 그 이행 방법에 대해 상세히 정리되어 있다. 회원국들이 어떻게 원칙을 자국의 법과 제도에 적용하고 있는지 풍부한 사례도 있다. 가까이는 이미 일본이 이 원칙의 내용을 거의 그대로 적용해서 잃어버린 20년을 극복하고 자본시장과 함께 실물 경제까지 살리는데 성공하고 있다는 사실을 살펴본 바 있다. 이미 잘 정리된 레시피가 차고 넘치는데 자꾸 요리 못한다고 외면하지 말자. 잘 모르겠으면 일단 무작정 따라하고, 간이 안 맞으면 소금이나 간장을 조금 더하면 된다.

## 핵심 개념 정리

**소수주주 악용 (또는 착취)**: 지배주주가 높은 급여나 상여를 통한 직접적인 사적 이익 추구, 부적절한 특수관계자 거래, 조직적이고 편향된 사업상 결정, 그리고 지배주주에게 유리한 특별한 주식의 발행을 통한 자본 구조 변경 등 다양한 방법으로 소수주주에게 돌아가야 할 이익을 지배주주 자신에게 돌리는 행위.

**충실의무의 중요성**: 이사회의 주주에 대한 수탁자 의무(fiduciary duty)에 포함된 충실의무(duty of loyalty)는 특히 주주에 대한 공평한 대우, 특수관계자 거래에 대한 감독이나 핵심 경영진 및 이사회 구성원에 대한 보상 정책의 수립 등에 관한 다른 원칙에 대한 효과적인 이행을 뒷받침하기 때문에 중요하다.

주주에 대한 충실의무가 도입된다고 해서 이사회가 특정 주주를 항상 신경 써야 하는 것은 아니다. 일상적인 경영 상황에서는 회사를 위해 최선을 다하면 그것이 곧 모든 주주에 대한 충실의무 이행이 된다. 다만 주주들 사이의 거래인 자본거래나 주주들 사이의 이익과 손해가 엇갈리는 계열회사간 내부거래 등의 경우에 신경 쓰면 된다.

## 보너스
## 디스카운트 해소를 넘어, 프리미엄이 가능한 이유

지난 4년여 동안 우리 자본시장에서 있었던 일들을 다시 떠올려 보자. 2020년 LG화학 물적분할, 2021년 카카오페이 경영진 주식 대량 매도로 인한 일반주주 보호 필요성에 대한 강력한 여론 형성과 정부의 관심, 2022년부터 2023년까지 있었던 SM, 하이브, 카카오의 경영권 분쟁과 공개매수로 인한 일반 대중의 자본시장의 공정성에 대한 관심, 이런 강력한 흐름이 결국 일반주주 보호 및 코리아 디스카운트 해소에 대한 정부의 대응을 이끌어 낼 수 있었다는 얘기를 했다. 그리고 지금까지 우리는 실제로 복잡하게 얽혀 있는 코리아 디스카운트의 원인을 하나씩 들여다보고, 실제로 무엇을 해야 하는지에 대해서 이미 여러 외국과 OECD의 사례와 기준에 나와 있다는 얘기를 했다.

## 적절한 지배주주 지분율에서
## 프리미엄이 나올 수 있다

그런데 여러분은 하나 의문이 있을 수 있다. 그런 코리아 디스카운트의 원인을 다 없애고 외국의 기준을 잘 공부해서 적용하면 한국 회사도 다른 나라들과 '비슷한' 평가를 받게 되는 것이지, 그보다 더 높은 평가를 받는 '프리미엄'도 가능한 거라는 말인가? 결론적으로 그렇다고 생각한다. 한국 사람이 세계적으로 부지런하다거나, IT와 같은 미래 지향적인 산업 구조를 갖고 있어서 그렇다는 흔한 이야기를 하려는 것은 아니다. 기업 거버넌스의 관점에서, 한국과 같이 30~60% 정도의 지배주주가 있는 구조에서 수익성 관련 경영성과가 가장 좋을 수 있다는 실증적, 통계적 연구 결과가 있어서 소개하고 현실과 버무려서 얘기해 보려는 것이다[130]. 물론 이 연구는 그런 구조에서 주가는 오히려 낮아진다는 현실을 알려준다. 하지만 그렇게 주가가 낮아지는 원인 역시 알려주고 있기 때문에, 우리는 아이디어를 얻을 수 있다. 이 문제만 해결하면 수익성과 주가 상승의 두 마리 토끼를 다 잡을 수도 있다는 것이다. 이 연구는 2006년에 한국은행의 연구자 두 명이 한국 회사들을 대상으로 실증적으로 연구했던 소중한 자료다. 이제 한 번 자세히 들어가 보자.

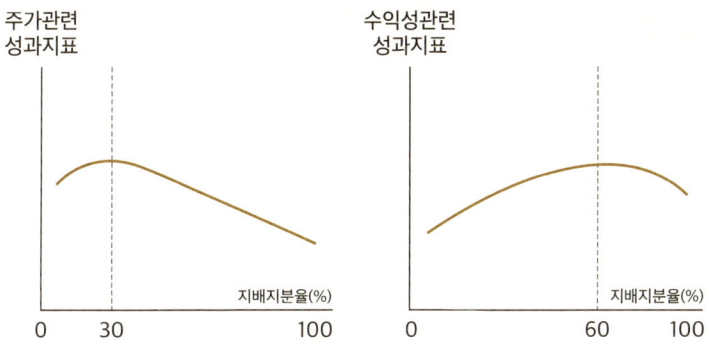

<그림 38. 한국 상장회사 지배주주의 지분율과 경영성과간의 관계>

이 연구 결과에서 가장 눈에 띄는 그래프를 먼저 보자. 오른쪽은 지배주주 지분율이 높을 수록 회사의 이익이 얼마나 많아지는지에 대한 그림이다. 왼쪽은 지배주주의 지분율이 높을 수록 주가가 얼마나 높아지는지에 대한 그림이다. 0%부터 같이 보기 시작하면 처음에는 지배주주의 지분율이 올라갈 수록 수익성과 주가가 같이 올라간다. 이후 수익성은 지배주주 지분율이 60%까지 올라가다가 내려가지만, 주가는 약 27%까지만 올라가다가 내려가는 모습을 보인다. 연구는 이 점을 두고 이렇게 해석한다.

지배지분율이 낮은 상태 (27% 이하)에서는 대주주의 경영행위에 대한 기업 내·외부의 감시가 어느 정도 작동함으로써 지배지분율 상승에 따른 책임경영의식 향상과 이에 따른 수익성 개선이 시장에서 적절히 평가받는다[131]. 수익성 관련 성과의 경우, 지배지분율이 높아질수록, 즉 경영권을 가진 대주주의 기업 지배권이 강할수록 향상되는 것으로 추정되었는데, 이는 강한 리더쉽과 책임경영의 장점이 작용하고 있기 때문으로 보인다. 다만 지배지분율이 60% 이상으로 매우 높은 경우에 지배지분율이 높아질수록 수익성이 악화되는 이유는 경영감시 및 견제의 미흡 등에 따른 지배주주의 경영권 오·남용, 사익추구 행위 등 대주주 경영의 단점이 수익성 하락으로 현실화되기 때문으로 보인다.

이러한 수익성과 주가의 성과에 대한 연구 결과를 하나의 그래프로 합치면 아래와 같은 그림을 그릴 수 있을 것 같다.

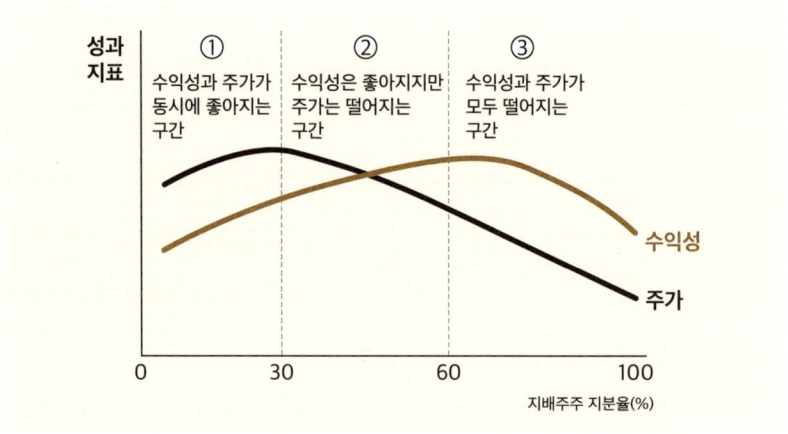

[그림 39. 지배주주 지분율에 따른 수익성과 주가 경향 (1)]

지배주주의 지분율이 27% 보다 낮으면 수익성과 주가가 모두 개선되고, 60% 보다 높으면 둘 다 나빠진다. 자, 이제 문제는 바로 가운데 27~60% 구간이다. 기업의 수익성은 좋아지지만 주가는 오히려 떨어지는 이 구간, 어떻게 설명할 수 있을까? 우선 연구자들은 이렇게 설명한다.

(지배지분율 27% 이상에서) 주가 관련 성과는 지배지분율이 높아질수록 경영투명성 결여와 지배주주의 독단적 경영에 대한 우려 확대에 기인하여 저조해지는 경향이 있고[132], (이는) 외환위기 이후 정부와 기업의 소유지배구조 개선노력에도 불구하고 지배지분율이 높은 대주주가 경영하고 있는 기업에 내재하고 있는 경영의 불투명성과 독단적 경영 가능성에 대한 시장의 의구심이 여전히 남아 있음을 시사한다[133]. (이렇게) 기업의 양호한 수익성이 주가상승을 통한 기업가치 향상으로 연결되지 못하고 있는 문제점을 해결하기 위해서는 지배주주의 독단적 경영과 경영 투명성 결여에 대한 시장의 우려를 불식시키는 것이 무엇보다 중요한 것으로 판단된다. 따라서 지배주주의 경영권 오·남용 차단장치 강화 및 기업경영의 투명성과 책임성 제고 등을 위한 정책적 노력이 지속되어야 할 것으로 보인다. 집중투표제 및 서면투표제 도입, 내부거래위원회(사외이사 비중이 높은) 설치 운영 등을 통하여 지배주주에 대한 내·외부 견제시스템을 더욱 강화하는 한편 실질적으로 경영에 참여하는 독립적인 사외이사 선임 등 기존 감시제도의 실효성을 제고할 필요가 있다[134].

즉, 27~60% 구간에서 회사의 수익성은 올라감에도 불구하고 주가가 떨어지는 이유에 대해 연구자들은 '경영의 불투명성과 독단적 경영 가능성에 대한 시장의 의구심 또는 우려'로 해석하고 있다. 여러분은 어떻게 생각하는가? 단순한 의구심이나 우려일까? 물론 이 연구가 진행될 2000년대 초 중반 당시에는 공시나 회계의 투명성이 아직 부족해서 그렇게 표현되었을 수도 있을 것 같다. 하지만, 사실 같은 연구 안에 답이 있었다.

| 지배지분율 | 30% 미만 | 30~50% | 50~70% | 70% 이상 | 평균 |
|---|---|---|---|---|---|
| 평균 PER | 11.63 | 9.86 | 8.39 | 6.94 | 9.55 |

<표 13. 지배지분율 수준별 주가수익비율(PER)>

| 평가시점 | 한국 | 일본 | 미국 | 대만 | 인도 | 중국 | 멕시코 |
|---|---|---|---|---|---|---|---|
| 2003.8월 | 8.37 | 19.06 | 16.89 | 14.61 | 11.35 | - | - |
| 2006.3월 | 9.79 | 19.40 | 15.31 | 11.61 | 17.31 | 12.16 | 14.66 |

*자료: 김선구 외(2003) p.12, IBES(the Institutional Brokers)

<표 14. 주요국의 평균 PER 비교>

두 표는 각각 분석 대상 한국 기업의 지배주주 지분율에 따른 평균 PER (주가수익비율)과 전체 한국 기업의 평균 PER, 일본, 미국 등 다른 나라의 평균 PER을 비교한 것이다. 그 때도 한국은 다른 나라의 절반 수준이었고, 중국보다도 낮았다. 그런데 이러한 수치에 대해 연구는 다음과 같이 해석한다.

우리나라 기업의 평균 PER은 국제적으로 매우 낮은 수준인데 (Korea Discount), 이는 지배주주의 지배권 남용과 이로 인한 소액주주 또는 채권자의 이익침해 문제가 심각하다는 국내외 투자자들의 인식에 상당부분 기인한 것으로 보인다. 즉, 지배주주가 기업의 이익을 소액주주에게 배당으로 돌려주거나 미래 수익사업을 위해 재투자하는 것이 아니라 부실 계열사를 지원하거나 자신의 사익을 위해 이용할 수도 있다는 우려가 상존하고 있음을 의미한다[135].

연구자들은 바로 여기에서 답을 하고 있었던 거다! 지배주주의 지분율이 27% 미만인 경우에는 다른 주주들의 견제가 작동하기 때문에 배당과 재투자 등이 제대로 이루어져 수익성과 주가가 같은 방향으로 움직인다. 하지만 27%가 넘어가면 다른 주주들의 견제가 어려워지기 시작해 경영 성과는 좋지만 분배가 나빠지거나 지배주주의 사익추구가 발생하는 현상이 일어난다는 것이다. 그러다가 지배주주 지분율이 60% 이상으로 압도적으로 높아지면 그런 사익추구가 결국 경영 성과를 갉아먹는 지경에 이른다는 것을, 이 연구와 그래프는 보여주고 있다. 그렇다면 위 그래프는 아래와 같이 다시 그릴 수 있을 것 같다.

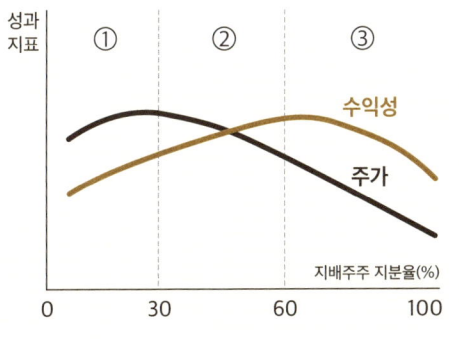

[그림 40. 지배주주 지분율에 따른 수익성과 주가 경향 (2)]

그러면, 이제 답이 나왔다. 지배주주 지분율 30~60% 구간에서는 강한 리더십으로 늘어난 이익을 지배주주가 개인적 이익을 위해 이용하지 못하도록 하고 일반주주에게 배분하거나 회사의 미래를 위해 재투자하도록 하는 법과 제도가 제대로 돌아가야 한다. 그러면 높아지는 수익성 만큼 주가도 올라갈 수 있다는 것이다.

## 일반주주 보호하고 사익추구 잘 막으면
## 프리미엄 시대는 곧바로 온다

이 연구 이후 20여 년이 지난 지금, 한국 회사들은 어디에 있는가? 그 동안 큰 변화가 있었다면, 이제 대부분의 대기업 집단은 지주회사 체제라는 것이다. 그 동안 무려 172개나 되는 지주회사가 생겨서 최상위 회사의 지분으로 나머지 자회사와 손자회사 등을 모두 지배할 수 있게 되었다. 지주회사에 대한 지배주주의 지분율은 평균 46.6% (친인척 포함)인데[136], 이것은 「법무기」에서 본 인적분할 후 자사주를 활용한 지주회사 전환 방법[137]에 따라 지배주주의 지분율을 높일 수 있었기 때문이다. 한편 지주회사의 상장된 사업회사, 즉 자회사에 대한 평균 지분율은 약 39.7%다[138].

위 연구의 결과를 한국의 현실에 대입해 보자. 2023년 기준 한국의 주요 상장회사들은 지주회사나 사업회사나 지배주주가 약 39~46% 정도의 지분율을 갖고 있다. 위 연구에 따르면 강한 리더십을 통해 수익성은 높아지지만 주가는 떨어지는 구간이다. 2000년대 초중반에는 사익추구나 분배를 위한 법과 제도가 갖춰지지 않았고, 따라서 이 구간에서 일반주주의 견제가 약해지면서 주가는 오히려 떨어지는 경향을 보였다는 것이 연구의 결론이다.

그렇다면 20년이 지난 지금은 어떤가? 아쉽게도 「법무기」에서 자세히 얘기해 본 것 같이, 지난 20년 동안 '부당거래'로 사익추구를 규제하려는 제도는 사실상 실패했다. 오히려 최근 몇 년간 자기주식(자사주)을 사서 지배주주의 이익을 위해 활용하는 경향은 더 강해졌으며, 일반주주가 주주총회나 이사회를 통해 지배주주를 견제할 수 있는 수단이 거의 없는 현실은 마찬가지다. 우리나라 상장회사의 평균 PER은 아직도 11~13배 정도로 보통 20배가 넘는 미국[139]의 절반 수준이고 최근 해외 투자가 몰려가고 있는 인도의 약 24배[140]는 물론 동아시아에서도 16배 전후인 일본[141]이나 대만[142]에 비해 많이 낮은 수준이다. 이렇게 '코리아 디스카운트'가 여전히 변함없이 계속되고 있다는 사실은 지배주주의 사익추구를 막고 일반주주를 보호하기 위한 법과 제도가 제대로 돌아가지 않고 있다는 사실을 반증하는 것이 아닐까? 만약 그런 법과 제도가 제대로 돌아가고 있다면 이렇게 프리미엄이 붙어야 하는데 말이다. 사실 아주 간단히 할 수 있는 말을 조금 길게 한 것 같다. 한 마디로 이런 말이다.

> "한국은 지배주주라는 리더가 있는 회사의 장점이 있으니 일반주주에 대한 보호를 확실히 하면 리더가 없는 회사가 많은 나라보다 경영 성과도 좋고 기업가치도 높게 평가받을 수 있다."

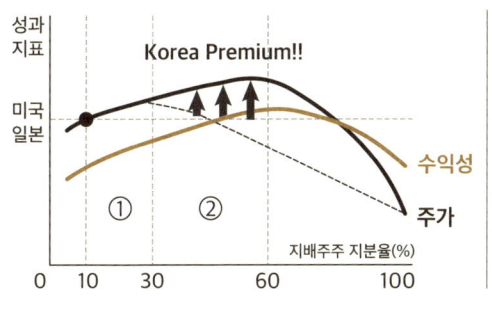

[그림 41. 미국, 영국, 일본에 비해 갖게 되는 코리아 프리미엄]

확실한 리더가 있다는 것은 한국 회사의 특징이자 장점이다. 일본 회사는 새로운 것을 결정하거나 책임지려 하지 않는 기업 문화가 종종 지적되어 왔다[143]. 미국 기업에서는 오히려 이사회나 경영진이 주주와 이해관계가 달라지는 문제가 많다고 한다. 주주가 분산되어 있는 회사의 이사회가 새로운 최대주주가 들어오는 것을 막기 위해 포이즌 필poison pill[144]과 같은 수단까지 동원하고, 직원의 수백 배에 달하는 CEO 연봉이 종종 문제가 되기도 한다[145]. 모두 특별한 지배주주가 없는 회사에서 발생할 수 있는 기업 거버넌스 문제다. 임직원 또는 경영진이 주주보다 자신의 이익을 챙길 수 있기 때문이다.

'사공이 많은 배가 산으로 간다'는 우리 속담이 있듯, 실행 없이 토론만 하는 회사는 앞으로 나아가기 어렵다. 회사는 물론 어느 조직이든 빠르게 결정하고 실행하는 리더십이 필요하다. 회사에서는 회사의 성장과 가장 경제적 이해관계가 밀접한 지배주주가 그런 역할을 담당하는 경우가 많다. 아직 시장경제를 제대로 시작한 지 두세 세대 밖에 지나지 않은 한국 회사에는 아직 대부분 지배주주가 남아 있다. 이러한 리더십을 회사를 위한 방향으로 계속 행사할 수 있도록 돕고, 사익추구를 확실히 막으며, 일반주주를 강력히 보호하면, 미국이나 일본보다 '고평가' 받는 한국 기업이 되는 것은 시간 문제가 아닐까? 그리고 그것이 바로 코리아 프리미엄이라고 불리는 강력한 우리 경제의 경쟁력이 될 것이다.

# 참고 자료

## 한국형 Poison Pill (신주인수선택권) 도입 논의의 위험성

■ **기본 개념**: 공개매수 등의 방법으로 적대적 M&A의 시도가 있을 때 인수 시도자를 제외하고 기존 주주에게만 낮은 가격으로 신주인수권(warrant)을 부여하는 것

■ **실무적 의미**: 미국과 같이 주주가 분산된 회사 (소유 분산 기업)에서 이사회가 새로운 주주(공격자)로부터 해임당하지 않기 위해 자신을 지지(선출)한 기존 주주에게만 저가로 신주를 인수할 수 있는 권리를 부여하는 것
- 기본적으로 이사회 및 경영진이 주주로부터 자신들의 지위와 이익을 지키기 위한 수단이며, 미국에서 발동 요건을 보통 지분 10~20% 매집으로 하므로 지분이 상당히 분산되어 있는 회사에서 쓰는 방법임을 쉽게 알 수 있음

■ **한국 도입 시 위험성**
- 한국 상장회사는 보통 30% 내외의 지배주주가 있고 이사회 역시 지배주주가 사실상 모두 선임하고 있으므로, 이사회가 아닌 지배주주의 지분경쟁 방어수단으로 전락함. 특정 주주를 위한 신주발행이 되므로 주주평등원칙 위반의 정도가 대단히 심각해짐.
- 현실적으로 지배주주의 강한 영향력 하에 있는 이사회는 도입에 반대하기 어려우며, 주주총회 특별결의를 거치도록 해도 아래와 같은 이유로 통과가 어렵지 않음.
  - 보통 70~80% 정도의 출석률을 보이는 상장회사 주총에서 30% 지분을 가진 지배주주는 주총 특별결의 (출석 2/3 이상, 전체 1/3 이상) 통과를 위해 약간의 추가 지지만으로 충분
  - 개인투자자 비중이 약 64%로 대단히 높은 한국 주식시장의 특성상 특정 안건에 반대하는 주주는 대부분 주식을 매도하고 회사를 떠남 (미국은 개인 20% 미만, 대부분 기관 보유하므로 즉시 매도 어려움) → 2020년 LG화학 물적분할 주주총회 77.5% 출석 82.3% 찬성으로 가결된 사례 참고 (공개적으로 반대한 10.3% 국민연금 외 반대주주는 3.4%에 불과)
- 즉, 실질적 위협 여부, 발동 지분율, 존속 기간 등 조건이 일반주주에게 불리한 신주인수선택권이 제안될 수록 일반주주들은 주식을 매도하게 되고 주주총회에서 이러한 포이즌 필 안건이 특별결의를 통과할 가능성이 높아짐
- 이러한 일이 가능한 것은 근본적으로 한국법상 이사회 또는 지배주주가 일반주주에 대해 충실(보호)의무를 부담하지 않기 때문이며, 이러한 기본적 의무 없이 '전체 주주의 이익을 위해'와 같은 정성적 요건을 넣더라도 사실상 증명을 할 수 없어, 급박하게 진행되는 신주인수선택권 부여 및 행사 실무에서 무용지물이 될 수밖에 없음 (사후적인 신주발행 취소는 매우 어려움).

Level 10.

# 다시,
# 세상을 바꾸는 세 글자

## 17.
## 이번에는, '다득표'다.

한 회사의 30% 지분, 그룹 전체로 보면 3% 지분으로
회사와 그룹 전체의 의사를 결정하고 견제를 받지 않는 지배주주

한국 기업 대부분의 거버넌스를 단순하게 한 마디로 정의하면 이렇게 표현할 수 있을 것 같다. 왜 이런 일이 계속되고 있는 걸까? 상장회사의 일반주주는 모이기 어렵고 주주총회에도 잘 출석하지 않고 길게 투자하지도 않아 30% 지분을 갖고 있는 한 명보다 힘이 없기 때문이라는 설명도 물론 맞다. 그래서 전자주주총회와 같이 한 명의 주주라도 더 의사를 표시할 수 있는 제도를 만드는 것도 분명히 의미가 있다. 하지만, 조금 더 근본적으로 생각해 보자. 회사에서 가장 많은 의사결정을 하는 대표이사

는 이사회에서 뽑힌다. 이사회는 주주총회에서 뽑히는 이사로 구성된다. 그런데 주주총회에서는 30% 주주가 지지하는 이사만 뽑힌다. 그러니 30% 주주가 지지하는 이사들이 뽑는 대표이사도 역시 30% 주주가 지지하는 사람이 되고, 그래서 결국 회사의 의사결정이 모두 30% 주주에 의해 이루어지게 되는 것이다.

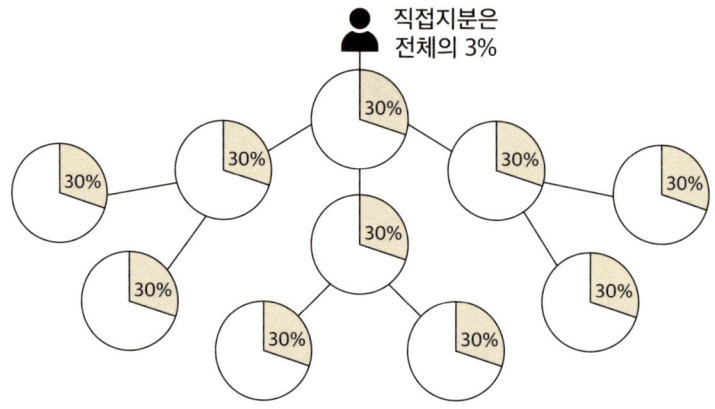

[그림 42. 3%가 전부를 결정하는 구조는 이상하다]

이게 과연 오직 나머지 70% 주주가 모래알 같이 흩어져 있기 때문일까? 그래서 이사회에서 투표권도 없는 감사를 뽑는데 최대주주의 지분율을 3%로 제한하는 예외를 두고, 보통 사람은 이해하기도 어려운데 또 회사들이 제대로 채택하지도 않는 집중투표제를 아쉬워하고, 이사회에서 감사위원이 되는 사외이사를 따로 뽑는 특별한 제도를 만들어야 하는 걸까? 그렇지 않다. 「법무기」에서 상법 제382조의3에 '총주주' 세 글자를 넣으면 세상이 바뀔 수 있다고 제안했는데 3년여 만에 법안으로 나오는 놀라운 현실을 보았으니 (부록 1 참조)[146], 이 책에서도 세상을 바꾸는 세 글자를 하나 더 제안해 보려고 한다.

## 이사를 과반수로 뽑아야
## 한다는 법은 없다

「법무기」에서는 주주였다면, 이번에는 이사회다. 우리나라의 회사들이 이사를 뽑는 방법에 기업 거버넌스의 또다른 핵심 문제가 녹아 있기 때문이다. 우선 회사의 사장(대표이사)을 뽑는 중요한 역할을 맡는 이사를 뽑는 방법에 대해 살펴보자.

> 상법 제382조 (이사의 선임) ① 이사는 주주총회에서 선임한다.

상법에는 여러분이 아는 상식과 같이 이사는 주주총회에서 뽑는다고 적혀 있다. 그런데 놀랍게도, 주식회사에서 가장 중요한 역할을 담당하며 막강한 권한을 가진 이사를 뽑는 구체적인 방법에 대해 상법은 별다른 제한을 두지 않고 있다. 주주총회의 결의 원칙은 출석 과반수 및 발행주식 총수의 4분의 1이지만, 상법의 다른 조항이나 정관에서 다르게 정할 수 있다. 하지만 이사 선임에 대해서는 다른 제한이 없어서 회사가 자율적으로 정할 수 있는 것이다. 이 조항은 1962년에 상법이 만들어졌을 때부터 지금까지 한 번도 개정되지 않은 채 똑같다. 1998년 제382조의2에 집중투표제라는 소수주주 보호 방법이 들어오긴 했지만 회사가 정관으로 하지 않겠다고 하면 그만이어서 거의 죽은 법이 되어 있다[147]. 2023년 말 기준으로 정관에 집중투표제가 적용되어 있는 회사는 2천 개가 넘는 상장회사 중 10개 남짓 밖에 안된다. 게다가 방법이 어렵기도 하다. 집중투표제란 이사를 여러 명 뽑을 때 뽑는 이사 수만큼 투표용지를 주고 그 전체를 한 명에게 '몰아서' 줄 수 있다는 방식인데, 보통 이런 방식의 투표를 해 보지 않았기 때문에 일반주주에게는 매우 생소하다. 그리고 3% 이상 주주가 따로 신청을 해야 하는 등 절차가 아주 까다롭게 되어 있다. 어쨌든 집중투표제를 하건 하지 않건 우리나라의 모든 주식회사는 주주총회에서 이사를 뽑기 위해 이사가 몇 명이든 아래와 같이 거의 똑같이 안건을 올린다.

제1-1호 안건. 이사 AAA 선임의 건
제1-2호 안건. 이사 BBB 선임의 건
제1-3호 안건. 이사 CCC 선임의 건
...

그리고 각 안건에 대해 찬성과 반대를 물어서 보통결의 (출석 주식수의 과반수이면서 전체 주식수의 1/4 이상이 찬성하면 통과시키는 방식)로 선출 여부를 결정한다. 혹시 여러분은 이상한 점을 느꼈는가? 이사회에 이사가 몇 명이든 한 명씩 따로따로 뽑는데 투표가 아무 문제없이 잘 돌아간다는 것이 이상하지 않은가? 조금 더 힌트를 주면, 주주총회에서 뽑을 이사의 수보다 이사 후보자가 더 많으면 어떻게 되는 건가? 이사회의 이사 정원이 최대 5명인 회사에서 이사 후보가 6명 나왔는데 모두 다 위와 같은 보통결의를 통과하면 어떻게 되나? 안건의 순서에 따라 5명이 선출되면 6번째 안건은 자동 폐기되는 것일까? 누구에 대해서 먼저 투표를 할 지에 대해 먼저 결정을 해야 하는 걸까?

## 이사를 한 명씩 뽑으면 주주로서의 지분율과 이사회 구성 비율에 왜곡이 생긴다

이게 별로 얘깃거리가 아니었던 이유는, 지금까지 절대 다수의 회사에서 뽑을 이사의 수에 맞는 후보만 딱 내서 주주총회에서 OX로 투표를 했기 때문이다. 그리고, 대부분 과반수로 통과되었기 때문이다. 1년에 한 번 있는 정기주주총회에서 가장 중요한 이사 선출이 아주 형식적으로 진행되었다는 거다. 실제로 주주총회 장소에 가 본 사람이라면 누구나 알 수 있을 것이다. 학창시절 학급위원을 뽑을 때도 간단히 정견 발표를 하는데, 왠만한 회사의 주주총회 장소에서는 이사 후보의 얼굴을 보기도 어렵다. 어느 학교 나와서 어떤 경력을 가진 누구라는 몇 줄 짜리 약력을 보고 투표를 한다. 이게 제대로 된 '주식' 회사라고 할 수 있을까?

중요한 문제다. 이렇게 한 명씩 가부를 결정하는 방법으로 하면 이사회를 구성하는 이사가 몇 명이든 조금이라도 지분율이 높은 최대주주가 전부를 모두 자기 마음대로 뽑을 수 있게 된다. 50%에 1주라도 더 가진 주주는 주주총회에서 보통결의로 결정하는 모든 안건을 마음대로 할 수 있기 때문이다. 그런데 사실 어찌 보면 당연하다. 과반수로 결정하는 것은 민주주의의 기초 중에 기초 아닌가? 하지만 그게 맞는 것 같으면서도 이상하다. 여기에 중요한 포인트가 하나 있다.

회사의 의사결정을 하는 기관은 이사 한 명 한 명이 아니라
여러 이사들로 구성되어 있는 '이사회'다.

과반수 주식을 가진 주주가 '이사회'의 과반수를 차지하는 것은 분명히 합리적이다. 과반수 주식을 가진 주주가 한 명 뿐인 '대표이사'를 뽑을 수 있는 권한을 갖는 것도 합리적이다. 하지만, 과반수 주식을 가진 주주가 이사회 '전체'를 갖는 것은 지나치다. 왜 이런 일이 발생할까? 이사회를 구성하는 이사 전체를 한꺼번에 뽑지 않기 때문이다. 한 명씩 따로따로 뽑으면서 그 때마다 출석 과반수로 결정하기 때문이다. 그러다 보니 다수 주식을 가진 주주가 이사회의 '전부'를 차지하게 되는 왜곡된 결과가 나오게 되는 것이다.

간단한 숫자로 보자. 이사회 정원이 5명일 때 이사 중 3명 정도가 51% 주주에 의해 선임되면 대표이사도 결국 그 중 한 명이 될 가능성이 높다. 이사회 다수결로 대표이사를 선임하기 때문이다. 이러면 주주로서의 지분율과 이사회의 구성, 사장(대표이사)까지 대략 비율이 맞게 된다. 주주로서의 지분율은 51%, 이사회에서의 의결권 60%, 그리고 한 명 밖에 뽑지 못하는 사장(대표이사)는 과반수 주주가 지지하는 사람이 된다. 한편 이렇게 하면 이사회를 구성하는 이사 5명 중 2명은 나머지 49% 일반주주가 지지하는 사람이 들어올 수 있다. 대표이사는 선임하지 못하지만 이사회가 3 대 2로 구성되어 주주로서의 지분율 51 대 49에 맞는 적절한 구성이 이루어진다.

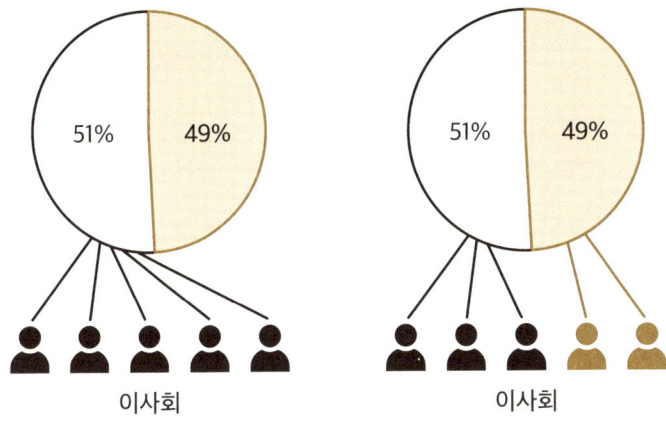

[그림 43. 과반수 주주라도 이사회 전체를 갖는 것은 지나치다]

하지만 51% 주주가 이사 5명을 모두 선임하게 된다면 어떨까? 나머지 49% 주주들이 이사회 내에서 51% 주주를 견제할 수 있는 수단이 없어진다. 이사를 뽑을 때 한 명씩 찬반을 묻는 방식은 바로 구조적으로 이런 결과가 나올 수밖에 없는 방법이다. 49% 주주가 감사를 선임할 수는 있겠지만 감사는 이사회 내에서 의결권이 없고 직무 집행의 권한도 이사보다 훨씬 좁다. 그리고 무엇보다 현실적으로 우리나라의 회사에서는 감사라는 직무가 거의 유명무실화 되어 있다. 구조적으로 49% 주주가 이사회 내에서 의결권을 갖는 이사를 한 명도 선임하지 못하는 제도는 어떻게 봐도 문제가 있다. 소수주주가 투표용지를 한 명에게 몰아서 주는 우대 방법 – 집중투표제 – 을 생각하기 전에 일단 소수주주가 지분율에 맞는 영향력을 제대로 가질 수 있는 제도를 만들어 놔야 하는 것 아닐까?

## 승자독식 구조의 이사회 구성 방식을
## 다득표 선출 방식으로 바꿔 보자

자, 결론이 나왔다. 우리나라의 주식회사는 이사회를 구성하는 단계에서 승자 독식winner-takes-all 구조로 이사를 뽑고 있고, 상법은 그런 이사회 구성 방법을 허용하고 있다. 이 방법을 '다득표' 순으로 이사를 뽑는 것으로 바꾸자는 거다. 완전히 새로운 것은 아니다. 사실 정관이나 선거규칙 등으로 후보 수가 이사 정원을 초과하면 다수 득표자 순으로 선출한다는 내용을 두고 있는 경우도 이미 있다[148]. 외국에서는 이미 흔히 사용하고 있는 방법이다. 경합이 없는 선거Uncontested Election에서는 과반수majority of the votes cast로 이사를 뽑고, 경합이 있는 선거Contested Election에서는 다득표 순plurality of the votes cast으로 이사를 뽑는다 (부록 5 미국 델라웨어Delaware 주 정관 예시 문구 참고). 사실 너무나 상식적인 방법 아닌가? 그렇다면 여기에 맞게 상법을 이렇게 바꾸면 어떨까?

> 상법 제382조 (이사의 선임) ① 이사는 **매년** 주주총회에서 **이사회를 구성하는 전부를 다득표 순으로** 선임한다.

지금의 상법 제382조 제1항에 세바세인 '다득표'를 넣으면서 필요한 다른 내용을 조금 더 붙인 것이다. 「법무기」에서는 상법 제382조의3에 정말 '총주주' 세 글자만 넣으면 되었는데, 이번에는 단어 몇 개를 더 넣어야 실제로 말이 되니 이해해 주시길 바란다. '매년'을 넣은 이유는, 한 번의 정기주주총회에서 뽑아야 할 이사가 여러 명이 아니라 한 명이라면 다득표로 선출하는 방식이 의미 없어지기 때문이다. 그리고 이사들의 임기가 1년이 아니라 2, 3년으로 서로 달라지면 어쩔 수 없이 매년 정기주주총회에서 전체 이사를 뽑지 못하는 상황이 되기 때문에 '전부'를 넣었다. 즉, 위와 같이 바꾼 상법 제382조 제1항은 실무적으로 아래와 같은 의미가 될 것이다.

- 이사는 후보 중 다득표 순으로 선출한다.
- 모든 이사의 임기는 1년이다 (매년 재신임은 가능).
- 매년 모든 이사를 정기주주총회에서 선출하는 것이 원칙이다 (임기 중에 사임, 해임 등으로 자리가 비면 임시주주총회에서 새로 뽑을 수는 있지만 역시 그 임기는 다음 정기 주주총회까지가 된다)
- 사외이사, 양성평등이사 등 특별한 법적 요건을 맞춰야 하는 이사도 같이 뽑는 것이 원칙이지만, 이사 정원 이내의 다득표자 중 요건을 맞추는 후보가 없는 경우 요건을 갖춘 사람 중 최다 득표자를 선출한다.

언뜻 좀 생소해 보이지만 사실 이미 우리나라 양대 정당의 최고위원을 이렇게 뽑는다[149]. 회사의 이사회와 매우 비슷한 조직이다. 그리고 이런 내용은 <부록 4>와 같이 상장회사 표준 정관에 반영할 수도 있을 것이다. 대표나 회장과 같이 한 명만 있는 직책을 뽑을 때는 최다득표로 결정하지만, 최고위원이나 이사와 같이 어떤 회의체를 구성하는 여러 사람이라면 표를 많이 받은 사람 순서대로 그 직책의 정원 수까지 뽑는 것, 너무나 상식적이다. 물론 투표를 한 번만 해서 순서를 정할 필요는 없다. 여러 번 하더라도 찬성 득표수 순으로 선출하면 된다. 투표를 여러 번 하면 절차적으로 번거로운 문제가 있을 거고, 한 번만 한다면 주주들이 자신이 가진 의결권을 어떻게 쪼개서 투표할 지를 고민하는 문제가 있을 것이다 (이렇게 한 명의 의결권을 쪼개서 투표하는 것을 '불통일행사'라고 하는데 주주가 미리 신청하고 회사는 거부할 수 있게 되어 있어[150] 투표를 한 번만 하려면 이 조항도 개정해야 한다).

어쨌든 이렇게 다득표 순으로 이사를 뽑아서 이사회를 구성하는 것을 원칙으로 하면, 실질적인 경쟁이 생기게 되고, 회사를 위해 일할 능력과 의지가 있는 사람이 더 많은 주주들의 지지를 받아 이사회에 들어갈 가능성이 높아진다. 그리고 다득표 방식으로 이사를 뽑으려면 일반주주의 이사 후보 추천도 일상적인 것으로 할 필요가 있다. 지금은 정기주주총회 6주 전에 주주제안을 하고[151], 회사가 혹시라도 거부하면 의안상정가처분이라는 번거로운 소송을 통해서 정기주주총회에 올려야 하고, 혹시라도 회사가 안건을 이상하게 꼬아서 올리면 주주제안이 무용지물이 되는 경우도 많았다[152].

이렇게 주주의 지분율 대로 정정당당하게 투표하면 되는 주주총회에서 왜 이렇게 복잡한 절차가 있어야 하나? 이런 것 고민할 시간에 어떻게 하면 회사를 더 잘나가게 할 정책을 만들고 어떻게 하면 더 많은 주주의 지지를 받을지 고민해야 하는 것 아닐까? 주주총회에서 의안을 어떻게 꼬아서 이길까 고민하는 모습은 없어지는 것이 바람직하다. 매년 주주총회 전까지 지배주주는 물론 법령과 정관에 따라 자격이 있는 (예를 들어 1% 이상) 주주는 자유롭게 모여 훌륭한 인물을 발굴해서 이사회 정원 내에서 이사 후보를 추천하고, 추천된 후보가 주주총회 장소에서 정견 발표를 하고, 주주들의 투표를 더해서 많이 득표한 사람부터 차례로 이사로 선임되는 모습, 이것이 가장 쉬우면서도 정당한 주식회사의 이사 선임 방법이 아닐까 싶다.

치킨코리아의 2029년 정기주주총회를 상상해 본다. 다섯 석의 이사 자리를 놓고 정기주주총회 6주 전까지 스무 명의 후보가 등록되었다. 주주총회 당일 정견 발표를 다 듣기에 스무 명은 너무 많기 때문에 온라인 사전 투표를 통해 열 명으로 후보를 줄였다. 아직도 30% 정도 지분을 유지하고 있는 재원이 추천한 이사 후보가 열 명 중 다섯 명 올라갔다. 치킨코리아에는 사외이사가 두 명 이상이어야 하는데, 최대주주인 재원이 추천한 사람은 자동으로 자격을 상실한다. 투표는 온라인으로 최종 후보 10명에 대해 모두 O 또는 X로 표시하는 방식으로 진행되었다. 기권도 가능하다. 개표를 해 보니 1등부터 5등까지 아래와 같이 1차 결과가 나왔다.

| 순위 | 이름 | 주요 약력 | 추천자 | 득표율 |
|---|---|---|---|---|
| 1 | 김우현 | 현 CEO | 재원 | 92% |
| 2 | 한상훈 | 요식업 전문가 | 일반주주 | 64% |
| 3 | 강상구 | 영업본부장 | 재원 | 61% |
| 4 | 이용민 | K-푸드 전문가 | 영미 | 60% |
| 5 | 최민철 | R&D 본부장 | 재원 | 58% |
| … | | | … | |

<표 13. 순수 다득표 순에 의한 상위 다섯 명>

양성평등 이사가 한 명 이상이어야 하는데 5위까지가 모두 남성 한 가지 성으로만 구성되어 재원이 추천한 최민철 후보는 선출되지 못하고 다득표 순으로 6위였던 김민정 후보가 이사로 선출되었다. 또 사외이사가 두 명 이상이어야 하는데, 재원이 추천하지 않은 후보이면서 5위 안에 든 두 명 중 이용민 후보는 2년 전까지 치킨코리아의 미주본부장으로 근무했던 경력이 있어서 사외이사 자격에 맞지 않았다. 따라서 나머지 중 사외이사 자격이 있는 다득표자인 8위 조규상 후보가 대신 선출되게 되었다. 이렇게 법령 및 정관상 요건을 맞춰 최종적으로 선출된 이사 명단은 아래와 같이 확정되었다.

| 순위 | 이름 | 주요 약력 | 추천자 | 득표율 |
|---|---|---|---|---|
| 1 | 김우현 | 현 CEO | 재원 | 92% |
| 2 | 한상훈 | 요식업 전문가 | 일반주주 | 64% |
| 3 | 강상구 | 영업본부장 | 재원 | 61% |
| 6 | 김민정 | 소비자협회장 | 일반주주 | 56% |
| 8 | 조규상 | 재무 전문가 | 일반주주 | 54% |
| … | | | … | |

<표 14. 사외이사 요건, 양성평등 이사 요건을 고려한 상위 다섯 명>

재원은 자신이 추천한 후보 중 두 명 밖에 이사회에 진입시키지 못했지만 자신과 함께 일반주주들로부터도 압도적인 지지를 받은 우현이 이사회에서 대표이사로 선출될 테니, 다른 이사들과 잘 협의해서 회사를 운영하면 된다고 생각하며 아쉬움을 달랬다. 한상훈 이사는 재원이 표를 주지 않았음에도 불구하고 영미를 포함한 일반주주 70% 중 64%의 압도

적 지지를 받아 이사로 선출되게 되었다. 정직하고 원칙적인 맛을 추구하는 요식업 전문가로 대중적 인지도도 높아서 책임감 있게 이사 일을 할 것 같아 안심이다. 나머지 이사들도 모두 훌륭한 전문가들이어서 2029년 한 해 회사의 경영이 기대된다. 그리고 한 해 동안의 성과로 내년 정기주주총회에서 다시 이사로 선출될 수 있을지가 결정될 테니 모두가 정말 열심히 할 것 같다. 정말 그럴 것 같다.

# 18.
# 코리아 프리미엄 시대의 원년이 되다.

코로나19를 완전히 극복한 첫 해, 2024년이 밝았다. 팬데믹 이전 1800에서 2400을 오르락 내리락 하기만 하던 코스피 지수가 1439까지 떨어졌다가 (2020년 3월 19일), 넘치는 돈의 파도를 타고 2021년 6월 25일에는 3316까지 올랐고, 4년이 지난 2024년 1월, 다시 2400선으로 돌아왔다. 2월에는 정부의 기업 밸류업 프로그램 기대를 타고 2600선까지 반등했지만, 사상 최고치를 경신한 일본 증시를 보면 배가 아프다. 동학개미들은 반토막난 주식계좌를 열어 보기도 싫지만 자의 반 타의 반으로 주식시장에 대한 관심을 가지지 않을 수 없다. 코리아 프리미엄, 과연 가능한 것일까? 그런데 딱 40년 전인 1984년, Korea Premium 바로 이 단어가 전세계를 강타한 적이 있다.

# 40년 전, 코리아 펀드의
# 대성공을 떠올려 본다

미국 뉴욕에 상장되었던 최초의 한국 주식 관련 상품이었던 'Korea Fund'가 상장된 것은 지금으로부터 40년 전인 1984년 8월 22일이다. 이 상품은 상장된 지 1년 만에 10배에 가까운 수익률을 기록했다고 한다. 3저 호황기, 즉 국제 유가 안정, 플라자 합의에 따른 환율 하락, 세계적인 금리인하가 겹치면서 한국의 제조업은 전세계로 날개 돋친 듯 물건을 팔 수 있었다. 코리아 펀드 설립 당시 100포인트였던 코스피 지수가 5년만에 1000포인트를 돌파했던 그런 시대다[153].

<1984. 8. 22. 코리아펀드(KF) 뉴욕 증권거래소 상장 기념 사진 / 금융투자협회>

글로 설명하는 것보다 그 당시의 기사를 하나 직접 읽어 보는 것이 더 생생하게 그 때의 분위기를 알 수 있을 것 같다. 코리아 펀드 5주년을 맞아 한국경제신문에 나온 기사 하나를 발췌해 봤다[154].

## 주가 800% 상승 한국경제 잠재력 입증..
## 코리아펀드 뉴욕상장 5주년

1989년 8월 24일

지난 84년 설립이래 국내증시에 직/간접적으로 많은 영향을 미쳐온 코리아펀드가 올 8월로 뉴욕 증권거래소 상장 5주년을 맞았다. 코리아펀드는 국내증권시장 대외개방의 새로운 장을 열었으며 국내 투자자들에게 기업내용을 중시하는 선진 투자패턴을 보여줌으로써 정석투자의 본보기가 돼 주었다는데 의견이 일치되고 있다. 코리아펀드는 미국의 투자회사법에 근거해 설립된 미국의 전문투자관리회사인 스커더사가 자산의 운용과 관리를 맡고 있으며 한국측에서는 대우투자자문회사가 고문회사로 참여하고 있다.

지난 84년 8월 6,000만달러의 납입자본금으로 출발한 코리아펀드의 주식은 외국투자자들로부터 큰 인기를 끌어 86년 5월 4,000만달러의 증자를 실시한데 이어 이번에 5,000만달러를 추가로 공모증자, 자본금규모가 1억 5,000만달러로 불어났다. 이는 뉴욕증권거래소에 상장돼 있는 17개 국가형 펀드 가운데 최대규모로 한국 경제 및 증시의 빠른 성장을 반증해 주고 있다.

### 증시 대외개방 새장열고 선진투자패턴 선뵈

특히 코리아펀드의 주가는 지난 3-4년동안 국내증시의 양적 질적성장에 편승해 괄목할 만한 신장세를 보였다. 주당 12달러로 발행된 코리아펀드 주식은 한국경제의 성장가능성이 높이 평가돼 상장 첫날 주당 순자산가치에 16.5%의 프리미엄이 붙은 13달러로 시초가가 형성된후 꾸준한 오름세를 지속, 88년 2월24일에는 주가가 89.38달러로까지 상승했다. 현재 뉴욕증시에 상장돼 있는 대부분의 국가형 펀드가 주당 순자산가치보다 할인되어 거래되고 있는데 반해 코리아펀드가 이처럼 유례없이 높은 프리미엄부로 거래되고 있는 것은 한국 경제 및 증시의 성장잠재력이 높이 평가되고 있는데다 외국투자자들의 국내증시 참여가 제한돼 있기 때문인 것으로 풀이되고 있다.

## 미국 스커더사가 관리… 순자산 95% 국내우량종목에

한편 코리아펀드는 22일 현재 순자산 4억1,000만달러의 95%를 75종목의 국내우량기업 주식, 특히 제조업중 주식에 투자하고 있다. 코리아펀드가 선호하는 종목으로는 삼성전자가 투자비중의 6.9%를 차지해 가장 높고 이어 (주)럭키(5.2%), 대한항공(4.8%), 장기신용은행(4.7%), 대림산업(4.3%)등의 순으로 알려졌다.

가슴이 뭉클해지지 않는가? '이처럼 유례없이 높은 프리미엄부로 거래되고 있던' 1980년대의 코리아펀드가 있었다는 사실이 말이다. 당시 한국은 요즘의 인도와 같았던 것 같다. 최근 떠오르는 시장 중 가장 뜨거운 인도의 2022년 1인당 GDP가 2302 달러인데[155] 1984년 한국의 1인당 GDP가 딱 2413 달러로 비슷하기도 했다.

코리아펀드의 성공에 자신감을 얻은 정부는 1992년 주식시장을 외국인 투자자에게 개방했다. 한국에 들어온 외국인 투자자들은 엄청나게 싼 주식이 널려 있는 한국 시장에 열광했다. PER (주가수익비율)이 2에 불과했던 태광산업 주가는 3년 만에 14배 올랐다[156]. PER이 2라는 건 회사의 시가총액이 그 회사가 1년에 내는 이익의 2배 밖에 되지 않는다는 뜻이다. 아주 단순하게 말하면 2년치의 이익을 모두 배당 받으면 그 회사 전체를 살 수도 있다는 뜻이니 외국인 투자자들에게 그 주식이 얼마나 싸게 보였을 지 상상을 해 보자. 1992년 새로 열린 한국의 주식시장에는 972명의 외국인 투자자가 새로 들어왔고[157] 그 전 2년 동안의 하락 (1990년 -23.5%, 1991년 -12.2%)을 끝내며 상승(10.5%)으로 한 해를 마감했다[158]. 하지만 이러한 외국인 투자는 5년 뒤에 찾아온 외환위기 사태로 인해 썰물처럼 빠져나갔다가, 1998년 IMF의 요구에 의해 이루어진 자본시장 완전 자유화 (외국인 지분 한도 완전 폐지, 1998. 5. 25.)와 함께 비로소 다시 돌아오게 된다. 하지만 기업 거버넌스가 취약하면서 시가총액이 작았던 한국의 주식시장은 외국 자본이 비교적 쉽게 차익을 얻을 수 있는 시장이기도 했다. 1999년 타이거 펀드 및 2003년 소버린의 SK텔레콤 주식 대규모 매입 및 거버넌스 개선 요구 등 사건은 이제 막 IMF를 겪은 한국인들에게 외국 자본에 대한 경계심을 갖게 하기 충분했다. 지금에 비해서는 정말 작은 시장이었던 때다. 1999년 코스피 지수가 1000 포인트를 넘었을 때 약 350조 원[159]이었던 전체 시가총액은 2024년 1월 현재 7배가 넘는 약 2500조 원이다.

## 코리아 프리미엄 지수를
## 은근히 기대한다

　금융위원회는 최근 금융감독원 및 업계 관계자들과 가진 간담회에서 기업 밸류업 프로그램의 일환으로 기업가치 향상을 위한 노력 우수기업으로 구성된 (가칭) 코리아 프리미엄 지수를 개발하겠다고 말했다[160]. 아마도 이 책이 나올 때 즈음이면 그 구체적 모습이 드러나 있을 것 같은데, 일본 도쿄 증권거래소의 시장 구분과 그에 따라 산출되는 지수를 보면 '코리아 프리미엄 지수'의 모습을 대략 짐작할 수 있을 것 같다. 지금 진행되고 있는 정부의 코리아 디스카운트 해소 정책이 상당 부분 일본 거래소의 정책을 참고하고 있기 때문이다. 일본 도쿄 증권거래소는 이전에는 우리나라처럼 주로 대기업이 소속된 1부, 그보다 시가총액이 작은 2부, 그리고 그보다 작은 마더스 등으로 구분되어 있었지만, 2022년 4월에 아래와 같이 대대적으로 개편되었다.

- 프라임 시장(プライム市場): 충분한 규모의 시가총액, 글로벌 투자자와의 건설적인 대화를 중심으로 놓은 기업
- 스탠다드 시장(スタンダード市場): 공개된 시장에서 투자대상으로서 충분한 유동성과 거버넌스를 갖춘 기업
- 그로스 시장(グロース市場): 높은 성장 가능성을 가진 기업

　프라임 시장에 상장되려면 시가총액이 100억 엔 (약 1000억 원) 이상이

며 유통주식 비율이 35% 이상이어야 하고, 기존에 2명이던 사외이사 비율이 ⅓ 이상으로 강화되었다. 또한 프라임 시장에 속한 기업은 투자자와 지속 가능성 이슈에 대해 관여가 가능한 조직 및 시스템을 구축하고 이에 대응하는 문화를 구비해야 하고, 영문 자료를 공시해야 하는데[161], 최근에는 일부가 아닌 모든 결산 정보를 영어로 공개하는 것이 의무화되었다[162]. 스탠다드 시장은 시가총액과 유통주식 비율이 완화되어 있고, 그로스 시장은 벤처 및 스타트업 위주로 구성되어 있다.

시장의 구분 기준이 기업의 규모가 아니라 시가총액과 유동성, 그리고 기업 거버넌스에 있다는 것이 눈에 띈다. 특히 재무적 요소에 더해 기업 거버넌스를 프라임 시장 상장 및 유지를 위한 중요한 기준으로 제시한 도쿄 증권 거래소는 2023년에는 프라임 상위 500개 기업 중 앞에서 본 PBR (주가순자산비율)과 ROE (자기자본이익률) 등을 기준으로 150개를 뽑아 JPX 프라임 150 지수를 새로 개발했는데[163], 여기에서 도요타가 빠져 시장에 충격을 주었다. 시가총액으로는 1위였지만, PBR이 1에 미달했기 때문이다[164]. JPX 프라임 150 지수에 대해 도쿄 거래소는 "향후 일본 경제를 이끌 기업만 추려내 담은 지수"라고 설명했다고 하는데[165], 도요타와 같은 기업이 빠진 것에 대해 "지수에서 제외된 기업들은 주가를 더 끌어 올리기 위해 노력하는 계기로 삼을 수 있을 것"이라고 했다고 한다.

금융위원회와 한국거래소가 준비하는 코리아 프리미엄 지수는 아마도 JPX 프라임 150 지수를 참고할 것 같다. 그렇다면, 프리미엄 선정을 위해 시가총액 및 유동성 기준과 함께 기업 거버넌스와 투자자 소통을 중요한 기준으로 삼을 것이고, 그 중 상위 선정을 위해 PBR과 ROE를 반영할 것 같다. 그렇다면 코스피 상위 종목 중 일본 JPX 프라임 150에서 탈락한 도요타와 같이 회자될 수 있는 후보가 있을까? 우선 조금 더 쉬운 PBR을 보자. 2024년 1월 26일 종가 기준으로 현대차가 0.53, 포스코홀딩스가 0.57, LG전자가 0.82인 것이 보인다. 금융지주회사들은 대부분 0.3을 넘지 못하니 볼 필요도 없고, SK텔레콤이나 대한항공도 1이 되지 못한다. 다행히도 정부의 기업 밸류업 프로그램 예고 이후 주가가 올라서 2024년 2월 8일 기준으로는 현대차 0.71, 포스코홀딩스 0.63, LG전자 0.86으로 PBR이 조금 올랐다.

코스닥 상위 종목으로 가 보면, 성장주 위주여서 PBR이 낮은 주식은 많이 보이지 않는다. 하지만 ROE가 문제다. 바이오나 게임주 중에 적자 기업이 종종 보이고, 대표적인 엔터테인먼트 회사인 CJ ENM도 ROE가 음수다. 고민이 많을 것 같다. PBR과 ROE 기준을 엄격하게 적용해서 예를 들어 코리아 프리미엄 150과 같은 지수를 만들려면 시가총액 상위 주식이 너무 많이 빠질 것 같다. 금융위원회와 한국거래소가 어떤 기준으로 개발한 지수를 발표할 지 궁금하다. 한 줄 세우기를 많이 하고 순위에 민감한 한국의 정서상 이 지수에 들어가고 빠지는 것에 꽤 관심이 많을 것 같기 때문이다. 하지만 단순한 거버넌스(지배구조) 우수기업 선정과 같은 형식적인 조치는 나오지 않길 바란다. 규제와 강제로 시장을 왜곡하면 안 되겠지만, 적어도 실제로 숫자로 표시되고 돈이 오갈 수 있는 넛지 nudge가 필요하다.

## 2029년에는 이런 기사를 기대해 본다

기대 속에서 미래를 한 번 생각해 보자. 한국거래소가 만들 코리아 프리미엄 지수가 제대로 정착된다면 ETF가 나오지 않을 이유가 없다. 5년 후, 2029년에 코리아 프리미엄 ETF에 대해서 40년 만에 이런 기사가 나오면 어떨까?

**가격 800% 상승 한국경제 잠재력 입증..**
**코리아 프리미엄 ETF 상장 5주년**

2029년 3월 2일

지난 2024년 개발된 이래 국내 증시에 직/간접적으로 많은 영향을 미쳐온 코리아 프리미엄 ETF가 올 3월로 한국 거래소 상장 5주년을 맞았다. 코리아 프리미엄 ETF는 주주 친화적인 국내 주식시장의 새로운 장을 열었으며 국내외 투자자들에게 기업 거버넌스를 중시하는 선진 투자패턴을 보여줌으로써 정석투자의 본보기가 돼 주었다는데 의견이 일치되고 있다.

지난 2024년 3월 1조 원으로 출발한 코리아 프리미엄 ETF는 특히 외국인 투자자들로부터 큰 인기를 끌어 2026년 5월 순자산총액 10조 원을 넘어선데 이어 올해 설정액이 10조 원 증가한 것에 힘입어, 순자산총액의 규모가 100조 원으로 불어났다. 이는 한국거래소에 상장돼 있는 모든 형태의 ETF 가운데 최대규모로 기업 거버넌스 우량 기업의 빠른 성장을 반증해 주고 있다.

## 기업 거버넌스 투자 새 장 열고 선진투자패턴 선보여

특히 코리아 프리미엄 ETF의 가격은 지난 3-4년동안 국내 증시의 양적 질적 성장에 편승해 괄목할 만한 신장세를 보였다. 10,000원으로 상장된 코리아 프리미엄 ETF는 거버넌스 우량 기업의 성장가능성이 높이 평가돼 상장 첫날 주당 순자산가치에 16.5%의 프리미엄이 붙은 11,650원으로 시초가가 형성된 후 꾸준한 오름세를 지속, 2028년 2월24일에는 가격이 89,380원까지 상승했다. 현재 국내 증시에 상장돼 있는 대부분의 주가지수 ETF가 주당 순자산가치보다 할인되어 거래되고 있는데 반해 코리아 프리미엄 ETF가 이처럼 유례없이 높은 프리미엄 부로 거래되고 있는 것은 거버넌스 우량 기업의 성장 잠재력이 높이 평가되고 있는데다 투자자들이 기업 거버넌스를 중시하는 코리아 프리미엄 지수를 신뢰하고 있기 때문으로 풀이되고 있다.

## 핵심 개념 정리

**코리아펀드(Korea Fund):** 1984년 최초로 미국에 상장된 한국 주식을 기초로 한 펀드. 상장 후 5년만에 10배 가까이 상승하면서 돌풍을 일으켰다. 코리아펀드 사장 Nicholas Bratt은 "세계에서 가장 싼 주식시장이다. 한국 투자자들이 사지 않는 게 신기할 정도다." 라고 말했다고 한다.

**주식시장 개방:** 1992년부터 단계적으로 외국인이 한국 증권시장의 주식을 직접 살 수 있도록 한 조치. 처음에는 전체 지분율의 10% 정도로 제한적으로만 허용했지만, 1997년 IMF 외환위기를 겪으면서 빠르게 개방 범위가 확대되어 1999년에는 아무런 제한 없이 전면 개방되었다.

**코리아 프리미엄 지수:** 정부가 2024년 코리아 디스카운트 해소를 위한 기업 밸류업 프로그램을 추진하면서 새로 개발하겠다고 예고한 지수. PBR이나 ROE와 같은 정성 지표나 성장성 또는 기업 거버넌스 개선 등을 종합한 지표가 될 것으로 예상된다.

**JPX 프라임 150 지수:** 일본 도쿄 증권거래소의 프라임 시장에 상장된 시가총액 상위 종목 중에서 '가치 창출이 예상되는 일본 기업'을 대표하는 종목으로 구성한 지수. (1) 재무적 결과를 기반으로 하는 '자본수익률'과 (2) 미래 정보와 비재무적 정보를 기반으로 하는 '시장 가치 평가'를 기준으로 종목을 선정한다고 한다.

 **에필로그**

    4년 만에 기업 거버넌스의 변화에 관해 새로운 내용으로 책을 쓸 줄은 꿈에도 생각하지 못했다. 30년 걸릴 일이라고 생각했었기 때문이다. 그간 자본시장에서 있었던 일을 하나하나 정리하는 책을 쓰면서 제목에 코리아 디스카운트라는 말을 넣었다가 코리아 프리미엄으로 바꿨다. '이래서 안 돼'가 아니라 '이렇게 하면 돼'로 바꿔 말하기로 했다. 마침 정부가 (가칭) 코리아 프리미엄 지수를 만든다고 하는 소식이 들려 더 잘 되었다고 생각했다.

    1984년 코리아펀드의 뉴욕 상장 기념 사진을 다시 한번 찬찬히 본다. 당시 "세계에서 가장 싼 주식시장이다. 한국 투자자들이 사지 않는 게 신기할 정도다." 라고 말했던[166] 코리아펀드Korea Fund 사장 Nicholas Bratt은 25년 후 "한국 투자에 대한 열정은 변함없지만, 기업 거버넌스에 관해서는 우려가 있다."라며 표정이 바뀌었다[167]. 그리고 15년 후인 2024년, 아직도 한국은 세계에서 가장 싼 주식시장이다.

    국내총생산 100억 달러에서 40년 만에 200배 커진 2조 달러, 선진국에 진입한 한국 경제에는 새로운 규칙과 동력이 필요하다. 우리는 기대와 걱정의 갈림길에 서 있다. 하지만 코리아 프리미엄 시대는 분명히 온다. 기업 거버넌스의 규칙이 제대로 선다면. 그리고 지금 우리 앞에 그 문이 막 열리고 있다.

# 코리아 프리미엄 시대의
# 기초 자료 모음

## 부록 1. 상법 개정안 (이용우, 박주민)

상법 일부개정법률안
(이용우의원 대표발의)

의안번호 14916
발의연월일 : 2022. 3. 22.
발 의 자: 이용우·강민정·박주민·김주영·전재수·김상희·민병덕·박홍근·이수진·김두관·이병훈·김진표 의원 (12인)

제안이유 및 주요내용
현행법은 이사에게 법령과 정관의 규정에 따라 회사를 위하여 그 직무를 충실하게 수행하도록 하는 충실의무를 부여하고 있음. 그러나 최근 물적 분할 등과 같은 자본거래 과정에서 이사의 행위 가 회사에는 아무런 영향이 없으나 단지 주주 사이에서 부의 이전의 결과만 가져오는 경우 이로 인해 특정 주주에게 피해가 발생하더라도 이사의 임무해태가 아니어서 이사는 어떠한 책임도 지지 않는바, 이와 같이 기업 가치는 변화가 없거나 심지어 증가하지만 일반주주의 가치 가 저하되는 경우 지배주주와 일반주주 사이의 이해상충 문제를 해소 하기 위한 입법 대응이 필요하다는 의견이 제기되고 있음. 이에 이사의 충실의무의 대상에 주주의 비례적 이익을 추가함으로 써 회사에는 영향이 없더라도 일반주주의 가치가 훼손되는 경우 이사 에게 주주에 대한 보호 의무를 부과하려는 것임(안 제382조의3).

법률 제        호

상법 일부개정법률안
상법 일부를 다음과 같이 개정한다.
제382조의3 중 "會社를"을 "주주의 비례적 이익과 회사를"로 한다.

부 칙

이 법은 공포한 날부터 시행한다.

신·구조문대비표

| 현행 | 개정안 |
|---|---|
| 第382條의3(理事의 忠實義務)<br>理事는 法令과 定款의 規定에 따라 會社를 위하여 그 職務를 忠實하게 수행하여야 한다. | 第382條의3(理事의 忠實義務)<br>------------------ 주주의 비례적 이익과 회사를 ----------------------------. |

## 상법 일부개정법률안
(박주민의원 대표발의)

의안번호 19370
발의연월일 : 2023. 1. 9.
발 의 자 : 박주민·강민정·고영인·김승원·김용민·김정호·우원식·유정주·이재정·장경태·조오섭·최혜영 의원(12인)

## 제안이유 및 주요내용

현행법상 물적분할을 통한 지배구조 조정은 주주총회 특별결의에 의하도록 하고 있으나 중요한 자산의 처분 및 양도는 이사회 결의에 의하도록 하고 있음. 그러나 기업들은 물적분할과 동일한 효과를 누리지만 이사회 결의만을 요하는 현물출자 방식을 선택하여 자회사를 신설함에 따라 모회사 소액주주들의 주주가치가 훼손될 우려가 발생하고 있고, 물적분할과 같은 기업의 지배구조 조정과정에서 이사의 행위가 회사에는 아무런 영향이 없으나 일반주주의 가치가 저하되는 경우 또한 발생하고 있음. 이에 지배주주와 일반주주 사이의 이해상충 문제를 해소하기 위해 이사의 충실의무의 대상에 총주주를 추가함으로써 이사에게 주주에 대한 보호의무를 명시적으로 부여하고, 이에 더하여 상장회사가 일정 규모 이상에 해당하는 중요한 자산의 처분 및 양도를 통한 현물출자로 자회사를 설립하는 경우에 주주총회 특별결의를 거치도록 하고, 그 결의사항에 반대하는 주주에 대해서는 주식매수청구권을 부여함으로써 물적분할과 동일한 효과가 나타나는 현물출자에 대한 일반주주의 보호장치를 강화하려는 것임(안 제382조의3, 제542조의14 신설).

법률 제       호

상법 일부개정법률안

상법 일부를 다음과 같이 개정한다.

제382조의3 중 "會社"을 "회사와 총주주"로 한다. 제3편제4장제13절에 제542조의14를 다음과 같이 신설한다. 제542조의14(중요한 자산의 처분 및 양도에 의한 완전자회사의 설립) ① 상장회사가 자기의 계산으로 직전 결산기의 대차대조표상 순자산액의 100분의 10 이상에 해당하는 중요한 자산의 처분 및 양도를 통한 현물출자로 인하여 설립되는 회사의 주식의 총수를 취득하는 경우에는 제434조에 따른 결의가 있어야 한다. ② 제1항에 따른 결의사항에 반대하는 주주(의결권이 없거나 제한되는 주주를 포함한다)는 주주총회 전에 회사에 대하여 서면으로 그 결의에 반대하는 의사를 통지한 경우에는 그 총회의 결의일부터 20일 이내에 주식의 종류와 수를 기재한 서면으로 회사에 대하여 자기가 소유하고 있는 주식의 매수를 청구할 수 있다. 이 경우 제374조제2항 및 제374조의2제2항부터 제5항까지의 규정을 준용한다. ③ 제1항에 따라 상장회사가 현물출자하여 완전자회사를 설립할 때에는 상장회사의 의결권 없는 주식을 제외한 발행주식의 총수의 100분의 3을 초과하는 수의 주식을 가진 주주(최대주주인 경우에는 그의 특수관계인, 그 밖에 대통령령으로 정하는 자가 소유하는 주식을 합산한다)는 그 초과하는 주식에 관하여 의결권을 행사하지 못한다.

부 칙

이 법은 공포 후 3개월이 경과한 날부터 시행한다.

신·구조문대비표

| 현행 | 개정안 |
|---|---|
| 第382條의3(理事의 忠實義務)<br>理事는 法令과 定款의 規定에 따라 會社를 위하여 그 職務를 忠實하게 수행하여야 한다.<br><신 설> | 第382條의3(理事의 忠實義務)<br>------------------------------------<br>회사와 총주주 -----------------------<br>------------------------------------.<br><br>제542조의14(중요한 자산의 처분 및 양도에 의한 완전자회사의 설립) ① 상장회사가 자기의 계산으로 직전 결산기의 대차대조표상 순자산액의 100분의 10 이상에 해당하는 중요한 자산의 처분 및 양도를 통한 현물출자로 인하여 설립되는 회사의 주식의 총수를 취득하는 경우에는 제434조에 따른 결의가 있어야 한다.<br><br>② 제1항에 따른 결의사항에 반대하는 주주(의결권이 없거나 제한되는 주주를 포함한다)는 주주총회 전에 회사에 대하여 서면으로 그 결의에 반대하는 의사를 통지한 경우에는 그 총회의 결의일부터 20일 이내에 주식의 종류와 수를 기재한 서면으로 회사에 대하여 자기가 소유하고 있는 주식의 매수를 청구할 수 있다. 이 경우 제374조제2항 및 제374조의2제2항부터 제5항까지의 규정을 준용한다.<br><br>③ 제1항에 따라 상장회사가 현물출자하여 완전자회사를 설립할 때에는 상장회사의 의결권 없는 주식을 제외한 발행주식의 총수의 100분의 3을 초과하는 수의 주식을 가진 주주(최대주주인 경우에는 그의 특수관계인, 그 밖에 대통령령으로 정하는 자가 소유하는 주식을 합산한다)는 그 초과하는 주식에 관하여 의결권을 행사하지 못한다. |

## 부록 2. 일본 기업 거버넌스 코드

일본 기업 거버넌스 코드 2021년 개정판
주요 원칙의 한글 번역 및 일본어 원문, 영어 번역본 비교

### 일본 기업 거버넌스 코드
コーポレートガバナンス・コード
Japan's Corporate Governance Code

기업의 지속 가능한 성장 및 중장기적 기업 가치 향상을 위하여
会社の持続的な成長と中長期的な企業価値の向上のために
Seeking Sustainable Corporate Growth and Increased Corporate Value
over the Mid- to Long-Term

2021년 6월 11일 주식회사 도쿄증권거래소
2021 年 6 月 11 日 株式会社東京証券取引所
June 11, 2021 Tokyo Stock Exchange, Inc.

**기본원칙** 基本原則 General Principles
**주주의 권리와 평등의 확보** 株主の権利・平等性の確保 Securing the Rights and Equal Treatment of Shareholders

1. 상장회사는 주주의 권리가 실질적으로 보장될 수 있도록 적절한 조치를 취해야 하고, 주주가 그 권리를 적절하게 행사할 수 있는 환경을 조성해야 한다. 또한, 상장회사는 주주의 실질적 평등을 보장해야 한다. 소수주주나 외국인 주주에 대해서는, 주주 권리의 실질적인 보장, 권리행사에 관한 환경과 실질적 보장에 문제나 우려가 발생하기 쉬운 측면이 있으므로 충분한 배려가 이루어져야 한다.

1. 上場会社は、株主の権利が実質的に確保されるよう適切な対応を行う とともに、株主がその権利を適切に行使することができる環境の整備を 行うべきである。また、上場会社は、株主の実質的な平等性を確保すべきである。少数株主や外国人株主については、株主の権利の実質的な確保、権利 行使に係る環境や実質的な平等性の確保に課題や懸念が生じやすい面 があることから、十分に配慮を行うべきである。

1. Companies should take appropriate measures to fully secure shareholder rights and develop an environment in which shareholders can exercise their rights appropriately and effectively. In addition, companies should secure effective equal treatment of shareholders. Given their particular sensitivities, adequate consideration should be given to the issues and concerns of minority shareholders and foreign shareholders for the effective exercise of shareholder rights and effective equal treatment of shareholders.

## 주주 이외의 이해관계자와의 적절한 협력 株主以外のステークホルダーとの適切な協働 Appropriate Cooperation with Stakeholders Other Than Shareholders

2. 상장회사는, 회사의 지속적 성장과 중장기적 기업가치 창출은 직원, 고객, 거래처, 채권자, 지역사회 등 다양한 이해관계자의 자원 제공과 기여의 결과임을 충분히 인식하고, 이들 이해관계자와의 적절한 협업을 위해 노력해야 한다. 이해관계자와의 적절한 협력을 위해 노력해야 한다. 이사회와 경영진은 이러한 이해관계자의 권리와 입장, 건전한 기업활동 윤리를 존중하는 기업문화와 풍토를 조성하기 위해 리더십을 발휘해야 한다.

2.上場会社は、会社の持続的な成長と中長期的な企業価値の創出は、従業員、顧客、取引先、債権者、地域社会をはじめとする様々なステーク ホルダーによるリソースの提供や貢献の結果であることを十分に認識 し、これらのステークホルダーとの適切な協働に努めるべきである。取締役会・経営陣は、これらのステークホルダーの権利・立場や健全 な事業活動倫理を尊重する企業文化・風土の醸成に向けてリーダーシップを発揮すべきである。

2. Companies should fully recognize that their sustainable growth and the creation of mid- to long-term corporate value are brought as a result of the provision of resources and contributions made by a range of stakeholders, including employees, customers, business partners, creditors and local communities. As such, companies should endeavor to appropriately cooperate with these stakeholders. The board and the management should exercise their leadership in establishing a corporate culture where the rights and positions of stakeholders are respected and sound business ethics are ensured.

## 적절한 정보공개 및 투명성 확보 適切な情報開示と透明性の確保 Ensuring Appropriate Information Disclosure and Transparency

3. 상장회사는 회사의 재무상태, 경영성과 등의 재무정보와 경영전략, 경영과제, 리스크 및 거버넌스에 관한 정보 등 비재무정보에 대해 법령에 따른 공시를 적절히 수행함과 동시에 법령에 따른 공시 외의 정보 제공에도 적극적으로 임해야 한다. 이때 이사회는 공시 및 제공된 정보가 주주와의 건설적인 대화의 기반이 된다는 점을 감안하여, 이러한 정보(특히 비재무정보)가 정확하고, 이용자에게 이해하기 쉬우며, 유용성이 높은 정보가 될 수 있도록 해야 한다.

3．上場会社は、会社の財政状態・経営成績等の財務情報や、経営戦略・経営課題、リスクやガバナンスに係る情報等の非財務情報について、法 令に基づく開示を適切に行うとともに、法令に基づく開示以外の情報提 供にも主体的に取り組むべきである。その際、取締役会は、開示・提供される情報が株主との間で建設的な 対話を行う上での基盤となることも踏まえ、そうした情報 (とりわけ非 財務情報) が、正確で利用者にとって分かりやすく、情報として有用性 の高いものとなるようにすべきである。

3. Companies should appropriately make information disclosure in compliance with the relevant laws and regulations, but should also strive to actively provide information beyond that required by law. This includes both financial information, such as financial standing and operating results, and non-financial information, such as business strategies and business issues, risk, and governance.
The board should recognize that disclosed information will serve as the basis for constructive dialogue with shareholders, and therefore ensure that such information, particularly non-financial information, is accurate, clear and useful.

**이사회의 책임** 取締役会等の責務 Responsibilities of the Board

4. 상장회사의 이사회는 주주에 대한 수탁자책임과 설명책임을 바탕으로 회사의 지속적인 성장과 중장기적인 기업가치 향상을 도모하고 수익성, 자본효율성 등의 개선을 위해 (1) 기업전략 등 큰 방향성을 제시하고, (2) 경영진의 적절한 리스크 테이킹을 지원하는 환경을 조성하며, (3) 독립적이고 객관적인 입장에서 경영진(집행역 및 소위 집행임원 포함)과 이사에 대한 실효성 있는 감독을 수행하는 등의 역할과 책임을 적절히 수행해야 한다. 이러한 역할과 책임은 감사위원회 설치회사(그 역할과 책임의 일부는 감사 및 감사위원회가 담당하게 됨), 지명위원회 등 설치회사, 감사 등 위원회 설치회사 등 어떤 기관설계를 채택하는 경우에도 동일하게 적절히 수행되어야 한다.

4. 上場会社の取締役会は、株主に対する受託者責任・説明責任を踏まえ、会社の持続的成長と中長期的な企業価値の向上を促し、収益力・資本効率等の改善を図るべく、(1) 企業戦略等の大きな方向性を示すこと (2) 経営陣幹部による適切なリスクテイクを支える環境整備を行うこと (3) 独立した客観的な立場から、経営陣（執行役及びいわゆる執行役員を含む）・取締役に対する実効性の高い監督を行うこと をはじめとする役割・責務を適切に果たすべきである。こうした役割・責務は、監査役会設置会社（その役割・責務の一部は 監査役及び監査役会が担うこととなる）、指名委員会等設置会社、監査 等委員会設置会社など、いずれの機関設計を採用する場合にも、等しく 適切に果たされるべきである。

4. Given its fiduciary responsibility and accountability to shareholders, in order to promote sustainable corporate growth and the increase of corporate value over the mid- to long-term and enhance earnings power and capital efficiency, the board should appropriately fulfill its roles and responsibilities, including:
(1) Setting the broad direction of corporate strategy;

(2) Establishing an environment where appropriate risk-taking by the senior management is supported; and

(3) Carrying out effective oversight of directors and the management (including shikkoyaku and so-called shikkoyakuin) from an independent and objective standpoint.

Such roles and responsibilities should be equally and appropriately fulfilled regardless of the form of corporate organization – i.e., Company with Kansayaku Board (where a part of these roles and responsibilities are performed bykansayaku and the kansayaku board), Company with Three Committees (Nomination, Audit and Remuneration), or Company with Supervisory Committee.

**주주와의 대화** 株主との対話 Dialogue with Shareholders

5. 상장회사는 지속적인 성장과 중장기적 기업가치 향상에 기여하기 위해 주주총회 이외의 장에서도 주주와 건설적인 대화를 나누어야 한다. 경영진 및 이사(사외이사 포함)는 이러한 대화를 통해 주주의 목소리에 귀를 기울이고, 주주의 관심과 우려에 정당한 관심을 기울이는 한편, 자신의 경영방침을 주주에게 알기 쉽게 설명하고 이해를 구하기 위해 노력하며, 주주를 포함한 이해관계자의 입장에 대한 균형 잡힌 이해를 하고, 그러한 이해를 바탕으로 적절한 대응을 위해 노력해야 한다.

5. 上場会社は、その持続的な成長と中長期的な企業価値の向上に資するため、株主総会の場以外においても、株主との間で建設的な対話を行う べきである。経営陣幹部・取締役 (社外取締役を含む) は、こうした対話を通じて 株主の声に耳を傾け、その関心・懸念に正当な関心を払うとともに、自 らの経営方針を株主に分かりやすい形で明確に説明しその理解を得る 努力を行い、株主を含むステークホルダーの立場に関するバランスのと れた理解と、そうした理解を踏まえた適切な対応に努めるべきである。

5. In order to contribute to sustainable growth and the increase of corporate value over the mid- to long-term, companies should engage in constructive dialogue with shareholders even outside the general shareholder meeting. During such dialogue, senior management and directors, including outside directors, should listen to the views of shareholders and pay due attention to their interests and concerns, clearly explain business policies to shareholders in an understandable manner so as to gain their support, and work for developing a balanced understanding of the positions of shareholders and other stakeholders and acting accordingly.

## 부록 3. G20/OECD 기업 거버넌스 원칙

G20/OECD Principles
of Corporate Governance 2023
(기본 원칙만 일부 발췌)

### I. Ensuring the basis for an effective corporate governance framework

*The corporate governance framework should promote transparent and fair markets, and the efficient allocation of resources. It should be consistent with the rule of law and support effective supervision and enforcement.*

Effective corporate governance requires a sound legal, regulatory and institutional framework that market participants can rely on when establishing their private contractual relations. By promoting transparent and fair markets, this framework also plays an important role in fostering the trust in markets that is necessary to underpin the achievement of broader economic objectives. The corporate governance framework typically comprises elements of legislation, regulation, listing rules, self-regulatory arrangements, contractual undertakings, voluntary commitments and business practices that are the result of a country's specific circumstances, history and tradition. The desirable mix between these elements will therefore vary from country to country.

The legislative and regulatory elements of the corporate governance framework can usefully be complemented by soft law elements such as corporate governance codes which are often based on a "comply or explain" principle in order to allow for flexibility and to address specificities of individual companies. What works well in one company, for one investor or a particular stakeholder may not necessarily be applicable to corporations, investors and stakeholders that operate in another context and under different circumstances. Thus, any particular element of a specific corporate governance framework may not be effective in addressing a particular governance issue in all situations. Rather, the methods for encouraging or requiring good corporate governance practices should aim to achieve desired outcomes by adapting approaches to fit particular circumstances. For example, the desired outcome of ensuring effective implementation of certain corporate governance practices may be achieved more efficiently in markets where institutional investors play a strong role in improving such practices in line with soft law code recommendations, while in markets where investors adopt a more passive role, the regulator may choose to require and enforce the implementation of certain corporate governance standards. As new experiences accrue and business circumstances change, the various provisions of the corporate governance framework should be reviewed and, when necessary, adjusted.

Jurisdictions seeking to implement the Principles should monitor their corporate governance framework with the objective of maintaining and strengthening its contribution to market integrity, access to capital markets, economic performance, and transparent and well-functioning markets. As part of this, it is important to consider the interactions and complementarity between different elements of the corporate governance framework and its overall ability to promote ethical, responsible and transparent corporate governance practices. Such analysis is an important tool in the process of developing an effective corporate governance framework. To this end, effective and timely consultation with the public is an essential element. In some jurisdictions, this may need to be complemented by initiatives to inform companies and their stakeholders about the benefits of implementing sound corporate governance practices.

Moreover, in developing a corporate governance framework, national legislators and regulators should consider the need for, and the results of, effective international dialogue and co-operation. If these conditions are met, the corporate governance framework is more likely to avoid over-regulation, support the exercise of entrepreneurship, and limit the risks of damaging conflicts of interest in both the private sector and in public institutions.

## II. The rights and equitable treatment of shareholders and key ownership functions

*The corporate governance framework should protect and facilitate the exercise of shareholders' rights and ensure the equitable treatment of all shareholders, including minority and foreign shareholders.*

*All shareholders should have the opportunity to obtain effective redress for violation of their rights at a reasonable cost and without excessive delay.*

Equity investors have certain property rights. For example, an equity share in a publicly traded company can be bought, sold, or transferred. An equity share also entitles the investor to participate in the profits of the corporation, with liability limited to the amount of the investment. In addition, ownership of an equity share provides a right to information about the corporation and a right to influence the corporation, primarily by participating and voting in general shareholder meetings.

As a practical matter, however, the corporation cannot be managed by shareholder referendum. The shareholding body is made up of individuals and institutions whose interests, goals, investment horizons and capabilities vary. Moreover, the corporation's management must be able to take business decisions rapidly. In light of these realities and the complexity of managing the corporation's affairs in fast moving and ever changing markets, shareholders are not expected to assume responsibility for managing corporate activities. The responsibility for corporate strategy and operations is typically placed in the hands of the board and a management team that is selected, motivated and, when necessary, replaced by the board.

Shareholders' rights to influence the corporation centre on certain fundamental issues, such as the election of board members, or other means of influencing the composition of the board, amendments to the company's organic documents, approval of extraordinary transactions, and other basic issues as specified in company law and internal company statutes. These are the most basic rights of shareholders and they are recognised by law in most jurisdictions. Additional rights have also been established in various jurisdictions, such as direct nomination of individual board members or board member slates; the ability to pledge shares; the approval of distributions of profits; shareholder ability to vote on board member and/or key executive remuneration; approval of material related party transactions; and others.

Investors' confidence that the capital they provide will be protected from misuse or misappropriation by corporate managers, board members or controlling shareholders is an important factor in the development and proper functioning of capital markets. On the contrary, an inefficient corporate governance mechanism may allow corporate boards, managers and controlling shareholders the opportunity to engage in activities that advance their own interests at the expense of non-controlling shareholders. In providing protection to investors, a distinction can usefully be made between ex ante and ex post shareholder rights. Ex ante rights are, for example, pre-emptive rights and qualified majorities for certain decisions. Ex post rights allow the seeking of redress once rights have been violated. In jurisdictions where the enforcement of the legal and regulatory framework is weak, it can be desirable to strengthen the ex ante rights of shareholders such as through low share ownership thresholds for placing items on the agenda of the shareholders meeting or by requiring a supermajority of shareholders for certain important decisions. The Principles support equal treatment of foreign and domestic shareholders in corporate governance. They do not address government policies to regulate foreign direct investment.

One of the ways in which shareholders can enforce their rights is to be able to initiate legal and administrative proceedings against management and board members. Experience has shown that an important determinant of the degree to which shareholders' rights are protected is whether effective methods exist to obtain redress for grievances at a reasonable cost and without excessive delay. The confidence of minority investors is enhanced when the legal system provides mechanisms for minority shareholders to bring lawsuits when they have reasonable grounds to believe that their rights have been violated. Some countries have found that derivative lawsuits filed by minority shareholders on behalf of the company serve as an efficient additional tool for enforcing directors' fiduciary duties, if the distribution of litigation costs is adequately set. The provision of such enforcement mechanisms is a key responsibility of legislators and regulators, and the capacity and quality of courts also play an important role.

There is some risk that a legal system that enables any investor to challenge corporate activity in the courts can become prone to excessive litigation. Thus, many legal systems have introduced provisions to protect management and board members against litigation abuse in the form of screening mechanisms, such as a pre-trial procedure to evaluate whether the claim is non-meritorious, and safe harbours for management and board member actions (such as the business judgement rule) as well as safe harbours for the disclosure of information. In the end, a balance must be struck between allowing investors to seek remedies for infringement of ownership rights and avoiding excessive litigation.

Many jurisdictions have found that alternative adjudication procedures, such as administrative hearings or arbitration procedures organised by the securities regulators or other bodies, are an efficient method to protect shareholder rights, at least at the first instance level. Specialised court procedures can also be a practical instrument to obtain timely injunctions and to gather evidence on an alleged infringement, ultimately facilitating the effective redress for violations of shareholders' rights.

### III. Institutional investors, stock markets, and other intermediaries

*The corporate governance framework should provide sound incentives throughout the investment chain and provide for stock markets to function in a way that contributes to good corporate governance.*

In order to be effective, the legal and regulatory framework for corporate governance must be developed with a view to the economic reality in which it is to be implemented. In many jurisdictions, the real world of corporate governance and ownership is no longer characterised by a straight and uncompromised relationship between the performance of the company and the income of the ultimate beneficiaries of shareholdings. In reality, the investment chain is often long and complex, with numerous intermediaries that stand between the ultimate beneficiary and the company. The presence of intermediaries acting as independent decision makers influences the incentives and the ability to engage in corporate governance.

The share of investments held by institutional investors such as mutual funds, pension funds, insurance companies and hedge funds has increased significantly, and many of their assets are managed by specialised asset managers. The ability and interest of institutional investors and asset managers to engage in corporate governance vary widely. For some, engagement in corporate governance, including the exercise of voting rights, is a natural part of their business model. Others may offer their beneficiaries and clients a business model and investment strategy that does not include or motivate spending resources on active shareholder engagement. If shareholder engagement is not part of the institution's business model and investment strategy, mandatory requirements to engage, for example through voting, may or may not be effective and could potentially lead to a box-ticking approach.

The *Principles* recommend that institutional investors disclose their policies for corporate governance with respect to their investments. Voting at shareholder meetings is, however, only one channel for shareholder engagement. Direct contact and dialogue with the board and management represent other forms of shareholder engagement that are frequently used. In many jurisdictions, codes on shareholder engagement ("stewardship codes") have been introduced as a complementary governance tool with the aim of strengthening both institutional investor accountability and their role in holding company boards and management accountable. Where corporate governance codes apply on a "comply or explain" basis, the role of institutional investors as shareholders is particularly important in holding companies accountable for their explanations of departures from the provisions of those codes.

## IV. Disclosure and transparency

*The corporate governance framework should ensure that timely and accurate disclosure is made on all material matters regarding the corporation, including the financial situation, performance, sustainability, ownership, and governance of the company.*

In most jurisdictions a large amount of information, both mandatory and voluntary, is compiled on publicly traded and large unlisted companies, and subsequently disseminated to a broad range of users. Public disclosure is typically required, at a minimum, on an annual basis though some jurisdictions require periodic disclosure on a semi-annual or quarterly basis, or ad hoc disclosure in the case of material related party transactions and other material developments affecting the company. Companies often make voluntary disclosure that goes beyond minimum disclosure requirements in response to market demand.

The *Principles* support timely disclosure of all material developments that arise between regular reports. They also support simultaneous reporting of material or required information to all shareholders in order to ensure their equitable treatment, a fundamental principle that companies must uphold.

Disclosure requirements should not place unreasonable administrative or cost burdens on companies. Nor should companies be expected to disclose information that may endanger their competitive position unless disclosure is necessary to fully inform an investor's decisions and to avoid misleading the investor. In order to determine what information should be disclosed at a minimum, many jurisdictions apply the concept of materiality. Material information can be defined as information whose omission or misstatement can reasonably be expected to influence an investor's assessment of a company's value. This would typically include the value, timing and certainty of a company's future cash flows. Material information can also be defined as information that a reasonable investor would consider important in making an investment or voting decision.

A strong disclosure regime that promotes real transparency is a pivotal feature of market-based monitoring of companies and is central to shareholders' ability to exercise their shareholder rights on an informed basis. Experience shows that disclosure can also be a powerful tool for influencing the behaviour of companies and for protecting investors. A strong disclosure regime can help to attract capital and maintain confidence in capital markets. By contrast, weak disclosure and non-transparent practices can contribute to unethical behaviour and to a loss of market integrity at great cost, not just to the company and its shareholders but also to the economy as a whole. Shareholders and potential investors require access to regular, timely, reliable and comparable information in sufficient detail for them to assess the performance of the company's management, and make informed decisions about the valuation, ownership and voting of shares. Insufficient or unclear information may hamper the ability of the markets to function, increase the cost of capital, and result in a poor allocation of resources.

While corporate disclosure should focus on what is material to investors' decisions and may include an assessment of a company's value, it may also help improve public understanding of the structure and activities of companies, corporate policies and performance with respect to environmental, social and governance matters.

## V. The responsibilities of the board

*The corporate governance framework should ensure the strategic guidance of the company, the effective monitoring of management by the board, and the board's accountability to the company and the shareholders.*

Board structures and procedures vary both within and among jurisdictions. Some jurisdictions have two tier boards that separate the supervisory function and the management function into different bodies. Such systems typically have a "supervisory board" composed of non-executive board members, often including employee representatives, and a "management board" composed entirely of executives. Other jurisdictions have "unitary" boards, which bring together executive and non-executive board members. In some jurisdictions, there is also an additional statutory body for audit purposes. The *Principles* are intended to apply to whatever board structure is charged with the functions of governing the company and monitoring management.

Together with guiding corporate strategy, the board is chiefly responsible for monitoring managerial performance and achieving an adequate return for shareholders, while preventing conflicts of interest and balancing competing demands on the corporation. In order for boards to effectively fulfil their responsibilities, they must be able to exercise objective and independent judgement. Another important board responsibility is to oversee the risk management system and mechanisms designed to ensure that the corporation obeys applicable laws, including relating to tax, competition, labour, human rights, environmental, equal opportunity, digital security, data privacy and personal data protection, and health and safety. In some jurisdictions, companies have found it useful to explicitly articulate the responsibilities that the board assumes and those for which management is accountable.

The board is not only accountable to the company and its shareholders but also has a duty to act in their best interests. In addition, boards are expected to take account of, and deal fairly with, stakeholder interests including those of the workforce, creditors, customers, suppliers and affected communities.

## VI. Sustainability and resilience

*The corporate governance framework should provide incentives for companies and their investors to make decisions and manage their risks, in a way that contributes to the sustain-*

*ability and resilience of the corporation.*

Companies play a central role in our economies by creating jobs, contributing to innovation, generating wealth, and providing essential goods and services. Countries have made commitments to transition to a sustainable, net-zero/low-carbon economy in line with the Paris Agreement and the Sustainable Development Goals, which will require companies to respond to rapidly changing regulatory and business circumstances taking into account any applicable policies and transition paths followed by different jurisdictions. In addition, many companies and investors are setting voluntary goals or otherwise taking steps to anticipate a future transition towards sustainable development. A sound corporate governance framework would allow investors and companies to consider and manage the potential risks and opportunities associated with such transition pathways, which in turn may contribute to the sustainability and resilience of the economy.

In addition, investors are increasingly considering disclosures about how companies assess, identify and manage material climate change and other sustainability risks and opportunities, including for human capital management. In response, many jurisdictions require or plan to require disclosures about companies' exposure to and management of sustainability matters. A core feature of these disclosures is to provide investors with a better understanding of the governance and management structures and processes for managing climate and other sustainability risks and identifying related opportunities. The corporate governance framework should support both the sound management of these risks and the consistent, comparable and reliable disclosure of material information in order to support investors' financial, investment and voting decisions. The combination of sound governance and clear disclosures will promote fair markets and the efficient allocation of capital, while supporting companies' long-term growth and resilience.

Several jurisdictions have oriented their capital market policies to foster a more sustainable and resilient corporate sector. In doing so, such policies should aim to also preserve access to capital markets by preventing prohibitively high costs of listing a company while still ensuring that investors have access to the information necessary to allocate capital efficiently to companies. Investors, directors and key executives must also be open to a constructive dialogue on the best strategy to support the company's sustainability and resilience. A company that takes account of stakeholder interests may be better able to attract productive workforce, support from the communities in which it operates, and more loyal customers.

In jurisdictions that allow for or require the consideration of stakeholders' interests, companies should still consider the financial interests of their shareholders. A profitable company provides jobs for its workforce and creates value for investors, many of whom are part of the general public and have invested their retirement savings.

Corporate directors are not expected to be responsible for resolving major environmental and societal challenges stemming from their duties alone. To guide corporate activities, sectoral policies that make companies internalise environmental and social externalities as well as corporate governance frameworks that set predictable boundaries within which directors have to exercise their fiduciary duties should be considered by policy makers. These policies could relate to, for instance, environmental regulation, or directly investing in or incentivising research and development of technologies that may contribute to addressing major environmental challenges.

## 부록 4. 다득표 이사 선임을 위한 상장회사 표준 정관(안)

| 현행 | 개정안 |
|---|---|
| 제29조(이사의 수) ①이 회사의 이사는 3명 이상 O명 이하로 하고 사외이사는 이사 총수의 4분의 1로 한다. ②사외이사의 사임, 사망 등의 사유로 인하여 사외이사의 수가 제1항에서 정한 이사회의 구성요건에 미달하게 되면 그 사유가 발생한 후 처음으로 소집되는 주주총회에서 그 요건에 합치되도록 사외이사를 선임하여야 한다. ③이 회사의 이사회는 이사 전원을 특정 성의 이사로 구성하지 아니한다. | 제29조(이사회의 구성) ①이 회사의 이사회는 3명 이상 O명 이하로서 매년 정기주주총회에서 제27조에 의한 결의로 정해지는 수의 이사로 구성되며, 그 중 사외이사는 이사 총수의 4분의 1 이상으로 한다. ②이사의 사임, 사망, 해임 등의 사유로 제1항에서 정한 이사회의 최소 구성요건에 미달하게 되면, 회사는 즉시 주주총회를 개최하여 요건에 맞는 이사를 선임하여야 한다. ③이 회사의 이사회는 이사 전원을 특정 성의 이사로 구성하지 아니한다. |
| 제30조(이사의 선임) ①이사는 주주총회에서 선임한다. ②이사의 선임은 출석한 주주의 의결권의 과반수로 하되 발행주식총수의 4분의 1 이상의 수로서 하여야 한다. | 제30조(이사의 선임 방법) ①이사는 매년 정기주주총회에서 전조 제1항에 따라 정해지는 총수를 모두 신규로 선임한다. ②이사는 출석한 주주의 의결권 행사에 따른 다득표 순으로 해당 주주총회에서 선임하는 이사의 수에 달하는 후보까지 선임한다. ③전항에 의한 다득표 후보자 중 제29조 제1항 후단에 따른 사외이사의 요건을 갖춘 자가 없는 경우 나머지 후보자 중 해당 요건을 갖추면서 가장 득표수가 많은 자를 선임한다. ④전 2항에 따른 다득표 후보자가 제29조 제3항의 요건을 충족하지 못하게 되는 경우 나머지 후보자 중 이에 부합하면서 가장 득표수가 많은 자를 선임한다. |
| 제30조의2(사외이사 후보의 추천) ①사외이사후보추천위원회는 상법 등 관련 법규에서 정한 자격을 갖춘 자 중에서 사외이사 후보를 추천한다. ②사외이사 후보의 추천 및 자격심사에 관한 세부적인 사항은 사외이사후보추천위원회에서 정한다. | 제30조의2 (이사 후보의 추천) ①주주는 정기주주총회 2주 전까지, 임기 중 사임, 사망, 해임 등의 사유로 결원이 발생하여 임시주주총회에서 이사를 선임하는 경우 해당 총회 소집 통지일부터 총회일 전날까지 이사 후보자를 추천할 수 있다. ②회사는 추천된 후보자에게 법령 또는 정관상 결격사유가 없는 한 해당 후보자를 주주총회의 이사 선임의 건에 후보로 상정하여야 한다. ③회사는 정기주주총회에 제29조 제1항 후단에 따른 사외이사의 요건, 같은 조 제3항에 따른 요건의 충족을 위한 후보를 1인 이상 추천하여야 하며, 제29조 제2항에 따른 주주총회의 경우 해당 최소 구성요건 충족을 위한 후보자 1인 이상을 추천하여야 한다. |
| 제31조(이사의 임기) 이사의 임기는 3년으로 한다. 그러나 그 임기가 최종의 결산기 종료 후 당해 결산기에 관한 정기주주총회 전에 만료될 경우에는 그 총회의 종결시까지 그 임기를 연장한다. | 제31조(이사의 임기 및 연임) ①이사의 임기는 정기주주총회에서 선임된 경우 다음 정기주주총회 종결시까지로 하며, 임기 중 사임, 사망, 해임 등의 사유로 결원이 발생하여 임시주주총회에서 새로 선임된 이사의 경우 선임된 날부터 가장 빨리 도래하는 정기주주총회의 종결시까지로 한다. ②이사는 O기의 정기주주총회 회기까지 연임할 수 있다. |

## 부록 5. 미국 CII 이사 선임 정관 조항 예시

출처: Council of Institutional Investors FAQ 201-4-17, Majority Voting for Directors

Appendix 1: Sample bylaw language for consequential majority voting
부록 1: 결과적 과반수 투표를 위한 정관 샘플

Sample bylaw language compliant in Delaware
델라웨어 주법에 적합한 정관 문구 예시

If, as of the record date for a meeting of stockholders for which directors are to be elected, the number of nominees for election of directors equals the number of directors to be elected (an "Uncontested Election"), each director shall be elected by the vote of the majority of the votes cast with respect to that director's election at such meeting of stockholders, provided a quorum is present.
이사를 선출하기 위한 주주총회 기록일 현재 이사 선출 후보자 수가 선출할 이사 수와 동일한 경우("경합 없는 선거"), 각 이사는 의사정족수 충족을 전제로 해당 주주총회에서 해당 이사 선출과 관련하여 투표한 표의 과반수를 득표하여 선출됩니다.

For the purpose of an Uncontested Election, a majority of votes cast means that the number of votes "for" a director's election must exceed fifty percent (50%) of the votes cast with respect to that director's election. Votes "against" a director's election will count as votes cast, but "abstentions" and "broker non-votes" will not count as votes cast with respect to that director's election.
경합이 없는 선거의 경우, 과반수 득표는 이사 선출에 '찬성'한 투표 수가 해당 이사 선출과 관련하여 투표된 투표의 50%를 초과해야 함을 의미합니다. 이사 선출에 '반대'한 투표는 투표수로 집계되지만, '기권'과 '중개인 무투표'는 해당 이사 선출과 관련하여 투표수로 집계되지 않습니다.

If, as of the record date for a meeting of stockholders for which directors are to be elected, the number of nominees for election of directors exceeds the number of directors to be elected, the nominees receiving a plurality of the votes cast by holders of shares entitled to vote in the election at a meeting at which a quorum is present shall be elected.

이사를 선출하기 위한 주주총회 기준일 현재 이사 선출 후보자의 수가 선출할 이사 수를 초과하는 경우, 의사정족수가 충족된 주주총회에서 투표할 수 있는 주주가 투표한 투표의 다수를 득표한 후보자가 선출됩니다.

Companies incorporated in states that generally follow the Model Business Corporation Act may consider the consequential majority voting bylaw at Microsoft , which is incorporated in Washington, an MBCA state:

모범회사법을 따르는 주에 설립된 회사는 모범회사법을 채택한 워싱턴 주에 설립된 Microsoft의 결과적 과반수 투표 정관 조항을 고려할 수 있습니다:

2.2 Election – Term of Office. At each annual shareholders' meeting the shareholders shall elect the directors to hold office until the next annual meeting of the shareholders and until their respective successors are elected and qualified. If the directors shall not have been elected at any annual meeting, they may be elected at a special meeting of shareholders called for that purpose in the manner provided by these Bylaws. Except as provided in Section 2.10 and in this paragraph, each director shall be elected by the vote of the majority of the votes cast. A majority of votes cast means that the number of shares cast "for" a director's election exceeds the number of votes cast "against" that director. The following shall not be votes cast: (a) a share whose ballot is marked as withheld; (b) a share otherwise present at the meeting but for which there is an abstention; and (c) a share otherwise present at the meeting for which a shareholder gives no authority or direction. In a contested election, the directors shall be elected by the vote of a plurality of the votes cast.

2.2 선거 - 임기. 각 정기주주총회에서 주주들은 다음 정기주주총회까지 그리고 각 후임자가 선출되어 자격을 갖출 때까지 임기를 수행할 이사를 선출

해야 합니다. 정기주주총회에서 이사가 선출되지 않은 경우, 이사는 본 정관에 규정된 방식에 따라 해당 목적을 위해 소집된 임시주주총회에서 선출될 수 있습니다. 제2.10조 및 본 항에 규정된 경우를 제외하고, 각 이사는 과반수 득표로 선출됩니다. 과반수 투표는 이사 선출에 '찬성'한 주식 수가 해당 이사에 '반대'한 주식 수를 초과하는 것을 의미합니다. (a) 투표용지에 보류로 표시된 주식, (b) 회의에 참석했지만 기권한 주식, (c) 회의에 참석했지만 주주가 권한이나 지시를 하지 않은 주식은 투표로 인정되지 않습니다. 경합 선거에서는, 이사는 투표수 다수의 득표로 선출됩니다.

A contested election is one in which (a) on the last day for delivery of a notice under Section 1.13(a), a shareholder has complied with the requirements of Section 1.13 regarding one or more nominees, or on the last day for delivery of a notice under Section 1.14(g), an Eligible Shareholder has complied with the requirements of Section 1.14 regarding one or more nominees; and (b) prior to the date that notice of the meeting is given, the Board has not made a determination that none of the candidacies of the shareholder or Eligible Shareholder's nominees creates a bona fide election contest. For purposes of these Bylaws, it is assumed that on the last day for delivery of a notice under Section 1.13(a) or Section 1.14(g), there is a candidate nominated by the Board for each of the director positions to be voted on at the meeting. The following procedures apply in a non-contested election. A nominee who does not receive a majority vote shall not be elected. Except as otherwise provided in this paragraph, an incumbent director not elected because he or she does not receive a majority vote shall continue to serve as a holdover director until the earliest of (a) 90 days after the date on which an inspector determines the voting results as to that director pursuant to RCW 23B.07.290; (b) the date on which the Board appoints an individual to fill the office held by such director, which appointment shall constitute the filling of a vacancy by the Board pursuant to Section 2.10; or (c) the date of the director's resignation. Any vacancy resulting from the nonelection of a director under this Section 2.2 may be filled by the Board as provided in Section 2.10. The Governance and Nominating Committee will consider promptly whether to fill the office of a nominee failing to receive a majority vote and make a recommendation to the Board about filling the office. The Board will act on the Governance and Nominating Committee's recommendation and within ninety (90) days after the certification of the shareholder vote will disclose publicly its decision. Except as provided in the next sentence, no director who failed to receive a majority vote for election will participate in the Governance and Nominating Committee recommendation or Board decision about filling his or her office. If no director receives a majority vote in an uncontested election, then the incumbent directors (a) will nominate a slate of directors and hold a special meeting for the purpose of electing those nominees as soon as practicable, and (b) may in the interim fill one or more offices with the same director(s) who will continue in office until their successors are elected.

경합 선거는 (a) 제1.13조(a)에 따른 통지서 송달 마지막 날에 주주가 1명 이상의 후보자에 대해 제1.13조의 요건을 준수했거나, 제1조에 따른 통지서 송달 마지막 날에 주주가 1명 이상의 후보자에 대해 제1.14조의 요건을 준수한 경우입니다. 제14조(g)의 경우, 적격 주주가 한 명 이상의 후보자와 관련하여 제1.14조의 요건을 준수한 경우, 그리고 (b)총회 소집 통지가 제공된 날짜 이전에 이사회가 주주 또는 적격 주주의 후보자 중 누구도 선의의 선거 경쟁을 유발하지 않는다고 결정한 경우. 본 정관의 목적상, 제1.13조(a) 또는 제1.14조(g)항에 따른 소집통지서 송달 마지막 날에 주주총회에서 투표할 각 이사직에 대해 이사회가 지명한 후보자가 있는 것으로 간주합니다. 비경합 선거의 경우 다음 절차가 적용됩니다. 과반수 득표를 얻지 못한 후보자는 선출되지 않습니다. 이 항에 달리 규정된 경우를 제외하고, 과반수 득표를 얻지 못해 선출되지 않은 현직 이사는 (a) RCW 23B.07.290에 따라 검사관이 해당 이사에 대한 투표 결과를 결정한 날로부터 90일 후, (b) 이사회가 해당 이사가 보유한 직책을 채울 개인을 임명하는 날(이 임명은 섹션 2.10에 따라 이사회가 공석을 채우는 것으로 간주) 또는 (c) 중 가장 빠른 날까지 계속해서 보직 이사로 재직합니다. 본 제2.2항에 따른 이사의 미선출로 인한 공석은 제2.10조에 규정된 대로 이사회가 채울 수 있습니다. 거버넌스 및 지명 위원회는 과반수 득표에 실패한 후보자의 직책에 대한 충원 여부를 즉시 고려하고 이사회에 직책 충원에 대해 권고합니다. 이사회는 거버넌스 및 지명 위원회의 권고에 따라 조치를 취하고 주주 투표가 인증된 후 90일 이내에 결정을 공개적으로 공개합니다. 다음 문장에 명시된 경우를 제외하고, 선임에 대한 과반수 찬성을 얻지 못한 이사는 거버넌스 및 지명위원회의 추천 또는 이사직 충원에 관한 이사회 결정에 참여하지 않습니다. 경합이 없는 선거에서 과반수 득표를 얻은 이사가 없는 경우, 현직 이사는 (a) 이사 후보를 지명하고 가능한 한 빨리 해당 후보를 선출하기 위한 특별 회의를 개최하며, (b) 후임자가 선출될 때까지 계속 재임할 동일한 이사로 하나 이상의 직책을 임시로 채울 수 있습니다.

# 주석

1 비상장회사의 초기 투자자를 '엔젤 투자자'라고 하기도 한다. 정확한 어원은 알 수 없지만 성공 가능성에 대해 이야기하기도 어려운 초기 창업자들에게 아무도 투자하지 않을 때 선뜻 돈을 투자하는 '천사 같은 마음'을 가진 사람이라는 뜻에서 나온 말일 것 같고, 충분히 고개가 끄덕여진다.

2 초기 스타트업이 돈을 구할 수 있는 사람, 즉 초기 스타트업에 돈을 투자하는 사람은 3F 밖에 없다는 농담이 있다. 3F는 Family, Friend, 그리고 Fool이다. 가족과 친구는 창업자를 응원하는 마음으로 투자하겠지만 그렇지 않다면 아무것도 없는 초기 스타트업에 돈을 투자하는 일은 보통 무모하다 (venture). 이들을 바보라고 할 수도 있겠지만 아주 가끔 높은 위험에 따르는 엄청난 수익이 터질 때도 있다.

3 2023년 6월 26일 이전 한국거래소 상장일의 시초가 범위가 공모가의 200%이던 시기에, 시초가가 최상단인 두 배에서 형성되고 거기에서 또다시 하루 상승 제한폭이 30%까지 올라서 결국 거래 첫 날 주가가 공모가의 260%까지 오르는 것을 의미하는 말

4 2023년 6월 26일 이후 한국거래소 상장일 시초가 범위가 공모가 400%까지 확대된 후, 이러한 최상단까지 시초가가 상승하여 주가가 공모가의 4배까지 오르는 것을 의미하는 말

5 '주식담당자'의 줄임말. 상장회사에는 보통 주주 또는 투자자 소통을 담당하는 IR (Investor Relations) 담당자가 있다. 이들은 보통 주가 관리 좀 하라는 주주들의 호통을 듣고 자신의 능력 밖의 일에 대해 연신 죄송하다는 말을 해야 하는 어려운 직업이다.

6 신장섭, <[신장섭의 기업과 경제] '투기'와 '투자'를 명확히 구분하는 경제정책>, 매일경제, 2021년 6월 21일, https://www.mk.co.kr/news/contributors/9919695 참조

7 물론 「법무기」 177면에서 이야기했던 것처럼 기업의 실적 자체가 아니라 배당을 얼마나 주느냐에 따라서도 주가는 크게 움직인다. 수박 한 통과 그것을 자른 한 조각의 가치가 달라질 수 있다는 점을 잊지 말자.

8 여기에서의 PER 수치는 위 표에 표시된 시가총액을 당기순이익으로 나눈 값과는 다르다. 이는 위 표에 표시된 당기순이익은 작년 회계연도인 2022년의 수치이고, PER 계산에 필요한 순이익은 최근 4분기 합산 순이익을 이용하는 등 조금 복잡하게 계산되었기 때문이다. 일단 대략적인 수치로만 참고해 보자.

9 문현지, <대기업집단 오너일가 주식담보대출 7조6558억원… 1년새 2조원 이상 늘어>, 워크투데이, 2023년 8월 9일, http://www.worktoday.co.kr/news/articleView.html?idxno=40380 참조

10 성채윤, <코스피 상장사 평균 시가배당률 2.32% … 5년래 최고>, 서울경제, 2022년 4월 20일, https://www.sedaily.com/NewsView/264RMP2543 참조

11 「법무기」 26-30면 참조

12 다만, 액면가보다 높아야 한다는 제한은 있기 때문에, 회사 주식의 액면가가 500원보다 낮다는 전제 하에 가능한 것이다.

13 앞에서 말한 재원의 고민 이외에도 공정거래법 상 지주회사의 최소 지분율 규제를 지켜야 하는 문제 등이 있다.

14 2024년 1월 말 기준 비트코인(BTC) 시가총액은 약 8천억 달러 (= 40,000달러 x 200만개)를 상회하고 있다.

15 김은정, <오너家 주식담보 대출 7조원 돌파… 상속세 납부 목적>, 시사저널, 1791호, 2024년 2월 3일, https://www.sisajournal.com/news/articleView.html?idxno=269778 참조

16 변동휘, <중견그룹 83곳 총수일가 주식담보대출 1.5조…비율은 LT그룹, 액수 한미약품 '최대'>, 투데이신문, 2023년 10월 20일, https://www.ntoday.co.kr/news/articleView.html?idxno=100670 참조

17 이헌재, 박소령, 임미진, 제현주, 박지웅, <IMF 외환위기 20주년, 과거에서 미래를 배우다>, 퍼블리, 2017년 11월 10일, https://publy.co/set/175 참조

18 유승권, <[ESG의 이해] 'G'를 '지배구조'라 부르면 곤란한 이유>, ESG경제, 2022년 10월 14일, https://www.esgeconomy.com/news/articleView.html?idxno=2653 참조

19 이헌재 전 부총리의 고민과 같이 Corporate Governance를 온전한 한글 단어로 옮기는 것은 쉽지 않다. '기업 의사결

정구조'는 의미에서 가장 가깝지만 좀 길다. 법제처에서는 '기업 관리체계'라고 번역하지만 뜻이 많이 다르다. 한글 순화의 관점에서는 조금 아쉽지만 원어 그대로 소리나는 대로 읽고 그 의미를 정확히 부여하는 것이 더 중요하고, 새로운 개념이므로 새로운 용어에 담는 것이 더 좋다고 생각한다. 일본은 아예 영어 발음 그대로 コーポレートガバナンス라고 한다.

20　Environmental, Social and corporate Governance를 의미한다.

21　예를 들어, 아래와 같은 영국 회사법(Companies Act)(2006) 제172조 제1항과 제2항을 보면, 이사의 의무는 주주 전체의 이익을 위하여 회사를 성공시키는 것이고, 다만 그 과정에서 사회 또는 환경적 요소를 여러 참작(고려)할 사항 중 하나로 예시하고 있을 뿐이다.

172 Duty to promote the success of the company

(1) A director of a company must act in the way he considers, in good faith, would be most likely to promote the success of the company for the benefit of its members as a whole, and in doing so have regard (amongst other matters) to— (a) the likely consequences of any decision in the long term, (b) the interests of the company's employees, (c) the need to foster the company's business relationships with suppliers, customers and others, (d) the impact of the company's operations on the community and the environment, (e) the desirability of the company maintaining a reputation for high standards of business conduct, and (f) the need to act fairly as between members of the company.

(2) Where or to the extent that the purposes of the company consist of or include purposes other than the benefit of its members, subsection (1) has effect as if the reference to promoting the success of the company for the benefit of its members were to achieving those purposes.

(번역)

172 회사의 성공을 촉진시킬 의무

(1) 회사의 이사는 선의에 입각하여 회사 구성원(주주) 전체의 이익을 위해 회사의 성공을 촉진할 가능성이 가장 높다고 판단되는 방식으로 행동해야 하며, 그와 같이 행동함에 있어서 (다른 요소들 중에서도 특히) (a) 장기적으로 어떤 결정이 초래할 수 있는 결과, (b) 회사 직원의 이익, (c) 공급업체, 고객 및 기타 업체와의 사업상 관계를 발전시킬 필요성, (d) 회사 운영이 지역사회 및 환경에 미치는 영향, (e) 회사가 높은 수준의 비즈니스 행동에 대한 평판을 유지하는 것이 바람직하다는 점, (f) 회사 구성원(주주) 간에 공정하게 행동해야 할 필요성 등을 참작해야 합니다.

(2) 회사의 목적 또는 그 일부가 구성원(주주)의 이익 이외의 것인 경우, (1)항은 구성원(주주)의 이익을 위한 회사의 성공 촉진에 대한 언급이 그러한 목적을 달성하는 것과 같은 효력을 갖습니다.

22　수신제가치국평천하(修身齊家治國平天下). '대학'에 나오는 구절로, 먼저 자기 자신을 닦고 집안을 가지런하게 한 다음 나라를 다스리고 천하를 평안하게 한다는 뜻이다. 모든 일에는 단계가 있고 순서가 있으며, 큰 일은 작은 일을 돌보는 것에서부터 시작한다는 의미로 인용된다.

23　LG화학의 2020년 3분기보고서 상 2020. 9. 30. 기준 소액주주는 116,954명으로 발행주식총수의 약 53.96%를 보유하고 있었다.

24　김유리, <국내 주식 투자자 1천384만명…1년새 465만명 증가>, 한국세정신문, 2022년 3월 18일, http://www.taxtimes.co.kr/news/article.html?no=254049 참조

25　이윤애, <LG화학, 배터리 부문 분사…내일 긴급 이사회 열고 승인 예정>, 뉴스핌, 2020년 9월 16일, https://www.newspim.com/news/view/20200916000848 참조

26　LG화학, <풍문 또는 보도에 대한 해명(미확정)>, 금융감독원 전자공시시스템, 2019년 12월 24일, https://dart.fss.or.kr/dsaf001/main.do?rcpNo=20191224800068 참조

27　2024년 2월 기준 청와대 국민청원 서비스가 더 이상 제공되고 있지 않으나, 일부 개인 블로그 등에 당시의 화면이 남아 있다. 예를 들어, https://make-spend-money.tistory.com/52 참조

28　「법무기」 125-126면

29　이 가정은 현실과 매우 유사하다. 배터리 사업이 시작되던 분할 2년 전인 2018년 9월 기준 LG화학의 시가총액은 약 25.8조 원으로 코스피 7위였고, 배터리 사업이 본 궤도에 오르던 분할 당시에는 약 46조 원 (코스피 4위), 분할되는 배터리 사업부는 당시 LG화학의 총 자산 약 29조 원 중 10조 원 (분할 비율 약 19:10, 약 34.5%)였는데 분할 후 약 3년이 지

난 2024년 2월 기준 시가총액은 모회사 LG화학 약 33.2조 원 (코스피 11위), 자회사 LG에너지솔루션 약 92.1조 원 (코스피 3위)이다.

30  서정원, 박진, 강신우, <한국주식시장의 지주회사 디스카운트>, 한국증권학회지, 2019, vol. 48, no.6, 755~788면. 이 연구는 2002~2017년 기간의 비금융 상장기업을 대상으로 공정거래법에 따라 설립된 지주회사(이하 '지주회사')가 다른 기업(이하 '비지주회사')에 비해 기업가치가 저평가 되어 있는지 분석하고 그 원인을 탐구하였다. 분석 결과 지주회사의 자기자본 시장가치-장부가치 비율(M/B equity)의 평균은 0.654로1에 훨씬 못 미치며, 비지주회사에 비해 유의적으로 낮은 디스카운트 현상이 존재함을 발견하였다. 이 디스카운트는 기업집단 내의 자·손자회사와 비교해도 유의하며, 기업가치에 영향을 미치는 변수들을 통제한 다변량 회귀식에서도 유의하였다. 또한 Campello and Graham(2013)의 방법론을 사용한 결과 지주회사는 기업펀더멘탈에 비해서도 낮은 기업가치를 나타내었다. 한편 사실상의 지주회사(공정거래법상지주회사는 아니지만 기업집단의 지주회사 역할을 하는 사업회사)의 기업가치는 저평가되어 있지 않았으며, 따라서 지주회사 디스카운트는 공정거래법상 지주회사에 대해서만 나타나는 현상임을 알 수 있었다. 지주회사 디스카운트의 원인을 명확히 밝히기는 힘들지만, 지주회사 주식의 거래회전율이 타 주식에 비해 상당히 낮고 지주회사 전환 후에 급격히 하락하는 것으로 보아 투자자들은 고유사업이 없고 자회사 통제관리를 목적으로 하는 지주회사를 매력적인 투자대상으로 생각하지 않는 것으로 추측된다. 또한 대부분의 지주회사가 함께 상장되어 있는데, 투자자들은 지주회사보다는 사업자회사 쪽으로 투자수요를 집중하여 지주회사 디스카운트가 발생하거나 심화되는 것으로 추측된다. 일본의 지주회사에게는 디스카운트 현상이 없는 것으로 보이며, 지주회사 디스카운트는 한국시장 특유의 현상인 것으로 보인다고 한다.

31 「법무기」 248-255면

32 이재연, <국민연금, LG화학 물적분할에 반대키로>, 한겨레, 2020년 10월 27일, https://www.hani.co.kr/arti/economy/economy_general/967459.html 참조

33 강봉진, <국민연금 반대에도…LG화학 물적분할 압도적 통과>, 매일경제, 2020년 10월 30일, https://www.mk.co.kr/news/stock/9585433 참조

34 김보라, <[단독]금융위가 내놓은 물적분할 주주보호 시작부터 '삐걱'>, 비즈워치, 2023년 3월 24일, https://news.bizwatch.co.kr/article/market/2023/03/23/0020 참조

35 이 장의 사실관계는 아래 두 기사 및 금융감독원 공시를 중심으로 작성되었다.

전예진, <"개미만 호구 됐다"…카카오페이 '먹튀' 사건의 전말 (feat. 스톡옵션의 함정)>, 한국경제, 2021년 12월 16일, https://www.hankyung.com/article/202112150286i 참조

윤지혜, <"카카오페이 '먹튀논란' 배경은 세금 탓…양도세 85억도 아껴">, 머니투데이, 2023년 9월 20일, https://news.mt.co.kr/mtview.php?no=2023092015441467349 참조

36 카카오페이, <증권발행실적보고서>, 금융감독원 전자공시시스템, 2021년 10월 28일, https://dart.fss.or.kr/dsaf001/main.do?rcpNo=20211028000106 참조

37 카카오페이의 2021년 사업보고서에 따르면, 2021년 말 기준 전체 주주 수는 306,560명이고, 이 중 일반주주는 306,557명이다.

38 임화영, < 카카오페이 스톡옵션 '대박'… 류영준 대표 1천억원대 평가차익(종합)>, 연합뉴스, 2021년 11월 3일, https://yna.co.kr/view/AKR20211103082551002 참조

39 김하늬, < '카카오페이 먹튀' 방지…"IPO 이후 스톡옵션도 보호예수">, 머니투데이, 2022년 2월 22일, https://news.mt.co.kr/mtview.php?no=2022022209584526339 참조

40 최현석, < '먹튀 논란' 류영준 카카오 대표내정자 사퇴(종합2보)>, 연합뉴스, 2022년 1월 10일, https://www.yna.co.kr/view/AKR20220110065752017 참조

41 김민아, < "주식 먹튀 막아라" 내부자 거래 사전 공시 의무화>, 뉴데일리, 2023년 12월 28일, https://biz.newdaily.co.kr/site/data/html/2023/12/28/2023122800256.html 참조

42 윤지혜, < "카카오페이 '먹튀논란' 배경은 세금 탓…양도세 85억도 아껴">, 머니투데이, 2023년 9월 20일, https://news.mt.co.kr/mtview.php?no=2023092015441467349 참조

43 김인, <카카오뱅크는 은행이다!!!>, BNK투자증권, 2021년 7월

44 금융위원회, <(보도자료) 신규 상장기업 임원의 주식 의무보유가 강화됩니다.>, 2022년 2월 22일

45  이재연, <카카오페이, 이번엔 2대주주 블록딜에 15.57% 급락>, 한겨레, 2022년 6월 8일, https://www.hani.co.kr/arti/economy/stock/1046200.html 참조

46  이행규 외, [자본시장] 내부자거래 사전공시제도 도입 관련 자본시장법 개정안 국회 본회의 통과>, 법률신문, 2024년 1월 3일, https://www.lawtimes.co.kr/LawFirm-NewsLetter/194655 참조

47  이재설, [단독] 소시 노래 퍼질수록 커지는 이수만 뒷주머니>, 조선일보, 2012년 2월 2일, https://biz.chosun.com/site/data/html_dir/2012/02/02/2012020200836.html 참조; 권성회, <[단독] SM엔터, 이수만 개인회사에 매년 100억씩 유출>, 2018년 4월 19일, https://www.asiae.co.kr/article/2018041911050240084 참조

48  선다혜, <SM엔터와 '수상한 거래 의혹'에 휩싸인 라이크기획?…주소지도 'SM빌딩'>, 스페셜경제, 2019년 6월 19일, https://www.speconomy.com/news/articleView.html?idxno=209538 참조

49  이상은, <'SM 백기'에 놀란 엔터업계…전략 수정 나선 하이브>, https://www.investchosun.com/site/data/html_dir/2022/04/14/2022041480160.html 참조

50  온라인이슈팀, <이수만 '황제계약' 폭로…"70년간 로열티 수익…10년간 500억">, 지디넷코리아, 2023년 2월 9일, https://zdnet.co.kr/view/?no=20230209135216 참조

51  황지영, <"SM 3.0 열겠다"…이수만 없는 미래 청사진 공개한 SM엔터>, 중앙일보, 2023년 2월 3일, https://www.joongang.co.kr/article/25138062#home 참조

52  박경신, <SM엔터, 자사주 매입 광폭 행보…카카오와 지분 스왑 가능성 '관심'>, 연합인포맥스, 2023년 2월 24일, https://news.einfomax.co.kr/news/articleView.html?idxno=4255785 참조

53  허지은, <카카오 '합법적 매수' 금감원 "시세조종"…8개월 전 그날 무슨일이 >, 이코노미스트, 2023년 10월 19일, https://economist.co.kr/article/view/ecn202310190022 참조

54  정석택, 전남혁, <SM 인수전 합의… 카카오가 경영권 갖고, 하이브는 플랫폼 협력>, 동아일보, 2023년 3월 13일, https://www.donga.com/news/article/all/20230313/118294863/1 참조

55  김보라, <이수만 손 들어줬다?…법원은 'SM 주주' 손을 들어줬다>, 비즈워치, 2023년 3월 10일, https://news.bizwatch.co.kr/article/market/2023/03/09/0016 참조

56  이상은, <SM 인수전 종결…카카오가 경영권 갖고 하이브는 플랫폼 협력>, 인베스트조선, 2023년 3월 12일, https://www.investchosun.com/site/data/html_dir/2023/03/12/2023031280009.html 참조

57  김학성, <MBK 한국앤컴퍼니 공개매수에 목표 절반인 9%만 응모>, 연합인포맥스, 2023년 12월 16일, https://news.einfomax.co.kr/news/articleView.html?idxno=4292536 참조

58  김제림, <'밸류업' 훈풍…외국인 코스피 역대최대 매수>, 매일경제, 2024년 2월 2일, https://www.mk.co.kr/news/stock/10935208 참조

59  유수진, <주주제안 접수한 삼성물산, 내달 주총 표대결 가능성>, 연합인포맥스, 2024.년 2월 5일, https://news.einfomax.co.kr/news/articleView.html?idxno=4297395 참조

60  「법무기」 35면 (Level 1. 05장)

61  「법무기」 111면 (Level 3. 11장)

62  https://m.blog.naver.com/owls3753/223030941603?isInf=true 참조

63  https://post.naver.com/viewer/postView.nhn?volumeNo=8699797&memberNo=34766885 참조

64  문지웅, <짜장면이 끌어올린 아파트관리비…물가 도미노 시작됐다>, 매일경제, 2023년 11월 13일, https://stock.mk.co.kr/news/view/281575 참조

65  대법원의 '전원합의체' 판결이라고 하며, 대법관 전체 (보통 13명)가 모여 합의해서 판결을 내린다.

66  대법원 2017. 3. 23. 선고 2015다248342 전원합의체 판결

67  이렇게 돈을 잠깐 빌려서 자본금으로 납입했다가 바로 빼서 갚는 행위를 소위 '견금 (돈을 보여준다는 뜻)', 조금 더 공식적인 용어로는 '가장납입'이라고 했다.

68  2022년 12월 기준 6,380,755명. 이는 2019년 12월 당시 약 56만 명이었던 것에서 10배 이상 늘어난 것이다. 서진욱, <'대표 국민주' 삼성전자, 주주 638만명… 전년보다 77만명↑>, 머니투데이, 2023년 3월 16일, https://news.mt.co.kr/mtview.php?no=2023031609341398386 참조

69  회사는 주주로부터 다시 주식을 사들일 수는 있지만, 마음대로 특정 주주의 주식을 다시 사 줄 수는 없고, 법적으로는 모든 주주에게 공평하게 기회를 준다든지, 이익을 충분히 내서 남는 돈 (잉여금)이 있어야 한다든지 하는 몇 가지 조건이 있다.

70  「법무기」 17면 (Level 1. 01장)

71  물론 상법상 집중투표제나 감사위원이 될 사외이사에 대한 분리선출과 같이 예외적인 규정이 있고, 이것은 여기에서 말하는 우리나라 주식회사 제도의 문제를 해결하기 위한 시도이다. 다만 여기에서는 기본적인 제도의 틀에서 그렇다는 것이고, 예외적 시도에 대해서는 뒤에서 다시 설명한다.

72  한편 일본은 회사간의 우호적인 관계 형성을 위한 상호주 비율이 높은 특징이 있는데 좀 복잡한 내용이니 이 책에서는 다루지 않는다.

73  Illinois Business Corporation Act of 1933

74  최준선, <한국과 일본의 미국 회사법 계수 과정에 관하여>, 저스티스, 통권 제111호, 2009년 6월, 121-139면. 1963년 시행된 우리 상법은 1950년에 개정되어 일본상법을 계수하였는데, 1950년 개정 일본상법은 Illinois Business Corporation Act of 1933을 근거로 만들어진 것이어서, 결국 우리 상법의 뿌리는 미국 일리노이주 회사법이라고 할 수 있다.

75  최준선, <상사법제의 쟁점과 전망>, 법제연구 제35호, 2008, 47면

76  김성기, <최빈국에서 선진국으로…광복 78년 대한민국, 이렇게 달라졌다[그래?픽!]>, CBS노컷뉴스, 2023년 8월 15일, https://m.nocutnews.co.kr/news/5993374 참조

77  「법무기」 52-105면 참조 (Level 2. 07-10장)

78  삼일PwC 거버넌스센터 Monthly Update, 2022년 11월

79  「법무기」 49면

80  2023년 12월 현재 아직 이 지침은 정식으로 시행되고 있지 않다.

81  김성기, 주77의 글 참조

82  「법무기」 136-148면

83  공정거래법 제47조 (특수관계인에 대한 부당한 이익 제공 금지)

84  공정거래위원회 2022년 기준 상위 15개 기업집단의 최상위회사 및 지분율 (공정거래위원회 기업집단포털, http://egroup.go.kr 참조)

85  제3편 회사

86  자본시장과 금융투자업에 관한 법률

87  제3편 증권의 발행 및 유통, 제4편 불공정거래의 규제 등

88  「법무기」 192-194면 참조 (Level 4. 17장 고급 1단계: 주가 이용해 합병하기)

89  자본시장법 제165조의5 제3항에 따라 회사와 주주 사이의 협의가 원칙이나 합의되지 않으면 자본시장법 시행령 제176조의7 제3항에 따라 이사회 결의일 전날을 기준으로 ①그 날의 주가, ②그 날부터 과거 1개월 간의 거래량 가중평균 주가, ③그 날부터 과거 2개월 간의 거래량 가중평균 주가를 평균한 주가를 기준으로 한다. 다만 주주가 이에 반대하면 법원에 가격을 정해 달라고 신청할 수 있다.

90  대법원 2022. 4. 14.자 2016마5394 등 주식매수가격

91  「법무기」 191-199면 (Level 4. 17장, 고급 1단계: 주가 이용해 합병하기)

92  노종화, 이수정, <이사 보수한도에 대한 주주총회 결의 시 특별 이해관계자 의결권 제한>, 이슈&분석 2024-01호, 경제개혁연구소, 2024년 1월 15일

93 만약 모회사가 50% 지분을 갖고 있는 자회사를 합병하기로 결정했다면 모회사 사장으로서는 금지하는 법이 없는 이상 모회사에게 가장 유리한 시기를 선택할 수밖에 없다. 오히려 그렇게 하지 않았을 때 의무 위반일 수 있다. 그런데 모회사에게 가장 유리한 시기란 자회사의 다른 50% 일반주주에게는 가장 불리한 시기라는 말이 된다. 그럼에도 불구하고 자회사의 주주총회에서는 50% 주주인 모회사의 의도대로 합병 안건이 통과될 가능성이 높다. 주주총회 평균 출석률 73% 가 정시 50% 지분율만으로도 2/3를 넘는다. 즉, 나머지 50% 일반주주는 가장 불리한 시기의 합병을 받아들일 수밖에 없는 상황이 발생하는 것이다 (그리고 보통 일반주주는 전문투자자와 달리 이런 상황이 어떤 의미인지 전혀 모르는 경우가 대부분이다). 합병에 반대하더라도 '두 달 평균법'으로 계산한 돈만 받을 수 있고, 요즘은 아예 합병할 때 주식이 아니라 '한 달 평균법'으로 계산한 돈만 준다고 하는 경우도 많아서 (소위 '교부금 합병'이라고 함) 결국 자회사의 일반주주는 합병 결정 한두 달 전의 주가로 계산한 돈만 받고 자신의 주식을 내어 줘야 하는 경우가 생긴다. 다시 말해, 상장회사의 합병에서 첫 번째 구멍과 두 번째 구멍이 합쳐지면 '상장회사인 자회사가 모회사와 합병할 때 자회사 일반주주는 가장 낮은 주가로 주식을 팔아야 한다.'와 같은 최악의 모습이 된다. 사실 회사법에는 최대주주가 일반주주를 쫓아낼 수 있는 아래와 같은 정식 절차가 있다.

상법 제360조의24(지배주주의 매도청구권)

① 회사의 발행주식총수의 100분의 95 이상을 자기의 계산으로 보유하고 있는 주주(이하 이 관에서 "지배주주"라 한다)는 회사의 경영상 목적을 달성하기 위하여 필요한 경우에는 회사의 다른 주주(이하 이 관에서 "소수주주"라 한다)에게 그 보유하는 주식의 매도를 청구할 수 있다.

지난 2011년에 새로 들어온 법인데, 정식 이름은 아니지만 업계에서는 표현도 민망한 'squeeze out(소수주주 축출)' 조항이라고 부른다. 일반주주의 지분율이 5% 미만일 때에는 최대주주가 일반주주의 주식을 강제로 살 수 있다는 법인데, 다만 이 법은 상장회사에만 적용되는 것은 아니어서 주식의 가격을 계산할 때 '한 달 평균법'이나 '두 달 평균법'이 적용되지도 않고, '공정한 가액'으로 해야 한다. 결국 객관적 가치평가를 받기 위해 외부평가기관에 맡기게 된다. 일반주주가 5% 미만인 비상장회사인 때도 이런데, 일반주주가 50%인 상장회사일 때에는 객관적인 제3자의 평가도 없이 모회사가 가장 유리하다고 생각하는 시기에 높은 모회사 주가와 낮은 자회사 주가를 기준으로 자회사 주주에게 돈만 주면 합병을 할 수 있다는 법, 점점 많이 쓰이고 있는 심각한 회사법의 구멍이다.

94 「법무기」 128-135면

95 「법무기」 135면

96 「법무기」 147-153면

97 최준선, <[최준선 칼럼] 자사주 처분 기업 자율에 맡겨야>, 아시아투데이, 2023년 5월 31일, https://www.asiatoday.co.kr/view.php?key=20230531001514366 참조

98 강우석, 신아형, <금융위 "대주주 지배력 강화에 악용되는 '자사주 마법' 차단">, 동아일보, 2024년 1월 30일, https://www.donga.com/news/Economy/article/all/20240130/123307600/1 참조

99 이정훈, <[단독] 영 헤지펀드 "코리아 디스카운트는 취약한 기업지배구조 탓">, 한겨레21, 2023년 12월 7일, https://h21.hani.co.kr/arti/economy/economy_general/54773.html 참조; Jun Joon Beom, Lee Jae-eun, <'Korea discount' is real: "South Korea mistreats minority shareholders">, The Chosun Daily, February 2, 2024, https://www.chosun.com/english/market-money-en/2024/02/02/TICMA6CBIZEOZHWYUL42I4TKNQ참조

100 강영기, <일본의 코포리트 거버넌스 제도의 정비와 한국제도에의 시사점>, 법과 기업 연구, 제7권 제3호, 2017년, 94면

101 장우애, <한·일 저성장 비교 : 현재 한국은 30년 전 일본과 무엇이 같고, 무엇이 다른가?>, IBK 기업은행 경제연구소, 2023년 10월 12일, https://eiec.kdi.re.kr/policy/domesticView.do?ac=0000179106 참조

102 한상민, <[다시뜨는 日-③] PBR 1 이하의 반란…'어게인' 닛케이>, 연합인포맥스, 2023년 7월 18일, https://news.einfomax.co.kr/news/articleView.html?idxno=4273963 참조

103 「법무기」 173면 (Level 4. 16장, 상장회사 주가에 관한 착각)

104 김준석, 강소현, <코리아 디스카운트 원인 분석>, 이슈보고서 23-05, 자본시장연구원, 10면

105 PS (Profit Sharing), PI (Productivity Incentive) 등 회사는 이익을 많이 내면 임직원들에게 성과보상을 한다.

106 서미숙, <작년 상장사 배당총액 47% 증가…삼성전자 20조 배당>, 연합뉴스, 2021년 2월 24일, https://www.yna.

co.kr/view/AKR20210223170800003 참조

107 28일 금융정보업체 에프앤가이드에 따르면 2020사업연도에 배당을 한 12월 결산 상장기업은 1083개, 배당금 총액은 43조1325억원으로 집계됐다. (중략) 배당금 총액이 급증한 것은 특별배당이 있었던 삼성전자의 배당금이 9조6192억원에서 20조3381억원으로 10조원 이상 늘어난 것이 큰 부분을 차지했다. 배당금 총액에서 삼성전자가 차지하는 비중도 30.5%에서 47.1%로 뛰어올랐다. 그러나 삼성전자를 제외하더라도 배당금 총액은 21조9136억원에서 22조7944억원으로 8808억원(4%) 증가했다 〈김준영, < 2020년 배당 상장사 줄었으나 배당금은 오히려 11조 늘어 >, 세계일보, 2021년 3월 28일, https://m.segye.com/view/20210328504333 참조).

108 내일신문, <한국 기업 배당성향 지난해에도 주요국 절반 수준에 머물러>, 2022년 11월 28일, http://m.naeil.com/m_news_view.php?id_art=443160 참조

109 예를 들어, 무려 2004년에도 지금과 판박이 같이 똑같은 논의가 있었음을 알 수 있다. 박중현, 이나연, <[투자만이 살길이다]<8>'코리아 디스카운트'는 안된다>, 동아일보, 2004년 1월 12일, https://www.donga.com/news/Economy/article/all/20040112/8019533/1 참조

110 물론 공매도를 할 수도 있겠지만, 기본적으로 그렇다는 얘기다.

111 김화진, <독일 회사법의 최근 동향>, 선진상사법률연구, 통권 제75호 (2016. 7.), 140-141면. 이에 따르면, 독일연방대법원의 1975년 ITT 판결, 1988년 리노티페(Linotype) 판결은 각각 유한회사와 주식회사 사원, 주주들 간의 충실의무(Treuepflicht)를 인정했다. 이러한 주주간의 충실의무는 사실상 지배주주의 충실의무를 의미하며, 이를 통해 소수주주의 보호효과를 발휘한다고 한다.

112 안효성, <코리아 디스카운트와 대통령의 해법>, 중앙일보, 2024년 1월 4일, https://www.joongang.co.kr/article/25219576#home 참조

113 G20/OECD Principles of Corporate Governance 2023 (https://www.oecd-ilibrary.org/governance/g20-oecd-principles-of-corporate-governance-2023_ed750b30-en)

114 금융위원회, <[보도자료]「기업지배구조보고서 가이드라인」개정>, 2023년 10월 12일

115 First, they help companies to access financing, particularly from capital markets. By doing so, they promote innovation, productivity and entrepreneurship, and foster economic dynamism more broadly. For those who provide capital, either directly or indirectly, good corporate governance serves as an assurance that they can participate and share in the company's value creation on fair and equitable terms. It therefore affects the cost at which corporations can access capital for growth.

This is of significant importance in today's globalised capital markets. International flows of capital enable companies to access financing from a much larger pool of investors. If companies and countries are to reap the full benefits of global capital markets and attract long-term "patient" capital, corporate governance frameworks must be credible, well understood both domestically and across borders, and aligned with internationally accepted principles.

116 Second, well-designed corporate governance policies provide a framework to protect investors, which include households with invested savings. A formal structure of procedures that promotes the transparency and accountability of board members and executives to shareholders helps to build trust in markets, thereby supporting corporations' access to finance. A substantial part of the general public invests in public equity markets, either directly as retail investors or indirectly through pension and investment funds. Providing them with a system in which they can share in corporate value creation, knowing their rights are protected, will give households access to investment opportunities that may help them to achieve higher returns for their savings and retirement. Given that institutional investors increasingly allocate a large share of their portfolios to foreign markets, policies to protect investors should also cover cross-border investments.

117 Third, well-designed corporate governance policies also support the sustainability and resilience of corporations and in turn, may contribute to the sustainability and resilience of the broader economy. Investors have increasingly expanded their focus on companies' financial performance

to include the financial risks and opportunities posed by broader economic, environmental and societal challenges, and companies' resilience to and management of those risks. In some jurisdictions, policy makers also focus on how companies' operations may contribute to addressing such challenges. A sound framework for corporate governance with respect to sustainability matters can help companies recognise and respond to the interests of shareholders and different stakeholders, as well as contribute to their own long term success. Such a framework should include the disclosure of material sustainability-related information that is reliable, consistent and comparable, including related to climate change. In some cases, jurisdictions may interpret concepts of sustainability-related disclosure and materiality in terms of applicable standards articulating information that a reasonable shareholder needs in order to make investment or voting decisions.

118 There is therefore no single model of good corporate governance. However, the Principles follow an outcome-oriented approach, suggesting some common elements that underlie good corporate governance.

119 The corporate governance framework should promote transparent and fair markets, and the efficient allocation of resources. It should be consistent with the rule of law and support effective supervision and enforcement.

120 한국거래소, <기업지배구조 보고서 가이드라인>, 2024년 1월

121 유혜림, <"주주가치 높일 방안 공개하라">, 헤럴드경제, 2024년 1월 19일, https://n.news.naver.com/mnews/article/016/0002254698?sid=101 참조

122 이는 (1)인적분할시 자사주 신주배정 금지 및 상장심사 강화, (2)자사주 취득·보유·처분 등 모든 과정에 대한 공시 강화, (3)신탁으로 자사주 취득시 직접취득방식과 동일한 규제 적용의 세 가지로 구성되어 있다. 금융위원회 자료 참고 (https://www.fsc.go.kr/no040101?cnId=2086)

123 박철응, <재벌 총수 9% 지분으로 6~7배 의결권 행사>, 대한민국 정책브리핑, 2006년 7월 30일, https://www.korea.kr/news/policyFocusView.do?newsId=148603952&pkgId=49500049&#policyFocus 참조

124 공정거래위원회, <(보도자료) 2023년 공시대상기업집단 주식소유현황 분석·공개>, 2023년 10월 3일

125 법인세법 제18조의2(내국법인 수입배당금액의 익금불산입) ① 내국법인(제29조에 따라 고유목적사업준비금을 손금에 산입하는 비영리내국법인은 제외한다. 이하 이 조에서 같다)이 해당 법인이 출자한 다른 내국법인(이하 이 조에서 "피출자법인"이라 한다)으로부터 받은 이익의 배당금 또는 잉여금의 분배금과 제16조에 따라 배당금 또는 분배금으로 보는 금액(이하 이 조 및 제76조의14에서 "수입배당금액"이라 한다) 중 제1호의 금액에서 제2호의 금액을 뺀 금액은 각 사업연도의 소득금액을 계산할 때 익금에 산입하지 아니한다. 이 경우 그 금액이 0보다 작은 경우에는 없는 것으로 본다. <개정 2019. 12. 31., 2022. 12. 31.>

1. 피출자법인별로 수입배당금액에 다음 표의 구분에 따른 익금불산입률을 곱한 금액의 합계액

| 피출자법인에 대한 출자비율 | 익금불산입률 |
|---|---|
| 50퍼센트 이상 | 100퍼센트 |
| 20퍼센트 이상 50퍼센트 미만 | 80퍼센트 |
| 20퍼센트 미만 | 30퍼센트 |

126 「법무기」 233면 이하

127 대법원 2017. 11. 9. 선고 2015도12633 판결은 "동일한 기업집단에 속한 계열회사 사이의 지원행위가 합리적인 경영판단의 재량 범위 내에서 행하여진 것인지를 판단하기 위해서는 앞서 본 여러 사정들과 아울러, 지원을 주고받는 계열회사들이 자본과 영업 등 실체적인 측면에서 결합되어 공동이익과 시너지 효과를 추구하는 관계에 있는지, 이러한 계열회사들 사이의 지원행위가 지원하는 계열회사를 포함하여 기업집단에 속한 계열회사들의 공동이익을 도모하기 위한 것으로서 특정인 또는 특정회사만의 이익을 위한 것은 아닌지, 지원 계열회사의 선정 및 지원 규모 등이 당해 계열회사의 의사나 지원 능력 등을 충분히 고려하여 객관적이고 합리적으로 결정된 것인지, 구체적인 지원행위가 정상적이고 합법적인 방법으로 시행된 것인지, 지원을 하는 계열회사에 지원행위로 인한 부담이나 위험에 상응하는 적절한 보상을 객관적으로

기대할 수 있는 상황이었는지 등까지 충분히 고려하여야 한다. 위와 같은 사정들을 종합하여 볼 때 문제된 계열회사 사이의 지원행위가 합리적인 경영판단의 재량 범위 내에서 행하여진 것이라고 인정된다면 이러한 행위는 본인에게 손해를 가한다는 인식하의 의도적 행위라고 인정하기 어렵다."고 판시했다. 단, 최근 현대엘리베이터와 관련하여 선고된 대법원 2023. 3. 30. 선고 2019다280481 판결에서는 개별 계열회사의 이사는 기업집단이나 다른 계열회사와 관련된 직무를 수행할 때에도 해당 회사에 대한 선관주의의무와 충실의무를 부담한다는 (어쩌면 너무나 당연한) 법리를 확인한 바 있다.

128 상법 제418조 제1항 "주주는 그가 가진 주식 수에 따라서 신주의 배정을 받을 권리가 있다."

129 UK in a Changing Europe, <What is qualified majority voting?>, 21 September 2020, https://ukandeu.ac.uk/the-facts/what-is-qualified-majority-voting/ 참조

130 신현열, 박찬준, <기업의 소유지배구조와 경영성과간의 관계>, Monthly Bulletin, 한국은행, 2006년 5월호

131 위 주135의 논문, 46면

132 위 주135의 논문, 46면

133 위 주135의 논문, 49면

134 위 주135의 논문, 49면

135 위 주135의 논문, 42-43면

136 공정거래위원회, <(보도자료) 2023년 공정거래법상 지주회사 현황 분석·공개>, 2023년 12년 18일

137 「법무기」 136면 이하

138 공정거래위원회, 위 주141의 보도자료

139 https://www.currentmarketvaluation.com/models/price-earnings.php 참조

140 https://www.ceicdata.com/en/indicator/india/pe-ratio 참조

141 Yoshikazu Imahori, <Japan stocks move out of the bargain bin as rally continues >, January 13 2024, https://asia.nikkei.com/Business/Markets/Japan-stocks-move-out-of-the-bargain-bin-as-rally-continues

142 TWSE, <2023 Guide to Investing in Taiwan> 참조

143 이혜운, <'기술의 일본' 있어도 '경영의 일본'은 없었다>, 위클리비즈, 2016년 7월 16일, http://weeklybiz.chosun.com/site/data/html_dir/2016/07/15/2016071501603.html 참조

144 포이즌 필 (poison pill)이란, 공개매수 등의 방법으로 적대적 M&A의 시도가 있을 때 인수 시도자를 제외하고 기존 주주에게만 낮은 가격으로 신주인수권(warrant)을 부여하는 것을 의미한다. 이는 기본적으로 미국과 같이 주주가 분산된 회사 (소유 분산 기업)에서 이사회가 새로운 주주(공격자)로부터 해임당하지 않기 위해 자신을 지지(선출)한 기존 주주에게만 저가로 신주를 인수할 수 있는 권리를 부여하는 것이자 이사회 및 경영진이 주주로부터 자신들의 지위와 이익을 지키기 위한 수단이며, 미국에서 발동 요건을 보통 지분 10~20% 매집으로 하는 것을 보아도 최대주주 지분율이 그 이하이며 지분이 상당히 분산되어 있는 회사에서 쓰는 방법임을 쉽게 알 수 있다.

145 김효진, <미국기업 임금격차는 299배 vs. 한국기업은 10배>, 임팩트온, 2021년 7월 16일, http://www.impacton.net/news/articleView.html?idxno=2165 참조

146 박주민 외 11인, 상법 일부개정법률안, 2023. 1. 9. (의안번호 19570)

147 김회승, <'지배구조 투명성' 지난해만 못해…'집중투표제' 외면 여전>, 한겨레, 2022년 6월 12일, https://www.hani.co.kr/arti/economy/economy_general/1046644.html 참조

148 대구지방법원 2014. 8. 19. 선고 2014가합3249 판결의 사실관계 참조

149 더불어민주당 당규 제4호 당직선출규정 제66조; 국민의힘 당규 제6호 당 대표 및 최고위원 선출규정 제43조의1

150 상법 제368조의2(의결권의 불통일행사)① 주주가 2이상의 의결권을 가지고 있는 때에는 이를 통일하지 아니하고 행사할 수 있다. 이 경우 주주총회일의 3일전에 회사에 대하여 서면 또는 전자문서로 그 뜻과 이유를 통지하여야 한다. ② 주주가 주식의 신탁을 인수하였거나 기타 타인을 위하여 주식을 가지고 있는 경우외에는 회사는 주주의 의결권의 불

통일행사를 거부할 수 있다.

151 상법 제363조의2

152 예를 들어, 주주가 제안한 종류나 수의 이사를 선임할 것인지를 안건 1번으로 하고, 실제로 주주가 제안한 후보에 대한 투표를 2번으로 했을 때, 1번이 부결되어서 2번 안건을 아예 투표도 하지 않고 다른 이사만 선출하더라도 그렇게 진행된 주주총회를 무효나 취소가 아니라고 판단했다 (서울고등법원 2015. 5. 29. 선고 2014나2042552판결).

153 서울경제, <[스톡&스토리] 3저 호황과 코리아펀드>, 2013년 10월 18일, https://www.sedaily.com/NewsView/1HVEZ41DZN 참조

154 한국경제, <주가800%상승 한국경제 잠재력 입증..코리아펀드 뉴욕상장5주년>, 1989년 8월 24일, https://www.hankyung.com/news/article/1989082400521 참조

155 CEIC Data (https://www.ceicdata.com/ko/indicator/india/gdp-per-capita) 참조

156 https://m.blog.naver.com/katensa0708/221721818678 참조

157 연합뉴스, <올 신규등록 외국인투자자 1천명>, 1992년 12월 30일, https://www.yna.co.kr/view/AKR19921229004200002 참조

158 연합뉴스, <(特輯) 개방원년, 92년 증시 결산 ①총괄>, 1992년 12월 26일, https://www.yna.co.kr/view/AKR19921224003500002 참조

159 한겨레, <주가 1,000 돌파, 한국 증시의 자화상>, 2005년 2월 28일, https://www.hani.co.kr/arti/PRINT/14308.html 참조

160 류근일, <코리아 프리미엄 지수 만든다…기업가치 높은 밸류업기업에 집중 투자>, 전자신문, 2024년 1월 24일, https://www.etnews.com/20240124000087 참조

161 이승균, <일본의 잃어버린 30년을 깨운 ESG>, 한국경제, 2023년 9월 6일, https://www.hankyung.com/article/202308245908i 참조

162 경수현, <도쿄증시, 내년 1천600여 상장사에 영문 공시 의무화>, 연합뉴스, 2024년 1월 17일, https://www.yna.co.kr/view/AKR20240117027200073 참조

163 JPX Prime 150 Index (https://www.jpx.co.jp/english/markets/indices/jpx-prime150/index.html) 참조

164 박민석, <[일본 행동주의③] 도쿄거래소와 '행주편'의 선순환>, 데일리임팩트, 2023년 12월 28일, http://www.daily-impact.co.kr/news/articleView.html?idxno=108087 참조

165 홍준기, <도쿄증권거래소 사장 "시총 1위 도요타 뺀 '성장기업 지수' 만들었다">, 조선일보, 2023년 8월 24일, https://www.chosun.com/economy/weeklybiz/2023/08/24/HEV2ZTARZZBRXDH4AQYZELQSC4/ 참조

166 이태호, <외국인 들어오자 '低 PER株 투자' 러시…'우물 안' 개미들은 환호했다>, 한국경제, 2018년 11월 23일, https://www.hankyung.com/article/2018112373571 참조

167 Nicholas Bratt, <What Korea Needs: Good Corporate Governance>, The Korea Times, January 1 2009, https://www.koreatimes.co.kr/www/tech/2024/02/129_37125.html

**코리아 프리미엄 시대가 온다**

2024년 4월 15일 초판 1쇄 발행

지은이·천준범
펴낸곳·도서출판 이스터에그
펴낸이·정소영
디자인·정진아

출판등록·제2024-000027호
홈페이지·www.easteregg.co.kr
전자우편·publish.eec@gmail.com

ISBN 979-11-986725-0-6 (03320)

값 18,000원

저작권법에 의해 보호를 받는 저작물이므로 무단 전재와 복제를 금합니다.